Nicole Burzan · Brigitta Lökenhoff · Uwe Schimank
Nadine M. Schöneck

Das Publikum der Gesellschaft

Nicole Burzan
Brigitta Lökenhoff
Uwe Schimank
Nadine M. Schöneck

Das Publikum
der Gesellschaft

Inklusionsverhältnisse und
Inklusionsprofile in Deutschland

VS VERLAG FÜR SOZIALWISSENSCHAFTEN

Bibliografische Information Der Deutschen Nationalbibliothek
Die Deutsche Nationalbibliothek verzeichnet diese Publikation in der
Deutschen Nationalbibliografie; detaillierte bibliografische Daten sind im Internet über
<http://dnb.d-nb.de> abrufbar.

1. Auflage 2008

Alle Rechte vorbehalten
© VS Verlag für Sozialwissenschaften | GWV Fachverlage GmbH, Wiesbaden 2008

Lektorat: Frank Engelhardt

Der VS Verlag für Sozialwissenschaften ist ein Unternehmen von Springer Science+Business Media.
www.vs-verlag.de

Umschlaggestaltung: KünkelLopka Medienentwicklung, Heidelberg
Druck und buchbinderische Verarbeitung: Krips b.v., Meppel
Gedruckt auf säurefreiem und chlorfrei gebleichtem Papier

ISBN 978-3-531-15605-7

Inhalt

Einleitung

Das Verhältnis von Individuum und Gesellschaft hat die Soziologie von Anfang an beschäftigt. Ganz allgemein betrachtet handelt es sich um ein ambivalentes Wechselverhältnis (Schimank 2002: 15-18). Menschliche Individuen können nur in gesellschaftlicher Ordnung überleben, deren Erhalt umgekehrt der „Kreativität des Handelns" (Joas 1992) individueller Akteure bedarf. Doch zugleich stellt das individuelle Handlungspotential eine beständige Störgröße gesellschaftlicher Ordnung dar, und diese wiederum kann umgekehrt die Individualität der Gesellschaftsmitglieder einzwängen und sogar vernichten.

Dies sind überhistorische, jegliche Art von Sozialität charakterisierende Sachverhalte. Geht man direkt über zur modernen Gesellschaft und betrachtet diese in differenzierungstheoretischer Perspektive als eine funktional differenzierte Gesellschaft, stellt sich das ambivalente Wechselverhältnis als *Inklusion* des Individuums in gesellschaftliche Teilsysteme wie Wirtschaft, Politik, Wissenschaft, Recht oder Intimbeziehungen dar. Inklusion bedeutet dann zweierlei:

- den *Vollzug* von Gesellschaft, in Gestalt der Teilsysteme, durch das Individuum sowie
- die gesellschaftliche *Prägung* des Individuums durch die Teilsysteme.

Dieser Doppelcharakter von Inklusion liegt für diejenigen Rollen, in denen das Individuum als teilsystemischer „Leistungsträger" fungiert, auf der Hand. Vollzug von Gesellschaft bedeutet für *Leistungsrollen* wie die des Arztes im Gesundheitssystem, des Künstlers im Kunstsystem oder des Politikers im politischen System: Mitwirkung an der teilsystemischen Leistungsproduktion und damit an der Reproduktion des Teilsystems und der Gesellschaft insgesamt. Und die gesellschaftliche Prägung des Individuums durch diese Leistungsrollen erfolgt vor allem als berufliche Sozialisation, die dem Individuum ihren Stempel in Gestalt eines Sozialcharakters aufdrückt – sekundär auch durch faktische oder institutionelle Opportunitäten und Restriktionen, die mit der Leistungsrolle verbunden sind. Ein Arzt beispielsweise hat ein vergleichsweise hohes Einkommen, aber keine geregelte Arbeitszeit. All diese die Inklusion über Leistungsrollen betreffenden Fragen werden unter anderem in der Berufs- und Professionssoziologie, wenn auch meist nicht aus differenzierungstheoretischer Perspektive, breit behandelt.

Neben der einen, meist verberuflichten, Leistungsrolle hat das Individuum in der modernen Gesellschaft aber auch eine ganze Reihe von *Publikumsrollen* inne.[1] Es ist etwa Patient im Gesundheitssystem, Angeklagter im Rechtssystem, Zeitungsleser im System der Massenmedien oder Wähler im politischen System. Diese Rollen stehen im Zentrum der vorliegenden Untersuchung: Wie stellen sie sich hinsichtlich des Vollzugs von Gesellschaft durch die Individuen und der gesellschaftlichen Prägung der Individuen dar? Oder anders formuliert: Es geht um das *Publikum der Gesellschaft*.

Diese Fragerichtung ist bislang insbesondere in ungleichheitstheoretisch angeleiteten Untersuchungen hauptsächlich unter dem Gesichtspunkt der *Teilhabe* betrachtet worden (Burzan 2004): Was ist der Anteil einer Person an dem, was die Gesellschaft „zu bieten" hat: an gesellschaftlichen Leistungen, an „Werten" und an Gelegenheiten? Man fragt dann etwa danach, wie Einkommen verteilt ist, welche Gruppen bessere beziehungsweise schlechtere Bildungschancen haben oder wer das größere oder kleinere Risiko trägt, früh zu sterben. Hier geht es darum zu ermitteln, wie viel oder wie wenig jemand aus bestimmten gesellschaftlichen Verhältnissen für sich „rauszuholen" vermag.

Unsere Fragestellung lautet demgegenüber: In welche teilsystemspezifischen *Aktivitätsmuster* ist jemand über Publikumsrollen wie stark und auf welche Weise involviert? Wie viel Zeit verbringt jemand beispielsweise mit Fortbildung – unabhängig davon, welchen Nutzen er daraus für seine berufliche Entwicklung zieht? Vielleicht macht es ihm ja auch einfach nur Spaß, mit anderen Menschen auf einem Wochenendseminar über Gott und die Welt zu diskutieren. Und handelt es sich um Fortbildungsaktivitäten, denen jemand ganz individuell nachgeht, indem er etwa regelmäßig Fachliteratur liest, um sich beruflich auf dem Laufenden zu halten – oder besucht er zu diesem Zweck Kurse, die die Industrie- und Handelskammer anbietet? Ein anderes Beispiel: Wie oft sucht jemand einen Arzt auf? Auch das hat weder notwendigerweise etwas damit zu tun, wie krank jemand ist – noch damit, wie krank jemand sich fühlt. Aber die Atmosphäre des Wartezimmers, das Gespräch mit dem Arzt und dem Apotheker, die tägliche Arznei: All das ist ein Teil der Lebenserfahrungen der Person. Man sieht an diesen beiden Beispielen auch bereits, dass manche dieser Aktivitäten so beschaffen sind, dass man sich ihnen kaum entziehen kann – etwa dem Arztbesuch im Falle

---

[1] Zur Unterscheidung von Leistungs- und Publikumsrollen siehe Stichweh (1988).

einer Krankheit oder dem mehr oder weniger täglichen Einkauf. Bei Letzterem lässt sich allenfalls der zeitliche Umfang selbst bestimmen: Man kann das Einkaufen kurz halten oder als Shoppingbegeisterter darin schwelgen. Andere Aktivitäten wie Fortbildung oder erst recht Sporttreiben oder Museumsbesuche sind demgegenüber mehr oder weniger optionaler Natur. Man kann auch ohne sie leben.

Differenzierungstheoretisch kann man sich die moderne Gesellschaft aus der Perspektive des Publikums wie ein Kino-Center der besonderen Art vorstellen: Es laufen in unterschiedlichen Kinos ganz verschiedene Filme; und das Publikum strömt in mehr oder weniger schnellem Rhythmus ständig zwischen den verschiedenen Filmen hin und her, wobei manche Filme zumindest zeitweise immer wieder Pflichtprogramm sind, während man bei anderen nach Gusto hineinschauen kann. Der differenzierungstheoretische Beobachter dieses Geschehens könnte dann vor allem folgende Fragen stellen:

- Mit Blick auf das Kino-Center als Ganzes: Welche Filme sind gemeinhin stark, welche schwach besucht? Wie verteilt sich also das Publikum im Aggregat? Wandelt sich die Größe des Publikums bestimmter Teilsysteme im Laufe der gesellschaftlichen Entwicklung, oder bleibt sie im Wesentlichen gleich? Und gibt es womöglich zwischen verschiedenen Nationalgesellschaften nennenswerte Unterschiede der Publikumsverteilung?

- Mit Blick auf den einzelnen Kinogänger: In welche Kinos schaut jemand wie oft und mit wie intensivem Interesse hinein? Wie sieht somit das übergreifende Muster der Inklusionen eines einzelnen Mitglieds des Publikums in die verschiedenen Teilsysteme aus? Wie stark unterscheidet sich dieses Muster zwischen verschiedenen Individuen, und von welchen Faktoren hängen diese Unterschiede ab? Wie stark wandelt sich das Muster im Laufe eines Lebens?

- Mit Blick auf das einzelne Kino: Wer besucht den dort gezeigten Film wie häufig? Wie homogen oder heterogen ist das Publikum eines bestimmten Teilsystems, und in welchen Hinsichten? Und welche Unterschiede der Form der Inklusion in die verschiedenen Teilsysteme gibt es? Ist z.B. ein Inklusionsverhältnis typischerweise organisationsförmig, ein anderes hingegen nicht-organisiert, oder findet eines in häufigen und kurzzeitigen Episoden, ein anderes demgegenüber selten, aber dann länger andauernd statt?

Längst nicht alle diese Fragen werden in der vorliegenden Untersuchung schon beantwortet. Bevor man sich jedoch daran macht, auch nur eine einzige von ihnen anzugehen, könnte man sich allerdings der Nachfrage ausgesetzt sehen: Warum sind überhaupt Antworten auf diese Fragen von soziologischem und gesellschaftlichem Interesse? Was wissen wir, wenn wir besser über den so gefassten Aktivitätshaushalt von Individuen – andersherum: über den individuellen Vollzug einer funktional differenzierten Gesellschaft – Bescheid wissen?

Eine erste Antwort hierauf lautet, dass die Betrachtung der Inklusion von Individuen in die verschiedenen Teilsysteme, insbesondere die vergleichende und die teilsystemübergreifende Betrachtung all dieser Inklusionen, unserem Verständnis des Individuums in der modernen Gesellschaft eine weitere wichtige Dimension, nämlich das Inklusionsprofil, hinzufügt. Wir wissen bereits einiges, beispielsweise durch die soziologische Biographie- und Lebenslaufforschung (Fuchs-Heinritz 2005; Sackmann 2007) sowie durch die Untersuchungen zur „alltäglichen Lebensführung" (Projektgruppe „Alltägliche Lebensführung" 1995). Dieses Bild wird hier weiter vervollständigt, wobei – technisch formuliert – der Aktivitätshaushalt einer Person als Mitglied des Publikums aller Teilsysteme die zu beschreibende und zu erklärende Variable darstellt. Weitergehend ist dann aber zu fragen: Wofür könnte diese Variable ihrerseits einen wichtigen Erklärungsbeitrag liefern?

Entsprechend dem Doppelcharakter von Inklusion gibt es hierauf zwei Antwortrichtungen. Die eine Richtung zielt auf die Prägung des Individuums durch seine Publikumsrollen ab. Ganz pauschal gesagt: Jemand, dessen Leben sich jenseits des Berufs um die eigene Familie, den Sportverein und den Fernseher dreht, wird dadurch zu einer anderen Person sozialisiert als jemand, der Single, chronisch krank und musikbegeistert ist. Bereits die angedeuteten Ausprägungen dieser drei Publikumsrollen wecken Assoziationen; ergänzte man das Bild um weitere Publikumsrollen, würden die Rückschlüsse immer bestimmter. Beide Personen führen deutlich andere Leben und machen dabei deutlich andere Lebenserfahrungen.

Die Soziologie geht generell davon aus, dass die Lebenserfahrung einer Person durch ihre Lebensführung geprägt wird, diese wiederum durch ihre Lebensumstände, und dass die Lebenserfahrung umgekehrt in die Lebensführung eingeht. Unter den vielfältigen Merkmalen der Lebensumstände einer Person als Dreh- und Angelpunkt ihrer Lebensführung und Lebenserfahrungen hebt die hier von uns vorgestellte differenzierungstheoretische Perspektive die Publikumsrollen in den verschiedenen Teilsystemen und die damit verbundenen Aktivitätsmuster hervor. Man kann mit dieser Blickrichtung durchaus den Anspruch verbinden, den teilsystemisch geprägten Sozialcharakter eines Individuums neben die zumeist als Erklärungsfaktoren für bestimmtes Handeln herangezogenen

Merkmale der sozialen Lage zu stellen. Wenn politische Wahlentscheidungen, Kunstgeschmack, sexuelle Präferenzen, umweltbewusstes Handeln und vieles mehr durch Bildungsniveau, Alter, Geschlecht oder Einkommen mehr oder weniger stark mit bestimmt werden, warum dann nicht auch dadurch, dass man z.B. viel Zeit als Patient verbringt, Sportvereinsmitglied ist oder täglich eine Zeitung liest? Es ist zumindest eine offene und in künftigen Untersuchungen zu klärende Frage, in welchen Hinsichten welche Inklusionen wie stark prägend wirken. Gerade weil sich die soziologische Forschung in solchen Fragen bislang hauptsächlich – und durchaus mit Erklärungskraft – auf soziale Lagemerkmale konzentriert hat, dies gewissermaßen der routinemäßige analytische Zugriff ist, könnte es an der Zeit sein, zur Steigerung der Erklärungsleistung weitere Variablen zu berücksichtigen.

Die andere Antwortrichtung, die man auf die Frage nach dem Erklärungsbeitrag von Inklusionen über Publikumsrollen einschlagen kann, verweist auf den mit jeder Inklusion verbundenen Mitvollzug des jeweiligen teilsystemischen Operierens – also auf den Beitrag, den nicht nur die Leistungsrollenträger, sondern auch jedes Mitglied des Publikums zur Leistungsproduktion und sich darüber vollziehenden Reproduktion des betreffenden Teilsystems liefert. Man darf sich den Publikumsstatus ja nicht als einen weitgehend oder gar gänzlich passiven Leistungsempfang vorstellen. Selbst der Kinogänger bestimmt aktiv selbst, wann er den Film wechselt und wie aufmerksam er jeweils zuschaut. Über diese in vielen Publikumsrollen vorgesehene Entscheidung über Zeitpunkte, Umfang und Art des Leistungsempfangs hinaus wirkt das Publikum aber oftmals noch weitergehend an der Leistungsproduktion mit. Es erbringt selbst Teilleistungen, wenn etwa Schüler lernen oder Kläger für ihren Rechtsanwalt Informationen bereitstellen; zumindest Konformität mit den Vorgaben der Leistungsrollenträger und gegebenenfalls gegen eigene Neigungen ist erforderlich, wenn etwa Patienten sich ärztlichen Verhaltensmaßregeln fügen.

Wenn aber das Publikum als aktiver Nachfrager und Mitwirkender integrales Moment – und kein bloßes Objekt – teilsystemischer Leistungsproduktion ist, kann man verschiedene Folgefragen anschließen. So ist zu klären, wie das Nachfrageverhalten die Teilsystemdynamiken bestimmt. Hier wird etwa eine „Anspruchsinflation" gegenüber vielen oder gar allen Teilsystemen vermutet, die deren Wachstumsdynamik trägt – jedenfalls solange, wie Geld dafür da ist (Luhmann 1981; 1983). Dieser möglichen Überforderung der Teilsysteme durch ihr Publikum steht aber gegenüber, dass das Publikum, gesamtgesellschaftlich betrachtet, auch knapp sein und sich vielleicht immer weiter verknappen könnte. Denn sein Aufmerksamkeitspotential hat zeitliche Grenzen und eine begrenzte

Aufnahmekapazität; zudem könnte es sein, dass die teilsystemischen Leistungsangebote nicht attraktiv genug ausfallen. Dann aber würden die Teilsysteme –
genauer: die teilsystemischen Leistungsanbieter – untereinander um ein knappes
Publikum konkurrieren, z.B. der Sport gegen die Kunst oder die Intimbeziehungen. Diese Konkurrenz wiederum hätte Folgen für das teilsystemische Operieren
und wäre natürlich ganz grundsätzlich eine wichtige Randbedingung teilsystemischer Reproduktion.

Man kann sich noch weitere Auswirkungen des Publikums auf die Teilsysteme vorstellen. Jürgen Gerhards (2001) weist für mehrere Teilsysteme auf Phänomene hin, die einen „Aufstand des Publikums" gegen die Leistungsrollenträger signalisieren. So nehmen z.B. „mündige" Patienten die Diagnose- und Thera-
pieentscheidungen ihrer Ärzte nicht mehr einfach hin, begehren also weiterge-
hende Mitentscheidungs- und Mitwirkungsrechte bei der Produktion der sie
betreffenden medizinischen Leistungen – bis hin dazu, dass sie die „Schulmedi-
zin" in Teilen in Frage stellen und alternative Heilmethoden in Anspruch nehmen. Daran deutet sich beispielhaft schon an, dass ein solcher „Aufstand" selbst
gegenüber altehrwürdigen, gefestigten Professionen so weit gehen kann, dass die
von diesen und ihrem Spezialwissen maßgeblich getragene teilsystemische Autonomie erodiert – womit am Grundprinzip funktionaler Differenzierung überhaupt gerüttelt würde.

Spätestens an dieser Stelle dürfte es höchst spannend, aber ebenso spekula-
tiv geworden sein. Man ahnt, dass all die aufgeworfenen Fragen zum weiterge-
henden Erklärungsgehalt dessen, was wir hier zunächst einmal in seiner empirischen Ausprägung beschreiben und selbst zum Erklärungsgegenstand machen
wollen, zusammengenommen ein groß angelegtes Forschungsprogramm darstellen könnten, das vielleicht künftig angegangen werden kann. Solche Folgefragen
schon an dieser Stelle zu benennen, verdeutlicht hingegen, welche Relevanz die
hier erst einmal von uns behandelten Fragen haben.

In den Kapiteln 1 und 2 dieses Buches wird dementsprechend zunächst theoretisch dargelegt, wie sich die Inklusion von Individuen in die verschiedenen
Teilsysteme der funktional differenzierten Gesellschaft über Publikumsrollen
vollzieht, wie sich jedes einzelne Inklusionsverhältnis sowie das sich aus allen
teilsystemischen Inklusionsverhältnissen zusammensetzende Inklusionsprofil
einer Person darstellt und wodurch es in seiner personspezifischen Ausprägung
bestimmt sein könnte. Daran schließen sich die Kapitel 3, 4 und 5 an, in denen die
theoretischen Überlegungen empirisch umgesetzt werden. Wir haben dazu eine
repräsentative Befragung der Erwachsenenbevölkerung Deutschlands durchgeführt, deren Daten wir heranziehen. Neben der empirischen Füllung der theoreti-

schen Konzepte für die deutsche Gegenwartsgesellschaft dienen die Daten auch dazu, die Theoriebasis weiter auszuarbeiten.

1 Gesellschaftstheoretische Perspektive

In einem ganz elementaren Sinne bedeutet Inklusion den Vollzug von Gesellschaft durch individuelle Akteure. Soziologisch kann man hierbei den analytischen Akzent entweder, wie es die Ungleichheitsforschung vorwiegend tut, auf die *Ressourcen* legen, die zum Gesellschaftsvollzug sowohl motivieren als auch befähigen, oder aber, wie wir es hier tun wollen, auf die *Aktivitäten* des Vollzugs. Selbstverständlich lassen sich beide Akzente in einem späteren Schritt auch miteinander verknüpfen.

Gesellschaftsvollzug bedeutet vor allem: Interdependenzbewältigung – ob es nun bloß darum geht, dass zwei Personen einander auf einem engen Wegstück nicht in die Quere kommen, oder um die komplizierte Aushandlung eines viele einzelne Punkte umfassenden Koalitionsvertrags zwischen zwei politischen Parteien (Schimank 2000a: 81-85). Diesem Bild von Gesellschaft als Abwicklung von Interferenzen zwischen Akteuren fehlt allerdings noch ein entscheidendes Moment: Denn diese Abwicklung vollzieht sich nicht als je situativ stets völlig von Neuem durch die beteiligten Akteure gestalteter Prozess. Die Akteure müssen im Abwicklungsprozess vielmehr ihnen vorgegebene und ihnen äußerliche, also nicht im je eigenen Gewordensein liegende Bedingungen berücksichtigen. Diese Bedingungen sind die gesellschaftlichen Strukturen. Zu ihnen zählen etwa Institutionen, die normativ regeln, wie bestimmte Interdependenzen zu bewältigen sind. Andere Arten gesellschaftlicher Strukturen sind kulturelle Leitvorstellungen darüber, welche Ressourcen wie begehrenswert sind, oder gesellschaftliche Verteilungsmuster bestimmter Ressourcen, also etwa die Einkommensverteilung. Zwischen diesen Strukturen und dem sozialen Handeln der Akteure besteht ein wechselseitiger Konstitutionszusammenhang, den Anthony Giddens (1984: 1-40) als sich über Zeit entfaltende „duality of structure" umschreibt: Alle gesellschaftlichen Strukturen werden durch handelndes Zusammenwirken von Akteuren aufgebaut, erhalten und verändert; umgekehrt prägen diese Strukturen als normative, evaluative und kognitive Orientierungen das weitere Handeln der Akteure (Schimank 2000a). Prägung heißt wohlgemerkt nicht, dass die Akteure nichts weiter als Marionetten der gesellschaftlichen Strukturen sind. Ein Akteur vermag sich bekanntlich bewusst über Strukturen hinwegzusetzen, indem er beispielsweise gegen eine

Norm verstößt. Doch selbst dann beachtet er die Norm in dem Sinne, dass ihm ihre Existenz als gesellschaftlich gültig erachtete Regel bekannt ist.

Aus der Gesamtheit der gesellschaftlichen Strukturen greifen wir uns hier die Strukturen funktionaler Differenzierung heraus, also die Zusammensetzung der modernen Gesellschaft aus ausdifferenzierten Teilsystemen; und wir wollen das Wechselverhältnis zwischen diesen Strukturen und den Individuen anhand der Publikumsrollen näher studieren. Die theoretische Explikation dieses Untersuchungsgegenstands geht in zwei Schritten vor. Das vorliegende Kapitel umreißt zunächst die allgemeine differenzierungstheoretische Perspektive auf die moderne Gesellschaft in denjenigen Grundzügen, die hier wichtig sind. Daran anschließend wird dargelegt, wie sich die Inklusion der Personen in die moderne Gesellschaft vollzieht. Das folgende Kapitel baut dann auf diesem Verständnis von Inklusion unter Bedingungen moderner Gesellschaften auf und entwickelt erstens eine Reihe von wichtigen analytischen Dimensionen zur beschreibenden Charakterisierung spezifischer teilsystemischer Inklusionsverhältnisse und übergreifender Inklusionsprofile von Personen. Zweitens wird die Frage aufgeworfen, welche Faktoren die spezifischen Ausprägungen individueller Inklusionsprofile erklären können; dabei werden dann unter anderem auch ungleichheitstheoretische Erklärungsfaktoren zur Sprache kommen.

1.1 Funktional differenzierte Gesellschaft[2]

Differenzierungstheoretisch wird die moderne Gesellschaft als eine *funktional differenzierte Gesellschaft* bezeichnet, folglich durch den Primat einer besonderen Differenzierungsform charakterisiert. Die moderne Gesellschaft besteht nach diesem Verständnis aus einem Nebeneinander funktional spezialisierter Teilsysteme wie Wirtschaft, Politik, Recht, Kunst oder Sport etc. Sie unterscheidet sich durch diese teilsystemische Differenzierung sowohl von der primär segmentären Differenzierung archaischer Gesellschaften als auch von der primär stratifikatorischen Differenzierung vormoderner Hochkulturen.

In archaischen Gesellschaften sind die primären Einheiten relativ gleichartige und gleichrangige Familien, Clans und Stämme. Die feudalistischen Gesellschaften des europäischen Mittelalters, das Römische Reich, aber auch das chinesische

---

[2] Als ausführlichere Überblicke über die differenzierungstheoretische Perspektive auf die moderne Gesellschaft siehe Schimank (1996) und Schimank/Volkmann (1999).

Kaiserreich hingegen gliederten sich in Stände, Schichten oder Klassen und damit in ungleichartige und ungleichrangige Einheiten. Funktionale Differenzierung schafft demgegenüber zum einen in dem Sinne *ungleichartige* Einheiten, als jedes der Teilsysteme je besondere, von keinem anderen Teilsystem wahrgenommene Beiträge zur Reproduktion der Gesellschaft leistet. So liefert die Politik kollektiv bindende Entscheidungen, die Wissenschaft wahre Erkenntnisse oder die Wirtschaft Güter und Dienstleistungen zur Bedürfnisbefriedigung. Kein Teilsystem kann mit seinem spezifischen Leistungsangebot durch ein anderes ersetzt werden. Doch diese allseitige Unersetzbarkeit begründet auch eine grundsätzliche *Gleichrangigkeit* der Teilsysteme; kein Teilsystem steht mehr – wie der Adel und die Kirchenfürsten im Mittelalter – unangefochten an der Spitze der Gesellschaft.

Die Teilsysteme machen die *Makroebene* der funktionalen Differenzierung der modernen Gesellschaft aus. Auf dieses Phänomen selbst wurde man allerdings ursprünglich auf der *Mikroebene* aufmerksam: anhand der im Zuge der industriellen Revolution einsetzenden zunehmenden beruflichen Arbeitsteilung im Speziellen und der Differenzierung des gesellschaftlichen Rollenrepertoires im Allgemeinen. Arbeitsteilige Spezialisierung ermöglicht einerseits ein hohes Produktivitätsniveau, andererseits bedeutet sie eine große wechselseitige Abhängigkeit der einzelnen Arbeitsvollzüge voneinander – mit einer entsprechenden Störanfälligkeit. Ebenso ambivalent wurde auch die Rollendifferenzierung erfahren: Aufgrund der Vielfalt möglicher Rollenkombinationen hat sie einerseits Individualität als zunehmend selbstbestimmte Einzigartigkeit der Personen hervorgebracht, andererseits ist diese Individualisierung aber mit handfesten Orientierungsproblemen in Gestalt verschiedener Arten von Rollenkonflikten und Identitätsverunsicherungen einhergegangen (Schimank 2002).

Die zwischen Teilsystemen und Rollen angesiedelte *Mesoebene* funktionaler Differenzierung ist die Ebene formaler Organisationen. Diese sind in der einen Richtung wichtige Träger der rollenförmigen Arbeitsteilung. In der anderen Richtung sind formale Organisationen ebenso wichtige Träger teilsystemischer Ausdifferenzierung. Sehr viele und vor allem äußerst relevante Zusammenhänge zwischen rollenförmiger Arbeitsteilung und teilsystemischer Ausdifferenzierung werden durch formale Organisationen vermittelt, weshalb man die moderne Gesellschaft zu Recht auch als Organisationsgesellschaft bezeichnet (Schimank 2001). Diese Charakterisierung der Gegenwartsgesellschaft als Organisationsgesellschaft konkurriert nicht etwa mit einer differenzierungstheoretischen Charakterisierung, sondern gehört zu dieser.

Alle drei gesellschaftlichen Ebenen – Teilsysteme, Organisationen und Rollen – werden im Weiteren für das Verständnis von Inklusion von Bedeutung sein.

Für die Charakterisierung der funktionalen Differenzierung der modernen Gesellschaft besitzt die Ebene der Teilsysteme einen analytischen Primat. Niklas Luhmann begreift auf dieser Ebene – wie vor ihm vor allem Max Weber – gesellschaftliche Differenzierung als *Emergenz*, als eine Form und einen Prozess der Selbstorganisation von Teilsystemen. Teilsystemische Differenzierung enthält durchaus ein Moment der Arbeitsteilung, geht aber als *Aus*differenzierung darüber hinaus. Es handelt sich dabei gerade nicht um die Zerlegung eines kompakteren Ganzen in spezialisierte Teile, sondern um die Herausbildung von „globalen Zugriffsweisen" auf die Welt: „Die Unterscheidung von Wissenschaftler und Bäcker entspricht eben nicht der Unterscheidung von Bäcker und Schuster." (Türk 1995: 173) Teilsystemische Ausdifferenzierung auf der einen und berufliche Arbeitsteilung als Teil der gesellschaftlichen Rollendifferenzierung auf der anderen Seite stellen sich geradezu als zwei voneinander unabhängige Dimensionen gesellschaftlicher Differenzierung dar.[3]

Die Ausdifferenzierung der Teilsysteme erfolgt dieser Sichtweise zufolge als Kultivierung, Vereinseitigung und schließlich Verabsolutierung von Weltsichten, bis diese sich in Form jeweils hochgradig spezialisierter, selbstreferentiell angelegter *binärer Codes* etabliert haben: etwa „zahlen" versus „nicht-zahlen" als „distinction directrice" (Luhmann 1986) des Wirtschaftssystems oder „Recht" versus „Unrecht" als Pendant im Rechtssystem. Diese „von unten" und gegeneinander propagierten, also nicht wie bei einer Arbeitsteilung säuberlich aufeinander abgestimmten Leitdifferenzen gesellschaftlicher Kommunikation konstituieren keine überschneidungsfreien Zuständigkeitsbereiche, sondern eine *polykontexturale* Gesellschaft. Jedes soziale Ereignis in der modernen Gesellschaft – einschließlich bloß gedanklich oder kommunikativ vorgestellter möglicher Ereignisse – hat eine Mehrzahl gesellschaftlich relevanter und sinnhafter Bedeutungen, je nachdem, im Kontext welcher teilsystemischen Leitdifferenz es betrachtet wird. Ein Zugunglück beispielsweise lässt sich nicht der alleinigen Zuständigkeit eines bestimmten Teilsystems zuordnen, um so gleichsam unsichtbar, nämlich bedeutungslos – im doppelten Sinne des Wortes – für die übrigen Teilsysteme zu bleiben. Sondern das Zugunglück stellt sich als rechtliches, wirtschaftliches, politisches, massenmediales, wissenschaftlich-technisches, medizinisches, gegebenenfalls auch militärisches, pädagogisches oder künstlerisches Geschehen dar – und jedes Mal ganz anders! Die gesellschaftliche Wirklichkeit ist damit nicht eine

---

[3]   Dies bringen die differenzierungstheoretischen Perspektiven von Emile Durkheim und Talcott Parsons durcheinander, die funktionale Differenzierung auf Arbeitsteilung reduzieren und Differenzierung als Dekomposition begreifen.

einzige, sondern mehrfach und so oft anders vorhanden, wie es divergierende teilsystemische Perspektiven auf sie gibt. Das Zugunglück passiert als Gegenstand von Kommunikation – und nur so wird es für Luhmann jenseits physikalisch-chemischer und biologischer Vorgänge gesellschaftlich relevant – nicht einmal, sondern eben ein halbes Dutzend bis ein Dutzend Male. Man kann Luhmanns Sicht allen Ernstes so auf den Punkt bringen, dass funktionale Differenzierung die Gesellschaft vervielfacht. Die Gesellschaft der Wirtschaft ist eine völlig andere als die Gesellschaft der Politik oder des Gesundheitssystems etc.

Dadurch, dass sich teilsystemische Kommunikationen im Orientierungsrahmen des jeweiligen binären Codes bewegen, sind die Teilsysteme als Kommunikationszusammenhänge *selbstreferentiell geschlossen*. Die beiden Pole eines binären Codes bilden somit Sinngrenzen. Sie markieren den Sinnhorizont eines Teilsystems, der den dortigen Akteuren vorgibt, um was es geht, so dass etwa ein Fußballspieler während eines Spiels weiß, dass er sich darum bemühen muss, die gegnerische Mannschaft zu besiegen – und nicht etwa, religiös zu missionieren oder politisch zu agitieren.[4] In der Wirtschaft dreht sich letztlich alles um Zahlungsfähigkeit, im Sport hingegen um Siege; und dass ein sportlicher Sieg für das wirtschaftliche Produkt, für das der Sieger Reklame läuft, von Vorteil ist, heißt eben nicht, dass das betreffende Unternehmen sich irgendetwas aus dem Sieg an sich macht, sondern nur, dass durch einen sportlichen Erfolg eventuell die Verkäuflichkeit seines Produkts und damit seine Zahlungsfähigkeit gesteigert wird. Ebenso spielt umgekehrt die Tatsache, dass Sponsorengelder aus der Wirtschaft einen sportlichen Sieg wahrscheinlicher machen können, weil ein Athlet sich dadurch bessere Trainingsbedingungen zu leisten vermag, im Wettkampf insofern keine Rolle, als auch die Leistung dieses Athleten nach rein sportlichen Regeln bewertet und eingestuft wird. Letzten Endes ist also weder das Unternehmen als Wirtschaftsorganisation in irgendeinem Sinne „sportbegeistert" noch ist der sportliche Wettkampf „kommerzialisiert". Beide Teilsysteme bleiben durch eine harte, kommunikativ unüberschreitbare Grenze geschieden; sie verstehen einander in dem Sinne nicht, dass keines die konstitutive evaluative Orientierung des anderen, die im binären Code zum Ausdruck kommt, zu schätzen weiß.

Dieses Beispiel des Sponsorings im Sport demonstriert also zum einen die selbstreferentielle Geschlossenheit der ausdifferenzierten Teilsysteme. Zum ande-

---

[4]   Einen Grenzfall mögen Fußballspiele darstellen, die als Freundschaftsspiele oder Benefizveranstaltungen der Völkerverständigung oder einem anderen guten Zweck dienen sollen. Aber selbst im Rahmen solcher Sportveranstaltungen dürfte der Wille, das Spiel zu gewinnen, auf Seiten der Akteure dominieren.

ren zeigt es aber auch, dass es *fremdreferentielle Einwirkungen* in die Teilsysteme gibt, diese also zugleich umweltoffen sind. Um mehr als punktuell zu wirken, müssen Irritationen von außen in die jeweilige *Programmstruktur* der Teilsysteme eingehen. Programme sind Spezifizierungen der hochabstrakten Codes: Regeln, wie die Codes zu verstehen sind – im Sport unter anderem die Wettkampfregeln, in der Wirtschaft Investitionskalküle, in der Wissenschaft wissenschaftliche Theorien und Methodologien. Dies sind Beispiele für selbstreferentielle Programmelemente. Die Programmstruktur der Teilsysteme ist aber auch offen für „von außen" hereingetragene Elemente; so unterliegt etwa die wissenschaftliche Forschung rechtlichen Beschränkungen, politischen Fördermaßnahmen oder medizinischen Nutzenerwägungen. Fremdreferentielle Programmelemente können also die Selbstreferentialität der teilsystemischen Kommunikation kanalisieren, und diese Kanalisierung kann sowohl restriktiv als auch orientierend und bestärkend wirken. Kanalisierung bedeutet dabei wohlgemerkt nicht, dass der teilsystemeigene Code außer Kraft gesetzt wird. Auch die Erkenntnisse einer wirtschaftlich instrumentalisierten Forschung – siehe die Industrieforschung – müssen sich an „wahr"- versus „unwahr"-Kriterien messen lassen, gerade auch, um wirtschaftlich verwendbar zu sein (Schimank 2006: 57-70).

An diesem Punkt lässt sich die bereits angesprochene Bedeutung formaler Organisationen als Mesoebene funktionaler Differenzierung genauer fassen. Organisationen disziplinieren das Handeln ihrer Mitglieder im Sinne der teilsystemischen Codes und Programme, vermitteln diese an die Rollenträger des betreffenden Teilsystems und tragen so zur gesellschaftlichen Sozialintegration bei. Da die teilsystemische Programmstruktur sowohl selbst- als auch fremdreferentielle Elemente enthält, vermitteln formale Organisationen gleichzeitig zwischen dem Teilsystem und seiner Umwelt. Sie sind damit wichtige Mechanismen gesellschaftlicher Systemintegration.

Auch wenn die moderne Gesellschaft als polykonturale keine substantiell fassbare Einheit mehr darstellt, heißt das also keineswegs, dass die gesellschaftlichen Teilsysteme in ihrer je eigenen Welt unabhängig voneinander operieren. Sie sind im Gegenteil vielfältig *strukturell gekoppelt*, wobei ihre Interdependenzen von unterschiedlicher Art und Stärke sind. Man sollte allerdings nochmals hervorheben, dass strukturelle Kopplungen mit Indifferenz für die Selbstreferentialität des jeweils anderen Teilsystems einhergehen. Wenn z.B. die Politik ein anderes Teilsystem durch Gesetzgebung steuert, könnte man dies ja als gezielte Einflussnahme mit der Absicht, die Funktionsfähigkeit des anderen Teilsystems zu stärken, deuten. So wird es alltagsweltlich auch getan. Differenzierungstheoretisch gesehen geht es dabei aber immer nur darum, dass der politische Operationszusammenhang seinen eigenen Code, also die Steigerung legitimer Macht, im Sinn hat. So wollen etwa Politiker wiedergewählt werden – und das „Gemeinwohl" im Sinne der Reproduktionsfähigkeit aller übrigen Teilsysteme interessiert sie nur insoweit, wie eine gemeinwohlorientierte politische Entscheidung ihnen für die Wiederwahl nützt. Diese überragende Orientierung am teilsystemischen Code wird spätestens daran erkennbar, dass auch gemeinwohlschädliche politische Entscheidungen beständig getroffen werden – wenn man etwa die Wähler nicht durch „unpopuläre", beispielsweise den Individualverkehr beschränkende Maßnahmen verprellen will, selbst wenn diese für die ökologische Integration der Gesellschaft mit der Natur in höchstem Maße funktional erforderlich wären.

Die zwölf Teilsysteme, die sich bislang in der modernen Gesellschaft ausdifferenziert haben und die wir im Weiteren zugrunde legen,[5] sollen in der folgenden tabellarischen Zusammenstellung wenigstens stichwortartig etwas näher umschrieben werden:[6]

Tabelle 1: Die zwölf Teilsysteme

Teilsystem	Code	zentrale Aktivitäten	zentrale Leistungsrollen	zentrale Organisationen
Intimbeziehungen	lieben/ nicht lieben	Zusammenleben oder enger persönlicher Kontakt als Paar oder Wohngemeinschaft, mit oder ohne Kinder, auf der Basis von Freundschaft, Liebe und/oder Verwandtschaft	Freund, Liebender, Lebensgefährte, Ehepartner, Eltern, Kind	–
Wirtschaft	zahlen/ nicht zahlen	gewinnorientierte Produktion und Verteilung von Gütern und Dienstleistungen	Unternehmer, Arbeitnehmer	Unternehmen, Banken

---

5 Dies sind neben den zehn von Luhmann als solchen identifizierten Teilsystemen zwei weitere: der Sport und das Militär. Zum Sport siehe Schimank (1988), Stichweh (1990) und Bette/Schimank (1995); zum Militär siehe Schubert (2001), Kohl (2006). Nicht einbezogen sind zwei mögliche Teilsysteme im Werden, die differenzierungstheoretisch diskutiert werden: das Hilfesystem (Baecker 1994; Fuchs/ Schneider 1995; Luhmann 1997: 633) und ein für Ökologiefragen zuständiges Teilsystem (Schimank 2000b: 140).

6 Siehe ähnlich auch die Übersicht bei Lange (2003: 172/173).

Teilsystem	Code	zentrale Aktivitäten	zentrale Leistungsrollen	zentrale Organisationen
Massen-medien	informativ/ nicht informativ	Berichterstattung	Journalist	Zeitungen, Rundfunk- und Fernsehsender
Bildung	bessere/ schlechtere Leistung (Zensur)	Vermittlung von All-gemeinwissen und berufsbezogenem Wissen	Lehrer, Erzieher	Kindergärten, Schu-len, Berufsschulen, Hochschulen, Volks-hochschulen und Weiterbildungsein-richtungen
Kunst	schön/ hässlich	Herstellung und Präsentation von Kunstwerken (Musik, Literatur, Theater, Film, bildende Künste)	Künstler	Museen, Theater, Galerien, Philharmo-nien, Kinos
Sport	Sieg/ Niederlage	leistungsorientierte körperliche Betätigun-gen – oft im Wettkampf mit anderen	Sportler	Vereine, Fitnessstudios
Politik	verfügen/ nicht verfügen über Macht	Regelung von gesell-schaftlich bedeutsamen Entscheidungsfragen durch Gesetzgebung, Infrastrukturleistungen und sozialstaatliche Leistungen	Politiker, Verwal-tungsmitarbeiter, Interessenvertreter	Parteien, Parlamente, Regierungen, öffentli-che Verwaltungen, Interessenverbände
Religion	Immanenz/ Transzendenz	Gottesdienste und Seelsorge	Priester	Kirchen, Sekten
Gesundheit	krank/ gesund	Behandlung kranker Menschen und Vor-beugung von Erkran-kungen	Arzt, Pflege-personal	Krankenhäuser
Recht	Recht/ Unrecht	Entscheidung von Konflikten auf der Basis von Gesetzen	Richter, Anwalt, Polizist	Gerichte, Anwalts-kanzleien, Polizei, Gefängnisse
Militär	Krieg/ Frieden	Landesverteidigung	Soldat	Militär
Wissenschaft	Wahrheit/ Unwahrheit	Forschung als Suche nach wahren Erkennt-nissen über die Welt	Forscher	Forschungsinstitute, Akademien, Universi-täten (als Forschungs-stätten)

Da wir auf diese Teilsysteme in den folgenden Kapiteln noch näher eingehen werden, können wir es vorerst bei diesen Stichworten belassen.

1.2 Gesellschaftliche Inklusion der Person

Was bedeutet es für Menschen, in einer funktional differenzierten Gesellschaft zu leben? Welche Lebenserfahrungen und welche Muster der Lebensführung ergeben sich aus dieser Differenzierungsform der Moderne?

Der entscheidende Unterschied gegenüber der Inklusion in vormoderne Gesellschaften besteht darin, dass es in der funktional differenzierten Gesellschaft keine Eins-zu-Eins-Zuordnung einer bestimmten Person zu einem bestimmten Teilsystem – und nur zu diesem – gibt (Farzin 2006: 24-37). In der stratifizierten mittelalterlichen Gesellschaft, die sich in ein Über- und Untereinander von Ständen schichtete, war das noch der Fall. Jeder Stand hatte einen Exklusivzugriff auf einen Teil des gesellschaftlichen Personals; und diese Personen wurden dann in ihrer gesamten Lebensführung durch diese Standeszugehörigkeit geprägt. Der Bauer war nicht noch gleichzeitig – auch nicht ein bisschen – Adliger oder Geistlicher und vice versa. Aus der Sicht des Einzelnen bot jeder Stand eine Komplett-Lebensordnung: Man brauchte nichts anderes mehr zu sein als z.B. Bauer, um sein Leben in allen Belangen führen zu können, um rundum existentiell aufgehoben zu sein; und wenn man mit einer so vorgeprägten Lebensführung zur Reproduktion der Ordnung des eigenen Standes beitrug, war das zugleich der Beitrag zur Reproduktion gesellschaftlicher Ordnung überhaupt.[7] In der Regel gab es auch keinerlei individuelle Mobilität zwischen den Schichten.

Die funktional differenzierte moderne Gesellschaft ist hingegen – mit Frank Hillebrandt (1999: 246-252) gesprochen – durch „personale Exklusion" in dem Sinne charakterisiert, dass eine Person als Ganze in keinem Teilsystem mehr gefragt ist und angesprochen wird. Die Person ist in jedem Teilsystem immer nur in bestimmten Rollen involviert – ansonsten bleibt sie ausgesperrt. Völlig anders als bei der exklusiven Totalinklusion in nur einen Stand der mittelalterlichen Gesellschaft bestimmt in der funktional differenzierten Gesellschaft somit eine *multiple Partialinklusion* in viele oder sogar alle Teilsysteme die Lebenschancen und – über die Lebenschancen vermittelt – die Lebensführung der Menschen.

---

[7] Hierbei handelt es sich natürlich um eine aus Gründen des Kontrasts stark simplifizierte Zuspitzung vormoderner Verhältnisse – siehe dazu auch Schwinn (2004).

Das bedeutet: Als nicht eindeutig nur einem einzigen Teilsystem zugeordnete Akteure müssen die Personen die Polykontexturalität der modernen Gesellschaft sozusagen „am eigenen Leibe" aushalten, und zwar auf Dauer. Die Teilsysteme ruhen demgegenüber als Orientierungshorizonte fest in sich selbst – sie werden zwar in ihrem Operieren irritiert durch Einwirkungen aus anderen Teilsystemen, ohne jedoch jemals Zweifel an der Suprematie des eigenen binären Codes zu bekommen. Vergleichbares gilt für die allermeisten korporativen Akteure: Organisationen sind, von Ausnahmen abgesehen, einem und nur einem Teilsystem zugeordnet, an dessen binärem Code sie sich vorrangig orientieren – z.B. Unternehmen am Code der Wirtschaft oder Krankenhäuser am Code des Gesundheitssystems.[8] Dass Unternehmen eine Forschungs- oder eine Rechtsabteilung haben können, heißt eben nicht, dass sie damit gleichberechtigt dem Wissenschafts- beziehungsweise Rechtssystem angehören wie dem Wirtschaftssystem; solche Organisationseinheiten dienen als Formen struktureller Kopplung lediglich dazu, die fremdreferentiellen Programmelemente für das wirtschaftliche Operieren des Unternehmens permanent präsent zu halten. Personen hingegen haben in ihrer Lebensführung vielleicht nicht immer an allen, aber doch an den meisten gesellschaftlichen Teilsystemen teil: „Die Einzelperson kann nicht mehr einem und nur einem Teilsystem angehören…; sie kann nicht in einem der Funktionssysteme allein leben." (Luhmann 1969: 158) Das hat dann zur Folge, dass Personen die immer wieder fremdartig nebeneinander oder gar inkompatibel gegeneinander stehenden Orientierungen verschiedener Teilsysteme irgendwie handelnd „unter einen Hut bringen" müssen.

In der kritischen Auseinandersetzung mit Luhmanns Pessimismus bezüglich der Möglichkeiten politischer Gesellschaftssteuerung betonen Renate Mayntz und Fritz W. Scharpf als gesellschaftlich positiven Effekt dieser multiplen Partialinklusion, dass individuelle Akteure dadurch „in den ‚Sprachen' verschiedener Teilsysteme sprechen können" (Mayntz 1987: 102) und durch diese „multilinguale Kommunikationskompetenz" (Scharpf 1989: 15) dazu prädestiniert sind, systemintegrative Vermittlungsleistungen zu erbringen. Ob das wirklich der Fall ist, mag man bezweifeln (Schimank 1992a: 255-258). Unstrittig zutreffend ist allerdings, dass sich Personen in der modernen Gesellschaft, um ihre verschiedenen Rollen kompetent spielen zu können, nicht nur im kognitiven Sinne in vielen

---

[8] Zu den wenigen Ausnahmen gehören beispielsweise Universitäten, die eine „organisatorische Koexistenz" von Wissenschafts- und Bildungssystem institutionalisieren, bei der keiner der beiden teilsystemischen Codes die Oberhand besitzt (Braun/Schimank 1992).

Teilsystemen kundig bewegen,[9] sondern sich darüber hinaus auch die normativen und evaluativen Orientierungen der Teilsysteme, also deren Sollens- und Wollensvorgaben, in gewissem Maße zu Eigen machen müssen. Ein sicheres – und vor allem dem jeweiligen Gegenüber Erwartungssicherheit vermittelndes – Auftreten als Arbeitnehmer in der Wirtschaft setzt z.B. eine Akzeptanz unternehmerischer Gewinnorientierung voraus, auch wenn dieselbe Person vielleicht als Sportfan die Kommerzialisierung des Spitzensports persönlich (!) unerträglich findet. Gerade weil zwischen den teilsystemischen Operationszusammenhängen „Schwellen der legitimen Indifferenz" (Tyrell 1978: 183, Hervorhebungen weggelassen) bestehen, also etwa wirtschaftliches Handeln keine großen Rücksichten auf das Familienleben nehmen muss, tun sich für die Personen umso größere Spannungen auf – z.B. zwischen einer beruflichen Tätigkeit in der Chemieindustrie und dem Zusammenleben mit ökologiebewegten Familienangehörigen. Die Person kann ihre Persönlichkeit eben nicht entsprechend ihren multiplen Partialinklusionen rigide aufteilen, sondern muss die Integrität ihres Lebenszusammenhangs über alle Teilsysteme hinweg wahren.

Weber sieht hierin – ebenso wie Wilhelm Dilthey und Ernst Troeltsch – ein massives Problem für die Personen in der modernen Gesellschaft (Tyrell 1999: 158/159). Diese sind mehr oder weniger heftig hin und her gerissen zwischen den heterogenen Anforderungen der verschiedenen „Wertsphären" und müssen sich entscheiden, welchem der „Götter" sie in welchem Maße dienen wollen. Weber (1919: 27/28) bringt diesen „unlöslichen Kampf" der verschiedenen „Wertsphären" um die Personen so zum Ausdruck: „dass etwas heilig sein kann nicht nur: obwohl es nicht schön ist, sondern weil und insofern es nicht schön ist; ... und dass etwas schön sein kann nicht nur: obwohl, sondern: in dem, worin es nicht gut ist ... – und eine Alltagsweisheit ist es, dass etwas wahr sein kann, obwohl und indem es nicht schön und nicht heilig und nicht gut ist. Aber das sind nur die elementarsten Fälle dieses Kampfes der Götter der einzelnen Ordnungen und Werte." Jeder dieser „Götter" will die Person ganz für sich vereinnahmen, doch genau das kann die Person nicht mit sich machen lassen, weshalb sie im wahrsten Sinne des Wortes zum Schlachtfeld dieser Kämpfe wird – sei es in Form innerer

---

[9]   Dabei spielen intersubjektiv geteilte visuelle Erkennungssymbole der Teilsysteme – z.B. ein Kreuz für eine Kirche als religiösen Ort oder ein Reagenzglas, das auf Wissenschaft hindeutet – eine wichtige Rolle (Rudolph 2007).

Konflikte, die die Person mit sich selbst austragen muss, sei es in Form äußerer Konflikte mit Gegenübern, die anderen „Göttern" dienen.[10]

Diese Problematik betraf für Weber noch hauptsächlich nur die gesellschaftlichen Eliten – und hier insbesondere die Intellektuellen. Dies sind diejenigen Individuen, die die teilsystemischen binären Codes rigoros zu Ende denken und dann aufeinanderprallen sehen; und jemand macht diese Erfahrung in dem Maße, in dem er in immer mehr Teilsysteme in nennenswertem Umfang – also nicht bloß als seltener Ausnahmetatbestand – inkludiert ist. Inzwischen ist die Inklusionsdynamik freilich weiter vorangeschritten und hat immer mehr Gesellschaftsmitglieder erfasst. In den entwickelten westlichen Ländern kann man mittlerweile davon ausgehen, dass Inklusion als universeller Anspruch aller Gesellschaftsmitglieder gegenüber allen Teilsystemen prinzipiell anerkannt ist.

Es war gerade diese Dynamik einer um sich greifenden Inklusion jeder Person in die meisten oder gar sämtliche Teilsysteme, die dann auch die Aufmerksamkeit differenzierungstheoretischer Beobachter auf sich gezogen hat. Dabei nimmt es nicht Wunder, dass das Inklusionskonzept von Talcott Parsons zunächst mit einer Blickrichtung eingeführt wurde, die gleichsam parallel zur ungleichheitstheoretischen Perspektive ebenfalls auf gesellschaftliche Teilhabe ausgerichtet war. Für Parsons steht bei Inklusion der Vorgang einer – vor allem auch rechtlich gewährleisteten – Erweiterung des Zugangs der Gesellschaftsmitglieder zu den verschiedenen gesellschaftlichen Teilsystemen im Vordergrund.[11] Zugangsrechte, die anfangs nur wenigen privilegierten gesellschaftlichen Gruppen zustanden, werden im Laufe der Entwicklung der modernen Gesellschaft schrittweise immer mehr bis dahin von diesen Rechten ausgeschlossenen Gruppen gewährt. Ein plastisches Beispiel ist das – aktive und passive – Wahlrecht, das nach Einführung der Demokratie längere Zeit nur begüterte männliche Gesellschaftsmitglieder besaßen, wobei überdies auch noch ein im Vergleich zu heute hohes Mindestalter festgelegt war. Im Laufe der Zeit wurden sowohl Einkommen als auch Geschlecht als Kriterien für die Zuteilung des Wahlrechts beseitigt, und das Mindestalter wurde deutlich gesenkt. Ähnliche Vorgänge, nicht selten mit

---

[10]   Als Fortführung dieser Diagnose Webers siehe Berger et al. (1973: 62-76) zu den individuellen Folgen einer „pluralization of the life-world".

[11]   Allgemein zu Parsons' differenzierungstheoretischer Perspektive siehe Schimank (1996: 80-134), zu seiner Verwendung des Inklusionsbegriffs insbesondere die Analyse zur Situation der amerikanischen Schwarzen (Parsons 1966). Melanie Reddig (2005) arbeitet in Anlehnung an Parsons und Richard Münch das Konzept der „Bürgerschaft" für die Europäische Union aus.

heftigen gesellschaftlichen Auseinandersetzungen verbunden, lassen sich hinsichtlich des Zugangs zu anderen gesellschaftlichen Teilsystemen verzeichnen.

Parsons knüpfte mit dem Inklusionskonzept an historische Forschungen von Thomas Marshall (1949) an, der gezeigt hatte, dass der Status des Staatsbürgers zunächst nur rechtliche, dann politische und schließlich auch noch soziale Rechte beinhaltete und diese allmähliche Entfaltung des Staatsbürgerstatus politisch damit einherging, dass der Rechtsstaat in den demokratischen Staat – in Form einer Massendemokratie – und dieser wiederum in den Sozialstaat eingebettet wurde. Eine solche historische beziehungsweise, bei Parsons, evolutionäre Trendaussage kann in der jeweiligen Gegenwart dazu genutzt werden, noch verbliebene Inklusionsrückstände auszumachen und kritisch zu bewerten. Vor diesem Hintergrund stellte sich beispielsweise der Kampf der amerikanischen Bürgerrechtsbewegung für die Schwarzen in den fünfziger und sechziger Jahren des 20. Jahrhunderts nicht einfach als irgendeine politische Interessenauseinandersetzung wie viele andere auch dar, sondern lag gewissermaßen auf der Linie der evolutionären Dynamik moderner Gesellschaften; und erst recht war vor diesem Hintergrund das Apartheid-Regime Südafrikas sozusagen „out of step" mit der Moderne (Loubser 1968). Auch die seit den siebziger Jahren des letzten Jahrhunderts einsetzende Frauenbewegung ließe sich mit Parsons als überfällige „nachholende Modernisierung" der Inklusionslage dieser Personengruppe verstehen.

Angesichts des heute etablierten normativen „Postulats einer Vollinklusion aller Menschen" (Luhmann 1997: 630) wird jedes vorliegende Inklusionsdefizit und erst recht jede faktisch stattfindende Exklusion stark begründungsbedürftig.[12] Nicht nur, dass Verantwortliche in den betreffenden Teilsystemen – oder in letzter Instanz die Politik, die als Wohlfahrtsstaat für das Inklusionspostulat zu bürgen hat (Luhmann 1981) – sich fragen lassen müssen, warum z.B. „immer noch" oder „schon wieder" bestimmte Menschen keinen ausreichenden Zugang zu Gesundheitsleistungen oder keine adäquaten Bildungschancen haben! Der universelle Inklusionsanspruch reicht inzwischen sogar so weit, dass Personen sich dafür rechtfertigen müssen, dass sie bestimmte Teilhabeangebote nicht wahrnehmen wollen – also sich z.B. nicht für Sport oder Kunst interessieren oder

---

[12]   Exklusion meint dabei etwas ganz anderes als das, was Parsons als Inklusionsdefizit analysiert hatte. Letzteres bedeutet, dass eine gesellschaftliche Gruppe noch gar keine Zugangsrechte zu bestimmten teilsystemischen Leistungen besitzt. Bei Exklusion geht es hingegen um den Verlust von Zugangs- und Teilhabechancen, die jemandem beziehungsweise einer Personengruppe faktisch oder prinzipiell bereits gewährt worden waren, also sozusagen um einen individuellen oder kollektiven Inklusionsrückschritt.

nicht zu medizinischen Vorsorgeuntersuchungen gehen, obwohl doch das alles „nur gut" für sie sei.

Die schon Ende der 1960er Jahre einsetzende allgemeine Abwendung von Parsons' Sozialtheorie hatte zur Folge, dass auch das Inklusionskonzept zwischenzeitlich gesellschafts- und differenzierungstheoretisch stark in Vergessenheit geriet. Luhmann (1977: 232-242) führte es zwar weiter, ohne es jedoch in größerem Maße zu nutzen (Farzin 2006: 43-49); auch Rudolf Stichwehs (1988) wegweisende Überlegungen, an die wir im Folgenden noch anknüpfen werden, blieben zunächst wenig beachtet.[13] Bezeichnenderweise entdeckte Luhmann (1994; 1997: 618-634) Mitte der 1990er Jahre nicht Inklusion wieder, sondern Exklusion neu und fügte dann beides zu einem Begriffspaar zusammen. Mit Blick auf Exklusionsphänomene hat sich dann auch in der Armutsforschung ein zeitweiliger Kontakt zwischen Differenzierungs- und Ungleichheitstheorie ergeben (Stichweh 1997; Kronauer 1998; Barlösius/Ludwig-Mayerhofer 2001).

Vor dem Hintergrund dieser Begriffsgeschichte geht es uns hier um eine entschiedene Kurskorrektur. Wir wollen den Inklusionsbegriff aus dem Bannkreis der ungleichheitstheoretischen Teilhabefragen – denen man mit der Thematisierung von Exklusion natürlich erst recht verhaftet bleibt – befreien und ihn, wie schon einleitend programmatisch formuliert, konsequent differenzierungstheoretisch fassen. Was bedeutet die multiple Partialinklusion des modernen Menschen in ein Dutzend Teilsysteme, die alle einer je eigenen selbstreferentiell geschlossenen Operationslogik folgen, für den Aktivitätshaushalt der Einzelnen auf der einen, für die Teilsysteme auf der anderen Seite? Dieser Frage wenden wir uns im nächsten Kapitel, zunächst weiterhin theoretisch, zu.

---

[13]   Als Überblicke auch über die gleich erwähnte neuere Diskussion siehe Göbel/Schmidt (1998) sowie Farzin (2006), die systematisch eine system-, eine differenzierungs- und eine kommunikationstheoretische Diskussionslinie unterscheidet.

2 Spezifikation des theoretischen Konzepts

In Kapitel 1 wurde dargelegt, wie sich Inklusion als Phänomen in die differenzierungstheoretische Gesamtperspektive einfügt. Inklusion ist demnach als individueller Vollzug von Gesellschaft beziehungsweise als Einbindung der Gesellschaftsmitglieder in die Teilsysteme der modernen, funktional differenzierten Gesellschaft zu sehen. Diese Form der Einbindung findet über institutionalisierte Rollen statt.

Betrachten wir die Art und Intensität der rollenförmigen Einbindung in ein einzelnes Teilsystem, so sprechen wir im Weiteren von *Inklusionsverhältnissen*. Nimmt man teilsystemübergreifend alle Inklusionsverhältnisse einer Person oder Personengruppe in den Blick, also deren Einbindung in die funktional differenzierte Gesellschaft als Ganzes, werden wir von *Inklusionsprofil* reden.

In diesem Kapitel wird zunächst geklärt, welche Rollen die verschiedenen Inklusionsverhältnisse konstituieren und anhand welcher Facetten diese Inklusionsverhältnisse genauer charakterisiert werden können. Anschließend wenden wir uns der Frage zu, wodurch ein sich aus einzelnen Inklusionsverhältnissen zusammensetzendes Inklusionsprofil einer Person in seiner spezifischen Beschaffenheit geprägt wird. Wir unterscheiden soziale, sachliche und zeitliche Determinanten von Inklusionsprofilen.

2.1 Publikumsrollen

Gesellschaftliche Teilsysteme interessieren uns als Orte der Produktion gesellschaftlich benötigter *Leistungen*. Analytisch kann man dabei zwischen Leistungen für andere Teilsysteme und Leistungen für Personen unterscheiden;[14] faktisch sind dies zwei Seiten derselben Operationen. So vermittelt etwa das Bildungssystem den Individuen beruflich verwertbare Qualifikationen und erfüllt damit zugleich Leistungen für diejenigen anderen Teilsysteme, in denen die betreffenden Individuen beruflich tätig werden.

---

[14] Luhmann (1977: 57/58) bezieht den Leistungsbegriff noch auf Beides; später verengt er ihn auf den Bezug eines Teilsystems zu anderen Teilsystemen.

Man kann also die Leistungsproduktion in einem gesellschaftlichen Teilsystem vom Empfang dieser Leistungen durch Personen – den Leistungsbezug zu anderen Teilsystemen blenden wir aus – unterscheiden. Die Leistungsproduktion erfolgt bei fast allen Teilsystemen – die Ausnahmen kommen noch zur Sprache – hauptsächlich in beruflichen Leistungsrollen, die zumeist auch organisationsförmig eingebunden sind. Man denke etwa an Lehrerinnen im Bildungs- oder Ärzte im Gesundheitssystem. Auch diese Rollen stellen eine Form von Inklusion dar, mit der wir uns allerdings hier nicht beschäftigen werden, weil uns nicht die Leistungsproduktion, sondern der Leistungsempfang interessiert. Als Frage formuliert: Wie nutzen die Personen in der modernen Gesellschaft die Leistungen der verschiedenen Teilsysteme?

Dieser Leistungsempfang erfolgt in Form von *Publikumsrollen,* „die die Inklusion der Gesamtbevölkerung in das jeweilige Sozialsystem über komplementär zu den Leistungsrollen definierte Formen der Partizipation sichern." (Stichweh 1988: 261) Beispiele sind die Rolle des Fernsehzuschauers oder der Schülerin. Häufig gibt es mehrere mögliche Publikumsrollen je Teilsystem, z.B. im Rechtssystem als Angeklagter, als Zeuge oder als Mandant, der sich rechtlich beraten lässt.

Die teilsystemische Einbindung über Publikumsrollen erfolgt durch je spezifische Aktivitäten. Der Empfang teilsystemischer Leistungen vollzieht sich dabei nicht quasi automatisch oder passiv, sondern in Form einer *aktiven Partizipation.* Das Publikum ist kein bloßes Objekt oder gar Opfer der teilsystemischen Leistungsrollen, sondern agiert selbst – nicht nur, indem es meistens Zeitpunkte, Häufigkeiten und Dauer des Leistungsempfangs selbst bestimmt, sondern auch durch einen je unterschiedlich großen, aber niemals unerheblichen eigenen Beitrag zur Leistungsproduktion. Leistungsproduktion und Leistungsempfang sind somit aus der Natur der Sache heraus niemals vollständig auf Leistungs- beziehungsweise Publikumsrollen verteilt, nicht gänzlich gegeneinander ausdifferenziert. So muss der Schüler ebenso wie die Kranke etwas tun, um die teilsystemischen Leistungen gewissermaßen für sich verwerten zu können; und dies wird auch normativ erwartet. Der Schüler muss lernen, die Kranke muss regelmäßig die verschriebenen Medikamente einnehmen oder eine bestimmte Diät halten, manchmal für den Rest ihres Lebens.

Bei einigen Teilsystemen findet sich zusätzlich eine Variante der Publikumsrollen, die man auch als *sekundäre Leistungsrolle* bezeichnen kann (Stichweh 1988: 281-284). Dies sind keine beruflich ausgeübten Leistungsrollen, die es in den betreffenden Teilsystemen jeweils auch gibt; es geht auch weniger darum, ein eventuell zu knappes Potential an beruflichen Leistungsrollen durch zusätzliche

Manpower zu ergänzen. Vielmehr geht es um „eine Art aktivistischer Alternative zu einem reinen Publikumsstatus" (Stichweh 1988: 281). Manche Personen wollen oder müssen sich in manchen Teilsystemen selbst an der Leistungsproduktion beteiligen – genauer gesagt: eigenen Leistungsempfang mit primär eigener Leistungsproduktion verbinden. Das gilt etwa für den Amateurkünstler und -sportler, die Amateurwissenschaftlerin, das Mitglied einer politischen Partei oder das Mitglied einer militärischen Vereinigung.[15] Kunst, Wissenschaft, Politik und Militär sind diejenigen Teilsysteme, in denen sekundäre Leistungsrollen in größerem Umfang institutionalisiert sind. Man könnte sie sich aber auch in anderen Lebensbereichen vorstellen – wenn sich etwa Eltern regelmäßig am schulischen Unterricht durch Unterstützung der Lehrer beteiligen, wenn Familienangehörige von chronisch Kranken nach entsprechender Unterweisung Teile der Aufgaben von Ärzten und Pflegepersonal übernehmen oder wenn Zeitungsleser von den Redaktionen dazu animiert werden, „Leserreporter" zu werden.

Die ohnehin niemals vollständige Differenzierung von Leistungsproduktion und -empfang ist also bei der Variante der sekundären Leistungsrollen ein Stück weit weniger ausgeprägt als bei den zunächst dargestellten Publikumsrollen im engeren Sinne. Es gibt weiterhin bei einem Teilsystem den Fall, dass diese Differenzierung gar nicht gegeben ist: In den Intimbeziehungen, die Partnerschaft, Familie und Verwandte, aber auch gute Freunde einschließen, ist jeder gleichzeitig sowohl Produzent als auch Empfänger von Liebe und Zuneigung als zentraler Leistung dieses Teilsystems (Stichweh 1988: 272-274).

Eine letzte zu unterscheidende Form der Inklusion besteht in dem *indirekt über andere Teilsysteme vermittelten Leistungsempfang*. Dieser liegt zum einen bei allen Teilsystemen in der Weise vor, dass die Massenmedien Zugang beispielsweise zum Sport oder zur Politik vermitteln. Hier tritt der vermittelte Zugang also ergänzend zum Angebot der betreffenden Publikumsrollen hinzu, wobei es vorkommt, dass Personen sich auf Ersteren beschränken. Es gibt Sportzuschauer, die niemals selbst ein Stadion betreten, sondern das sie interessierende sportliche Geschehen immer nur vor dem Fernseher und in der Zeitung verfolgen. Zum anderen gilt für das Wissenschaftssystem, dass es neben der sekundären Leistungsrolle des Amateurwissenschaftlers gar keine Publikumsrolle besitzt (Stichweh 1988: 275/276). Seine unmittelbaren Leistungsabnehmer sind in der Regel Organisationen anderer gesellschaftlicher Teilsysteme, aber nicht individuelle

---

[15] Auch der Wehrpflichtige übt eine sekundäre Leistungsrolle aus, die wir aber nicht weiter betrachten.

Gesellschaftsmitglieder. Das bedeutet nicht, dass Individuen keine Leistungen von der Wissenschaft erhalten. Doch sie erhalten sie – auch über die Massenmedien hinaus – indirekt vermittelt über andere Teilsysteme, unter anderem über das Bildungssystem, über die in Produkten vergegenständlichte Technik oder über wissenschaftlich fundierte medizinische Behandlungsmethoden.

Folgende Tabelle gibt einen Überblick über die dargestellten Formen der Inklusion bei den verschiedenen Teilsystemen (Tabelle 2):

Tabelle 2:   Rollenförmige Inklusion in gesellschaftliche Teilsysteme

Teilsysteme	Leistungsrollen	Publikumsrollen	sekundäre Leistungsrollen	indirekte, durch andere Teilsysteme vermittelte Inklusion
Intimbeziehungen	Partner, Eltern, Kind, andere Verwandtschaftsrollen, gute Freunde		–	medienvermittelt
Konsum	Produzent, Verkäufer, Manager	Konsument von Produkten und Dienstleistungen	–	medienvermittelt
Massenmedien	Journalist	Rezipient von Radio, Fernsehen, Zeitungen und Zeitschriften, Internet	„Leserreporter"	–
Bildung	Lehrer und Hochschullehrer, Erzieherin	Teilnehmer an Fort- und Weiterbildungen, Schüler, Student	–	medienvermittelt
Kunst	Maler, Musikerin, Schriftsteller, Galerist, Restauratorin	Rezipient, z.B. Theaterbesucher, Kinogänger, Leser, Musikhörer	Amateurkünstler	medienvermittelt
Sport	Profisportler, Trainerin	Sportzuschauerin bei Wettkämpfen und Turnieren	Breitensportler	medienvermittelt
Politik	Abgeordnete, Verwaltungsbeamte	Wähler, Verwaltungsklient	Parteimitglied, Demonstrant	medienvermittelt
Religion	Geistlicher, Ordensschwester	Gläubige, Gemeindemitglied	–	medienvermittelt
Gesundheit	Ärztin, Krankenpfleger, Hebamme	Patient	–	medienvermittelt

Teilsysteme	Leistungsrollen	Publikumsrollen	sekundäre Leistungsrollen	indirekte, durch andere Teilsysteme vermittelte Inklusion
Recht	Richterin, Anwalt	Kläger, Angeklagter, Zeuge, Zuschauer im Gerichtssaal	Schöffe	medienvermittelt
Militär	Berufssoldat	Zivilbevölkerung	Mitglied in einer militärischen Vereinigung	medienvermittelt
Wissenschaft	Wissenschaftler	–	Amateurwissenschaftler	medienvermittelt, Vermittlung wissenschaftlicher Erkenntnisse durch das Bildungssystem

2.2 Facetten von Publikumsrollen

Die Inklusion in jedes der Teilsysteme lässt sich nun hinsichtlich verschiedener *Facetten* näher charakterisieren. Sportzuschauen kann man etwa daraufhin betrachten, wie häufig, wie lange oder mit wem jemand diese Tätigkeit ausübt. Es handelt sich zum einen um zeitliche Facetten, zum anderen um solche, die tendenziell etwas über den Grad der Selbst- oder Fremdbestimmtheit als soziale Modalitäten der Inklusion aussagen. Bei einigen Facetten sind die Ausprägungen fest mit der Rolle verbunden, z.B. ist der Konsum immer kommerziell, eine Organisationsmitgliedschaft immer vergleichsweise formalisiert und der Schulunterricht fast immer interaktiv. Andere Facetten sind jedoch empirisch offen und müssen daher explizit erfragt werden – beispielsweise, wie oft und wie lange jemand Sport treibt.

Drei *zeitliche Facetten* lassen sich entsprechend wie folgt charakterisieren:

1. *Häufig / sporadisch*: Prinzipiell ist diese Facette auf einem Kontinuum zwischen nie und sehr häufig angeordnet. Als „häufig" verstehen wir eine Aktivität dann, wenn jemand sie mindestens einmal pro Woche ausübt; oft ist sie mit einer entsprechend kurztaktigen Regelmäßigkeit verbunden. Zu den Rollen, die strukturell mit einer eher häufigen Inklusion assoziiert sind, gehören die des Konsumen-

ten oder des Medienrezipienten. Zu den eher sporadischen Rollen zählen die des Wählers, des Klägers vor Gericht oder des Patienten im Krankenhaus. Die meisten Menschen sind eher sporadisch in das Gesundheitssystem inkludiert, dies gilt allerdings nicht für chronisch Kranke. Dieser zeitlichen Facette schreiben wir innerhalb unseres Konzepts zur Messung der Intensität von Inklusion eine besondere Bedeutung zu (siehe Kapitel 3).

2. *Lang während / kurzzeitig*: Die Dauer eines Inklusionsverhältnisses variiert unabhängig von der Häufigkeit. So nehmen viele Menschen täglich oder sogar mehrmals täglich die Konsumentenrolle ein – dies aber meist nur relativ kurzzeitig. In dieser Hinsicht länger andauernd gestalten sich viele rollenförmige Inklusionen in die Massenmedien, z.B. als Fernsehzuschauer oder Internetnutzer. Noch viel lang währender kann die Patientenrolle sein, etwa bei einem mehrwöchigen Krankenhausaufenthalt, während die Rolle des Wählers jeweils nur für wenige Minuten eingenommen wird.

3. *Lebenslang / lebensphasenspezifisch*: Hierzu gibt die Inklusion ins Bildungssystem ein interessantes Beispiel ab. Erst nach Einführung der allgemeinen Schulpflicht wurde dieses Inklusionsverhältnis für eine bestimmte Anzahl von Lebensjahren – also lebensphasenspezifisch – obligatorisch. Diese Begrenzung des normativ auferlegten Bildungspensums besteht weiterhin, doch faktisch geht die Inklusion ins Bildungssystem längst in Richtung „lebenslangen Lernens" (Opaschowski 2004). Hingegen ist die Konsumentenrolle, sieht man von den allerersten Lebensjahren ab, in denen man sie sozusagen an die Eltern delegiert, immer schon eine lebenslange gewesen. Nur wenige Rollen sind eindeutig lebensphasenspezifisch. Oft hängt die nicht lebenslange Inklusion eher mit Optionen, z.B. der Entwicklung von Kunstinteresse im mittleren Erwachsenenalter, oder Situationen, z.B. mit einer Krankheit oder der Einbindung in ein Gerichtsverfahren, zusammen.

Die beiden letztgenannten Facetten haben wir in unserer empirischen Untersuchung nicht systematisch erfragt,[16] indirekt lässt sich die Dauer der Inklusion aber aus einigen Fragen erschließen – wenn wir etwa danach fragen, wie viele Stunden am Tag jemand Radio hört.

---

[16] Dies hat vor allem forschungspragmatische Gründe, insbesondere zeitliche Restriktionen von Befragungen (siehe Kapitel 3).

Sechs weitere analytische Facetten leiten sich aus der Sozialdimension rollenförmiger Inklusion ab. Sie sagen etwas darüber aus, wie *selbst- oder fremdbestimmt* ein Inklusionsverhältnis ist und bieten damit unter anderem die Möglichkeit, das differenzierungstheoretisch angeleitete Forschungsprogramm der gesellschaftlichen Inklusion mit ungleichheitstheoretischen Fragen nach den Lebenschancen des Individuums zu verknüpfen. Verschiedene soziologische Ansätze (z.B. Beck 1986; Gross 1994) gehen davon aus, dass die Optionen, die Individuen über ihre Inklusion in die Publikumsrollen der unterschiedlichen Teilsystemen besitzen, in den letzten Jahrzehnten deutlich zugenommen haben. Das Konzept der rollenförmigen Inklusion ermöglicht einen empirischen Zugriff auf solche zeitdiagnostischen Gesellschaftsbeschreibungen (siehe Kapitel 5.4).

Die Facetten von Inklusion in der Sozialdimension lassen sich wie folgt näher charakterisieren:

4. *Obligatorisch / optional*: Obligatorisch ist ein Inklusionsverhältnis dann, wenn man sich diesem als Mitglied einer funktional differenzierten Gesellschaft praktisch nicht entziehen kann. Dies betrifft vor allem die Intimbeziehungen und den Konsum. In bestimmten Lebenssituationen oder Lebensphasen können aber auch andere Inklusionen zu obligatorischen werden, wie die schon erwähnte Rolle des Schülers im Bildungssystem oder die Patientenrolle im Falle einer schweren Krankheit. Man kann dabei unterscheiden zwischen existentiellen Sachzwängen wie beim Konsum – so gut wie niemand in Deutschland dürfte absoluter Selbstversorger sein – und verbindlichen normativen Regelungen wie im Fall der Schulpflicht.

Optionale Inklusionsverhältnisse sind entsprechend – prinzipielle Zugangsrechte vorausgesetzt – in das Belieben der Individuen gestellt. Es können soziale Erwünschtheiten (wie die normative Vorgabe „Sport ist gesund") oder auch Anreize (z.B. finanzieller Art, wenn jemand zu Vorsorgeuntersuchungen geht) vorhanden sein, jedoch gibt es keine negativen Sanktionen, wenn die Inklusion nicht besteht oder jemand sie nach einiger Zeit wieder aufgibt. Optional sind in diesem Sinne z.B. auch Inklusionen in die Kunst oder die Wissenschaft. Die Inklusion in die Massenmedien dagegen ist zwar prinzipiell optional; aber kaum jemand wählt tatsächlich die Möglichkeit der Exit-Option.

5. *Asymmetrisch zu Gunsten / zu Ungunsten des Inkludierten*: Bei einem asymmetrischen Inklusionsverhältnis zu Ungunsten des Inkludierten bestehen hierarchische Machtbefugnisse auf Seiten des Inhabers der Leistungsrolle (z.B. Richter – Ange-

klagte) oder ausgeprägte sachliche Abhängigkeiten, etwa hinsichtlich der fachlichen Kompetenz (z.B. Arzt – Patient). Die Asymmetrie ist dann am stärksten, wenn die Publikumsrolle obligatorisch und zudem die Person des Leistungsrollenträgers nicht frei wählbar ist. Beides ist etwa bei Angeklagten oder Schülern der Fall. Es handelt sich hier um strukturelle Asymmetrien und Machtgefälle.

Auf der anderen Seite des Spektrums asymmetrischer Inklusion finden wir Asymmetrie aufgrund von Exit-Optionen auf Seiten der Publikumsrolle, wie etwa beim Verhältnis von Trainer und Breitensportler: Der Sportler kann sich prinzipiell gegen eine professionelle Trainingsbetreuung entscheiden. Oder er kann professionelles Training in Anspruch nehmen und hat dann jederzeit die Möglichkeit, das jeweils bestehende Trainingsverhältnis aufzukündigen. Der Trainer ist insbesondere im Breitensport beliebig austauschbar. Im Arzt-Patient-Verhältnis wird sich der Patient bei großem Leidensdruck kaum gegen eine Inklusion in das Gesundheitssystem entscheiden, möglicherweise aber den zu konsultierenden Arzt sorgfältig wählen (Exit-Option). Asymmetrien zu Gunsten der Publikumsrolle bestehen insbesondere dort, wo die Anbieter auf die Nachfrager angewiesen und daher bemüht sind, deren Bedürfnisse zu befriedigen beziehungsweise ihnen Mitgestaltungsmöglichkeiten (Voice-Optionen) zu bieten (Gerhards 2001). In der Mitte des Kontinuums finden sich relativ symmetrische Inklusionen ohne hierarchische Abstufungen oder Kompetenzunterschiede. Diese Ausprägung der Facette ist sogar normativ für Ehen und Partnerschaften als Inklusionen in die Intimbeziehungen festgeschrieben, was freilich darauf hindeutet, dass die Realität gelegentlich anders aussieht.

6. *Formalisiert / nicht formalisiert*: Das Inklusionsverhältnis ist formalisiert, wenn es durch formelle Regelungen bestimmt wird. Dies ist immer dann der Fall, wenn die Inklusion organisationsförmig, die Rolle also beispielsweise an eine Mitgliedschaft in einem Verein oder eine kirchliche Einrichtung gebunden ist. Formalisierung kann jedoch auch ohne Organisationsmitgliedschaft vorliegen, wenn vor allem rechtliche Regelungen die konkreten Abläufe der Rollenaktivität deutlich prägen. Beispiele sind die Zeugin vor Gericht oder der Patient im Krankenhaus. In beiden Fällen sind dem Rollenhandeln durch strikte institutionalisierte Vorgaben in hohem Maße Restriktionen auferlegt. Nicht formalisiert sind dagegen Inklusionen, die man allein oder im privaten Rahmen ausübt. Hier lässt sich beispielhaft die Rolle des Amateursportlers nennen, der alleine durch die Natur

joggt, oder die Rolle des Fernsehzuschauers, der im Kreise seiner Familie einen spannenden Spielfilm anschaut.[17]
   Manchmal ist der Grad der Formalisiertheit fest an eine bestimmte Rolle gebunden, wie im Falle der Patientenrolle. In anderen Fällen gibt es hingegen eine Variationsbreite der Publikumsrolle. Dann muss zusätzlich gefragt werden: Bildet sich jemand in institutionalisierter Form oder individuell weiter, treibt er alleine, im Verein oder in einer privat organisierten Gruppe Sport?

7. *Interaktiv / nicht interaktiv*: Viele Inklusionsverhältnisse können praktisch fast nur als Interaktion unter Anwesenden, also am selben Ort und zur selben Zeit, realisiert werden – so etwa Schulunterricht oder medizinische Behandlung. Einige Inklusionsverhältnisse werden typischerweise „einsam" vollzogen – etwa viele Arten der Nutzung von Massenmedien – oder können wahlweise auf die eine oder die andere Weise vollzogen werden. Letzteres gilt beispielsweise für breitensportliche Betätigungen. Weiterhin gibt es nicht-interaktive Inklusionen mittels technisch ermöglichter indirekter Kommunikationen, etwa den Kauf per Versandhandel oder das Fernstudium. Wie für stärker formalisierte Rollen gilt auch hier: Interaktive Inklusionen erfordern einen gewissen Abstimmungsaufwand und sind in dieser Hinsicht aufwändiger und fremdbestimmter – ohne dass Interaktion damit negativ konnotiert wäre – als allein ausgeübte Aktivitäten.

8. *Kommerziell / nicht kommerziell*: Kommerzielle Inklusionsverhältnisse sind etwa die des Zeitungslesers oder des Besuchers einer Sportveranstaltung im Stadion; nicht kommerzielle sind die des Gläubigen oder des Freundes. Entscheidend ist dabei, ob die in Anspruch genommene teilsystemische Leistung in einem gewinnorientierten Zusammenhang bereitgestellt wird oder nicht. So handelt es sich um eine nicht kommerzielle Inklusion, wenn jemand Mitgliedsbeiträge bei einem gemeinnützigen Verein lediglich zur Kostendeckung zahlt. Nicht jede Publikumsrolle, die für ihren Inhaber mit persönlichen Kosten verbunden ist, ist also per se als kommerzielle Inklusion einzustufen. Die Rolle des Breitensportlers kann mit einem kommerziellen Inklusionsverhältnis verbunden sein, wenn je-

---

[17]   Bei der Einschätzung der Formalisiertheit einer Rolle ist die teilsystemische Zuordnung manchmal erst auf den zweiten Blick zu klären. Beispielsweise stehen hinter dem Konsum viele formale Regelungen, z.B. über Eigentums- und Umtauschrechte – etwaige Konflikte würden sich jedoch im Rechtssystem äußern, nicht im Konsumbereich. Die Inklusion in den Konsum ist daher in der Regel weniger formalisiert als die Inklusion in das Recht.

mand etwa ein Fitnessstudio besucht. Sie kann aber auch nicht-kommerziell im
Verein oder ganz individuell ausgeübt werden.

9. *Direkt / indirekt*: Bei der direkten Inklusion geht es um den persönlichen und
unmittelbaren Empfang einer teilsystemischen Leistung, wie beispielsweise bei
der Qualifizierung im Bildungssystem. Indirekte Inklusion kann demgegenüber
auf unterschiedliche Weisen zustande kommen. Eine zunächst nicht bestehende
Inklusion kann, vermittelt durch andere Personen, zu einem indirekten Inklusionsverhältnis werden. Vorstellbar sind hier Situationen, in denen jemand eine
ihm nahe stehende Person zum Arzt begleitet oder durch seine Kinder in Institutionen des Bildungssystems eingebunden wird. Oder die Inanspruchnahme der
Leistungen eines spezifischen Teilsystems findet durch andere Teilsysteme vermittelt statt, wie das medienvermittelte Interesse an Sport oder Kunst. Die Inklusion in die Wissenschaft ist, abgesehen von der Rolle des Amateurwissenschaftlers, typischerweise eine ausschließlich indirekte Inklusion, die durch das Me-
dien- oder Bildungssystem vermittelt wird. Umgekehrt kann eine direkte Inklusion auf eine indirekte reduziert werden, so etwa im Fall der Delegation von
Alltagsverpflichtungen wie der Erledigung von Haushaltseinkäufen oder von
Behördengängen an andere.

Ein Inklusionsverhältnis ist umso fremdbestimmter, je eher es obligatorisch,
asymmetrisch zu Ungunsten des Inkludierten, formalisiert, interaktiv und nicht
kommerziell ist.[18] Auf der einen Seite eines denkbaren Kontinuums könnte man
sich die Rolle des Strafgefangenen vorstellen; sie ist hochgradig fremdbestimmt.
Eine in recht hohem Maße selbstbestimmte Rolle ist zumeist die des Sportzuschauers: Sie ist optional, relativ symmetrisch (oder sogar asymmetrisch zu Gunsten des Publikums), wenig formalisiert, wahlweise interaktiv sowie meist kommerziell.
     Damit sind induktiv analytische Facetten gewonnen, mit denen sich ein In-
klusionsverhältnis hinsichtlich seiner zeitlichen Intensität und seiner sozialen
Fremd- beziehungsweise Selbstbestimmtheit näher charakterisieren lässt. Jede
dieser Facetten stellt ein Kontinuum dar, wobei bei vielen Inklusionsverhältnissen die Ausprägungen einer bestimmten Facette erheblich zwischen den Perso-

---

18   Die Facette der Direktheit steht zur Frage der Selbst- oder Fremdbestimmtheit in keinem eindeuti-
      gen Zusammenhang.

nen, bei derselben Person im Zeitablauf sowie im Lauf der gesellschaftlichen Entwicklung variieren können.

Die Betrachtung dieser verschiedenen Facetten der Inklusion mit ihren unterschiedlichen Ausprägungsmöglichkeiten macht deutlich, warum Inklusion – als Aktivitätsmuster und nicht als Zugangsrecht verstanden – durchaus nicht immer per se als etwas Positives gewertet werden muss. Weist eine Person beispielsweise eine Vielzahl an fremdbestimmten und zudem zeitaufwändigen Inklusionsverhältnissen auf, so lässt sich daraus tendenziell auf eher restriktive Lebensbedingungen schließen.

Man kann generell sagen: Je höher die zeitliche Intensität eines Inklusionsverhältnisses und je stärker fremdbestimmt es ist, desto größer ist seine Prägekraft von außen auf die Lebensführung und – in biografischer Verlängerung – auf den Sozialcharakter einer Person.

Beide Gruppen von Facetten sind in ihrer Prägekraft multiplikativ miteinander verknüpft, was bedeutet: Wenn ein Inklusionsverhältnis wenig zeitintensiv ist, kann es stark fremdbestimmt sein und prägt dann die Lebensführung dennoch von außen nur schwach – und das Gleiche gilt für den umgekehrten Fall einer sehr zeitintensiven, aber selbstbestimmten Inklusion. Die zeitlichen und sozialen Facetten lassen sich auch als Koordinaten eines Feldes verstehen, in dem sich die Inklusionsverhältnisse verorten lassen (Abbildung 1).

Wir verwenden die Facetten der Inklusion, wie in Kapitel 3 noch ausführlich erläutert werden wird, hier vor allem dafür, einen Index für die *Intensität eines Inklusionsverhältnisses* zu konstruieren. Diese Intensität ist nicht deckungsgleich mit der gerade angesprochenen äußeren Prägekraft und erschöpft sich auch nicht in der zeitlichen Beanspruchung der Person. Die Intensität kann auf einem Kontinuum zwischen schwach beziehungsweise null und stark abgetragen werden. Verschiedene Inklusionsverhältnisse einer Person können unterschiedlich intensiv sein, und ein und dasselbe Inklusionsverhältnis kann zwischen Personen variieren. Im Vergleich zu einer – aus ungleichheitstheoretischer Perspektive verschiedentlich als zu stark polarisiert kritisierten (z.B. Castel 2000, Vogel 2006) – Dichotomie von Inklusion als positiver Zugehörigkeit zur Gesellschaft oder zu einem gesellschaftlichen Teilbereich einerseits und Exklusion als Ausgrenzung hieraus andererseits verwenden wir durch die Betrachtung der Facetten und die Vorstellung von variierenden Intensitäten eines Inklusionsverhältnisses hier einen Inklusionsbegriff, der dieses „Drin"-Sein differenzierter fasst.

Abbildung 1:   Beispielhafte Einordnung von Rollen in die soziale und zeitliche
                 Dimension

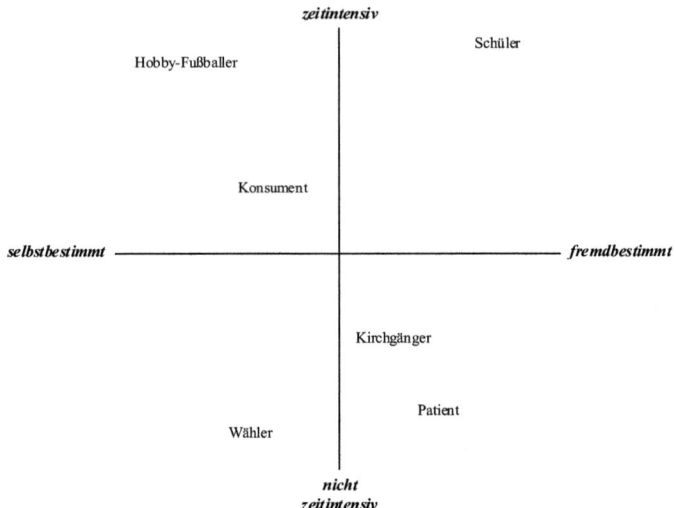

Das Gesamtbild der Inklusionsverhältnisse einer Person in alle zwölf Teilsysteme der modernen Gesellschaft lässt sich dann als *Inklusionsprofil* graphisch so darstellen:

Abbildung 2:   Das Inklusionsprofil einer einzelnen Person

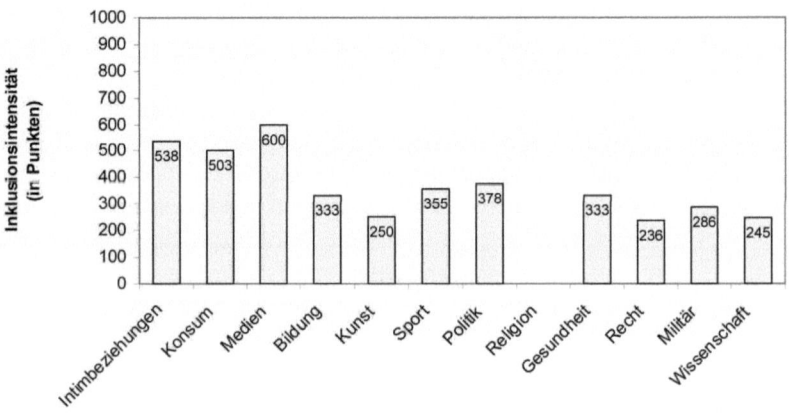

Diese Person ist beispielsweise am stärksten in die Medien und in die Intimbeziehungen inkludiert; in die Religion ist sie als einziges Teilsystem überhaupt nicht inkludiert. Es handelt sich hier um einen realen Fall aus unserer empirischen Untersuchung, der willkürlich herausgegriffen wurde und nicht als „typischer" Fall für eine bestimmte Gruppe steht: eine 34-jährige Sekretärin, die verheiratet ist und zwei Kinder hat. Über die Spezifika von Einzelfällen hinaus kann im nächsten Schritt dann auch geprüft werden, zu welchen charakteristischen Mustern der Inklusion sich die empirischen Befunde verdichten lassen, ob es z.B. Profile gibt, die insbesondere durch Inklusionsverhältnisse im Privatbereich geprägt sind.

Das Konzept der Inklusions*profile* zeichnet sich also dadurch aus, dass erstens ein teilsystemübergreifender Zusammenhang des Aktivitätsmusters von Individuen und Gruppen bestimmt wird, dass zweitens Aussagen über zeitliche und sachliche Facetten und, daraus hervorgehend, die Inklusionsintensität möglich sind, damit aber drittens keine unilineare Wertung im Sinne von: „Je mehr Inklusion, desto besser" verknüpft ist. Auf diese Weise grenzt sich das Konzept von vielen Studien in der Ungleichheitsforschung ab, die jeweils einen Lebensbereich oder wenige Bereiche näher analysieren (also z.B. die politische Partizipation oder die gesundheitliche Situation in verschiedenen sozialen Lagen). Es richtet den Blick gerade auf das Zusammenspiel der Aktivitäten in allen Lebensbereichen und legt dabei als theoretische Leitorientierung das differenzierungstheoretische Raster der gesellschaftlichen Teilsysteme zugrunde.

Ausdrücklich gehen dabei Potentiale und Ressourcen (z.B. das Einkommen) sowie inhaltliche Einstellungen und Präferenzen nicht in die Beschreibung der Inklusionsverhältnisse ein. Es ist beispielsweise unerheblich, ob die regelmäßig Wählende ihre Stimme der CDU/CSU, der SPD oder einer anderen Partei gibt oder Wechselwählerin ist – in jedem Fall ist sie in der Publikumsrolle der Wählerin in das politische System inkludiert. Ein anderes Beispiel ist der Konsum. Die Intensität der Inklusion als Konsument wird unabhängig davon betrachtet, wie viel Geld die Person zur Verfügung hat oder wofür sie es ausgibt. Erst in einem zweiten Schritt ist es durchaus sinnvoll zu untersuchen, ob Wohlhabendere eine stärkere Inklusion in den Konsum aufweisen (weil sie mehr Geld zur Verfügung haben), oder ob es weniger Wohlhabende sind, die durch zeitaufwändige Preisvergleiche und den Einkauf in verschiedenen Geschäften versuchen, den größten Nutzen aus ihrem beschränkten Budget zu ziehen.

Ein weiteres Beispiel ruft in stärkerem Maße normative Implikationen auf den Plan, und zwar wenn es darum geht, ob jemand in den Medien vorrangig nach Information oder Unterhaltung sucht, wobei Letzteres zumindest ab einer bestimmten Häufigkeit negativ konnotiert ist. Teile der Fragestellung nach der Inklusion in die Massenmedien sind von dieser inhaltlichen Ausrichtung unberührt, z.b. ist sie in beiden Fällen wenig formalisiert und prinzipiell optional. Bei anderen Fragestellungen kann die Art der Medienrezeption wichtig sein. Aber auch hier ist darauf hinzuweisen, dass in einem komplexen Erklärungsmodell Aspekten der Inklusionsstärke und der Einbindung in ein bestimmtes Inklusionsprofil ein zusätzlicher Erklärungswert zukommen kann. Beispielsweise könnte es sein, dass Menschen in ähnlicher sozialer Lage sich dann eher in den Medien informieren, wenn sie einem bestimmten Cluster von Inklusionsprofilen (siehe Kapitel 5.3) angehören. Es geht also nicht um den Ersatz von Inhalten gegen formale Inklusion – die so inhaltsabgehoben wiederum nicht ist – sondern um eine kausalanalytische Kombination.

Schließlich spielt es – um ein letztes Beispiel zu nennen – ebenso wenig eine Rolle, ob jemand z.B. Micky-Maus-Hefte liest oder – bei einem ähnlichen Zeitaufwand – Violine spielt. Dies ist ein Unterschied etwa gegenüber Milieu- und Lebensstiluntersuchungen in der Ungleichheitsforschung, die ebenfalls eine übergreifende Perspektive auf viele Lebensbereiche, etwa verschiedene Freizeitaktivitäten einnehmen. Abgesehen davon, dass solche Untersuchungen nicht das Ordnungsraster gesellschaftlicher Teilsysteme verwenden, ist es dort in hohem Maße bedeutsam, welche inhaltlichen Geschmacksrichtungen oder alltagsästhetischen Schemata Menschen zugeordnet werden können (Bourdieu 1979; Schulze 1992; Georg 1998; teilweise marktforschungsorientiert http://www.sinus-sociovision. de). Zusätzlich beziehen Inklusionsprofile auch Aktivitäten ein, denen Milieu- und Lebensstiluntersuchungen auf den ersten Blick nur wenig ungleichheitsrelevante Bedeutung zumessen, wenn z.B. jemand – eine Rolle im Rechtssystem – häufiger Reklamationen vornimmt und Einsprüche einlegt.

Milieu- und Lebensstilanalysen sind nicht die einzigen theoretischen Ansätze, die mit dem Konzept der Inklusionsprofile die Gemeinsamkeit haben, eine lebensbereichsübergreifende Perspektive einzunehmen. Hier können etwa ebenfalls das Konzept der „Alltäglichen Lebensführung", Zeitbudgetanalysen und der Ansatz der sozialen Indikatoren sowie, weniger eng im Kontext der Ungleichheitsforschung verortet, die Biographieforschung genannt werden. Auch diese Ansätze weisen jedoch deutliche Unterschiede zur Blickrichtung der Inklusionsprofile auf. Die folgende kurze Skizzierung dieser Unterschiede soll freilich nicht das eine oder andere Konzept auf- beziehungsweise abwerten, sondern die Verschiedenartigkeit der Perspektiven verdeutlichen.

So untersucht die „Alltägliche Lebensführung" im Schwerpunkt, wie Menschen ihre Alltagsaktivitäten mental und sozial miteinander vereinbaren. Ausgehend von der Annahme, dass im Zuge des gesellschaftlichen Strukturwandels das Verhältnis zwischen Arbeit und „Leben" komplexer geworden ist und dabei zunehmende Entscheidungsmöglichkeiten auch Aushandlungserfordernisse mit sich bringen, rückt in den Mittelpunkt des Interesses, auf welche Weise Akteure im Alltag viele Aktivitäten und Rollen „unter einen Hut" bekommen.[19] Im Rahmen von Inklusionsprofilen interessiert hingegen vorrangig das Ergebnis von Entscheidungen und Aushandlungen, also das Aktivitätsmuster selbst, das wiederum nicht nur „ganz alltägliche", sondern auch die sporadischer eingenommenen Publikumsrollen erfasst.

Allgemeine Zeitbudgetanalysen basieren auf detaillierten Daten über Alltagsaktivitäten (z.B. die Studien des Statistischen Bundesamtes 1991/92 und 2001/02: Blanke et al. 1996; Statistisches Bundesamt 2004). Ihr deskriptiver Charakter bietet eine partielle Anschlussfähigkeit für theoretische Konzepte. Entsprechend stellen Daten aus Zeitbudgetanalysen ein gutes Vergleichsmaterial dar, das jedoch nicht alle für Inklusionsprofile relevanten Aspekte enthält, z.B. die Regelmäßigkeit von Handlungen einzelner Individuen oder einige Facetten in der Sozialdimension nicht erfasst.

Soziale Indikatoren zielen auf die Erfassung von Lebensqualität und individueller Wohlfahrt ab, sowohl im Sinne von Aktivitäten und objektiven Bedingungen als auch als subjektive Bewertungen.[20] Da die Daten in der Regel aus verschiedenen Untersuchungen stammen, eignen sie sich allerdings nicht, um individuelle Fallprofile zu entwickeln. So sagt z.B. die Belegung von Volkshochschulkursen pro 100 Einwohner nichts darüber aus, ob eine bestimmte Teilnehmerin gleichzeitig Sport treibt.

Schließlich besteht ein Unterschied zwischen dem Konzept der Inklusionsprofile und der Biographieforschung darin, dass Letztere einen längeren Zeitraum untersucht und die subjektive Sicht des Akteurs auf seine Lebensgeschichte eine zentrale Rolle spielt (Fuchs-Heinritz 2005). Zudem bedient sich die Biographieforschung qualitativer Fallstudien, während wir Inklusionsverhältnisse und -profile mit standardisierten Verfahren und repräsentativen Stichproben ermitteln.

---

[19] Das Konzept ist Mitte der 1980er Jahre aus dem Sonderforschungsbereich „Entwicklungsperspektiven von Arbeit" an der Universität München entstanden; siehe Projektgruppe Alltägliche Lebensführung (1995), Kudera/Voß (2000), Voß/Weihrich (2001), Weihrich/Voß (2002) sowie http://www.lebensfuehrung-im-wandel.de.

[20] http://www.gesis.org/Dauerbeobachtung/Sozialindikatoren/Daten/System_Sozialer_Indikatoren/index.htm.

Nach dieser Bestimmung dessen, was Inklusionsprofile kennzeichnet, geht es im Folgenden um die Faktoren, die das individuelle und gruppenspezifische Profil beeinflussen.

2.3 Determinanten von Inklusionsprofilen

Das Inklusionsverhältnis beziehungsweise -profil ist in unserem Konzept zunächst das zu erklärende Merkmal. Welche Faktoren erklären, dass das Inklusionsprofil der einen Person so, das einer anderen Person hingegen ganz anders aussieht? In unserem Konzept gehen wir von drei möglichen Arten von Prägungen des Inklusionsprofils aus (Abbildung 3).

Abbildung 3:   Potentielle Erklärungsfaktoren eines Inklusionsprofils

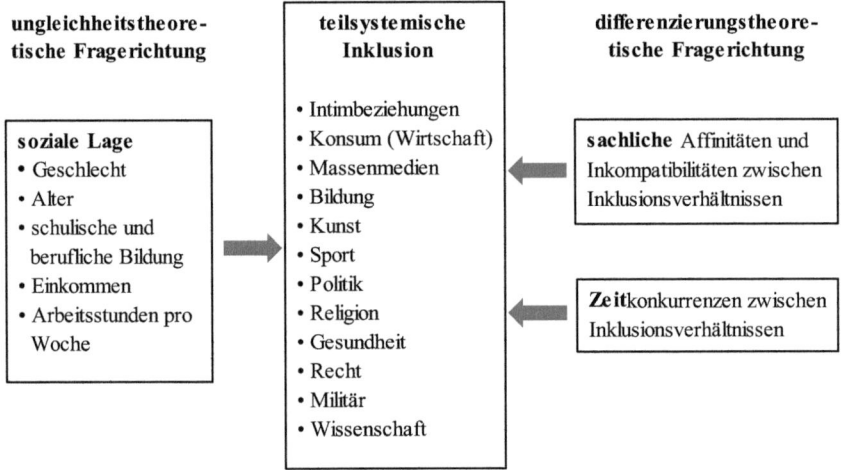

Eine zentrale Determinante von Inklusionsverhältnissen und Inklusionsprofilen könnten die *sozialen Lagemerkmale* sein, die die ungleichheitstheoretische Fragerichtung herausstellt: Haben z.B. Frauen und Männer typische, voneinander abweichende Inklusionsprofile? Wie unterscheiden sich Inklusionsverhältnisse und -profile in Abhängigkeit von Geschlecht, Alter, Bildungsstand, Einkommenshöhe und Anzahl der wöchentlichen Arbeitsstunden von Personen?[21] Es lässt sich zum einen untersuchen, welchen Einfluss die einzelnen sozio-demografischen Merkmale je für sich haben. Interessant ist aber zum anderen auch ihr Zusammenwirken bei der Prägung einzelner Inklusionsverhältnisse oder ganzer Inklusionsprofile.

Die hier aufgeführten Lagemerkmale sind nicht die einzigen bedeutsamen. Einige weitere wären z.B. der Beruf, die Nationalität, die Wohnregion oder die Kinderanzahl. Wir haben die von uns ins Zentrum gerückten Lagemerkmale deshalb ausgewählt, weil sie sich in vielen Untersuchungen der Ungleichheitsforschung als relevant erwiesen haben und weil unsere empirische Untersuchung zumindest hinsichtlich der Merkmale Geschlecht, Alter und Schulbildung eine repräsentative Stichprobe der in Deutschland lebenden Erwachsenenbevölkerung ist. Wir haben jedoch auch andere Lagemerkmale – darunter den Einfluss des Wohnens in peripheren ländlichen Räumen – punktuell berücksichtigt.

Aus der bisherigen Literatur zu jeweils einzelnen Inklusionsverhältnissen vermuten wir einen deutlichen Einfluss der sozialen Lage auf das Inklusionsprofil. Beispielsweise könnte man annehmen, dass junge Menschen mit höherer Bildung in bestimmte Teilsysteme stärker inkludiert sind als der Durchschnitt der Befragten oder dass Männer mit hohem Einkommen eine insgesamt überproportionale Inklusion aufweisen. Über einzelne Inklusionsverhältnisse hinaus kann man auf das Inklusionsprofil blicken. So könnte es sein, dass Männer jeweils stärker in die Politik und stärker in den Sport inkludiert sind als Frauen. Die nächste Frage lautet dann: Sind Männer auch typischerweise in die Teilsysteme Politik und Sport *zugleich* stärker inkludiert, oder handelt es sich jeweils um andere Subgruppen (z.B. jüngere/ältere Männer), die als Personen entweder in die Politik *oder* in den Sport stärker eingebunden sind als Frauen? Die generelle Fragestellung lautet somit: Gibt es für spezifische soziale Lagen typische Inklusionsprofile – und wenn ja, welche?

Die beiden anderen möglichen Erklärungsfaktoren von Inklusionsverhältnissen und -profilen werden von der differenzierungstheoretischen Perspektive identifiziert. In dieser Theorieperspektive zeichnen sich die gesellschaftlichen Teilsysteme durch eine hochgradige Autonomie aus (siehe Kapitel 1). Zu große sachliche Abhängigkeiten zwischen Teilsystemen und damit auch zwischen Inklusionsverhältnissen würden diese theoretische Grundannahme in Frage stellen.

---

[21] Durch die Berücksichtigung der beruflichen Bildung und der Arbeitsstunden geht auch die berufliche Leistungsrolle in die Analyse ein, allerdings nicht als konstitutiv für das Inklusionsprofil, sondern als unabhängige Variable.

Mit Blick auf die strukturellen Kopplungen zwischen Teilsystemen lässt sich jedoch vermuten, dass es zumindest in einigen Fällen *sachliche Affinitäten* oder aber umgekehrt *Inkompatibilitäten* zwischen teilsystemischen Inklusionen gibt.

Beispiele für Affinitäten oder „Wahlverwandtschaften", die in der „Natur der Sache" liegen, sind etwa die Inklusion des Sportinteressierten in die Massenmedien, die unter anderem über Sportereignisse berichten. Ein anderes Beispiel ist die indirekte Inklusion der Eltern schulpflichtiger Kinder ins Bildungssystem. Hier lässt sich also eine Nähe verschiedener Inklusionsrollen der Teilsysteme Bildung und Intimbeziehungen vermuten. Derartige Affinitäten können durch persönliche Interessen unterstrichen werden oder, wie in letzterem Beispiel, stärker normativ vorgegeben sein.

Inkompatibilitäten zwischen Inklusionsverhältnissen mögen ebenfalls in der „Natur" der betreffenden Aktivitäten angelegt sein. So könnte man annehmen, dass sich ein intensives Engagement als Breitensportler nicht mit einem ebenso intensiven Engagement als Kunstliebhaber verträgt – und zwar nicht nur aus zeitlichen Gründen, sondern auch deshalb, weil beide Arten von Aktivitäten die Ausbildung so unterschiedlicher Fähigkeiten und Vorlieben verlangen, dass diese sich nicht gut in ein und derselben Person vereinigen lassen. Ob sich diese Vermutung bestätigt, muss allerdings die empirische Untersuchung zeigen. Ein offensichtliches Beispiel für in der „Natur der Sache" liegende Inkompatibilitäten stellt der chronisch Kranke dar, der aufgrund dieser Art der Inklusion ins Gesundheitssystem viele andere Inklusionsbezüge nicht länger zu realisieren vermag, weil seine körperliche Verfasstheit und die medizinischen Maßnahmen ihm kein Sporttreiben, vielleicht auch keine anspruchsvollen Aktivitäten in den Publikumsrollen des Bildungs- oder des Kunstsystems mehr gestatten. Neben derartigen, sich rein sachzwanghaft ergebenden Inkompatibilitäten kommen auch solche vor, die in Gestalt von Normierungen institutionalisiert werden. Ein Beispiel dafür wäre die Vorgabe, dass ein katholischer Priester nicht heiraten darf. Hier beschränkt die Leistungsrolle im Religionssystem die Rollen, die der Betreffende im System der Intimbeziehungen noch wählen kann.

Insgesamt sind aber – so die theoretisch begründete Annahme – ausgeprägte sachliche Determinanten von Inklusionsprofilen wohl eher selten anzutreffen. Wie sieht es hingegen mit *zeitlichen Konkurrenzen* aus? Ein und dasselbe Zeitquantum in einem persönlichen Zeitbudget kann – sieht man von einigen Möglichkeiten der Simultaninklusion, z.B. beim Anschauen eines Fußballspiels (Teilsystem Sport) im Fernsehen (Teilsystem Massenmedien), ab – nur einmal investiert werden. Wenn also bei einer Person die Inklusion in ein bestimmtes Teilsystem eine hohe zeitliche Intensität aufweist, müsste dies dazu führen, dass die zeitliche

Intensität der Inklusionen in andere Teilsysteme deutlich geringer ausfällt. Womöglich werden bestimmte optionale Inklusionen überhaupt nicht realisiert. Für den Extremfall solcher zeitlicher Inkompatibilitäten, die „Hyperinklusion" (Göbel/Schmidt 1998: 111-113) einer Person in ein bestimmtes Teilsystem, bestätigt sich diese prägende Wirkung auf das Inklusionsprofil sehr deutlich. Ein plastisches Beispiel bieten etwa Spitzensportler, die aufgrund des extrem hohen Zeitaufwands für ihr Sporttreiben Schule, Studium, Berufsausbildung, Beruf, Intimbeziehungen und sonstige Freizeitaktivitäten gleichermaßen stark zurückschrauben müssen (Bette et al. 2002).

Bei weniger extremen, aber immer noch zeitlich beanspruchenden Engagements in bestimmten Inklusionsverhältnissen stellt sich der Sachverhalt empirisch allerdings nicht so eindeutig dar. So könnte man etwa zunächst annehmen: Wer als Vater oder Mutter – vielleicht gar allein erziehend – stark ins System der Intimbeziehungen eingebunden ist, kann deshalb kaum Weiterbildung betreiben oder kulturellen und sportlichen Aktivitäten nachgehen. Auf dieser Linie ließe sich weiterhin der Frage nachgehen, ob es typische zeitliche Konkurrenzverhältnisse zwischen bestimmten Inklusionsbezügen gibt, so dass man beispielsweise sagen könnte: Wer mit hoher zeitlicher Intensität als Breitensportler inkludiert ist, wird in der Regel Weiterbildung, Zeitung lesen und fernsehen zurückschrauben, aber nicht Familienleben und Freundschaftsbeziehungen. Schließlich könnte man fragen, ob bestimmte Inklusionsverhältnisse durchgängige „Verlierer" von Zeitkonkurrenzen darstellen.

Die dahinter stehende Annahme eines permanenten Zeitdrucks und zeitlicher Konkurrenzen verschiedener Aktivitäten (Geißler 2004) kann allerdings keinesfalls als sicher gelten. Empirisch könnten sich zeitliche Konkurrenzen für die Inklusion als weniger relevant herausstellen als z.B. der Einfluss der jeweiligen Lebensphase. Beispielsweise könnten Menschen mittleren Lebensalters typischerweise Intimbeziehungen, Weiterbildung und Sport sowie andere Inklusionen zusätzlich zu ihrer beruflichen Leistungsrolle in ihre Lebensführung integrieren, ohne dass bestimmte Inklusionsverhältnisse zeitliche „Verlierer" sein müssen.[22] Dies ist zudem möglicherweise in längerfristig wirksamen Pfadabhängig-

---

[22] Näher hinterfragte zeitliche Konkurrenzen und Vereinbarkeiten sind ein Thema der konkreten Lebensführung und lassen sich kaum aus dem strukturellen Muster der Aktivitäten an sich, wie in den Inklusionsprofilen abgebildet, erschließen. Daher können nur stärker auf diesen Aspekt abgestimmte Untersuchungen herausfinden, ob stark und breit inkludierte Menschen z.B. Zeit gut „managen", ob sie zu Gunsten der teilsystemischen Inklusionen ihr Schlafbedürfnis zurückstellen oder ob die weniger stark Inkludierten im Vergleich über deutliche Zeitreserven verfügen. Empirische

keiten im Lebenslauf begründet. So sind z.b. Kinder nicht plötzlich wieder „abwählbar", bringen also langfristige Verpflichtungen mit sich, und es macht einen Unterschied, ob ein schon vorhandenes Musikinteresse bei z.b. hinzutretender beruflicher Weiterbildung fortgeführt wird oder ob man sich zu diesem Zeitpunkt entschließt, das Spiel eines Instruments völlig neu zu erlernen.

Die Fragestellungen, die sich aus den sachlichen und zeitlichen Erklärungsfaktoren ableiten, lassen sich zusammengefasst so formulieren: Welche Rolle spielen zum einen sachliche Affinitäten/Inkompatibilitäten und zum anderen zeitliche Nullsummenkonkurrenzen für Inklusionsverhältnisse und -profile?

Die differenzierungstheoretische Perspektive wirft darüber hinaus Fragen auf, die zugleich den Erkenntnisgewinn durch die Bildung teilsystemübergreifender Inklusionsprofile weiter verdeutlichen. Unter Rekurs auf einzelne Facetten der Inklusion lassen sich Typen von Inklusionsprofilen ableiten. Beispiele für solche Typen sind die *Maximal-* und die *Minimalinkludierten*. Sie stellen Extrema eines Kontinuums dar, das insbesondere in zeitlicher Hinsicht das quantitative Ausmaß der Inklusion in die Gesamtheit aller Teilsysteme bestimmt. Maximalinkludierte sind in viele Teilsysteme stark inkludiert, Minimalinkludierte demgegenüber in die meisten Teilsysteme allenfalls mäßig.

Daneben gibt es zwei weitere Kontinua, die sich analytisch benennen lassen und deren Extremwerte weitere Profiltypen darstellen: die Hyper- und die Multiinklusion sowie die selbst- beziehungsweise die fremdbestimmte Inklusion.

Hyper- und *Multiinklusion* liegen auf einem Kontinuum, das in sachlicher Hinsicht das Ausmaß der Zentriertheit beziehungsweise Dezentriertheit eines Inklusionsprofils bestimmt. Der schon erwähnte Typus der Hyperinklusion, bei dem ein einziges Inklusionsverhältnis alle anderen mehr oder weniger stark verdrängt, das Inklusionsprofil also hochgradig zentriert ist, ist theoretisch bereits konzipiert und auch schon Gegenstand qualitativer Untersuchungen – am Beispiel der biographischen Dynamiken jugendlicher Spitzensportler – gewesen. Hyperinklusion kommt – so unsere These – in nennenswertem Maße am ehesten bei beruflichen Leistungsrollen und als Inklusion in die Intimbeziehungen vor, Letzteres etwa bei einer Hausfrau und Mutter, die die traditionelle Familienzentriertheit lebt. Stark dezentriert ist hingegen das Profil des Multiinkludierten, dessen Inklusionsverhältnisse sich relativ gleichmäßig über viele Teilsysteme erstrecken.

Befunde, die den sozialen Lagemerkmalen nur mäßige Erklärungskraft bescheinigen würden, wären ein Hinweis auf die potentielle Bedeutung anderer Einflussfaktoren.

Die Operationalisierung eines dritten, in der Sozialdimension angesiedelten Kontinuums hat die Herausarbeitung von Inklusionsprofilen zum Ziel, die sich durch starke *Selbst-* beziehungsweise *Fremdbestimmtheit* auszeichnen. Um die Konzeptualisierung anzudeuten, können hier nur einige Hinweise gegeben werden:[23] Durch Selbstbestimmtheit geprägte Inklusionsprofile sind solche, in denen optionale, symmetrische und wenig formalisierte Inklusionsverhältnisse ein relativ großes Gewicht besitzen; umgekehrt verhält es sich bei Inklusionsprofilen, die durch Fremdbestimmtheit geprägt sind. Weitere soziale Facetten von Inklusionsverhältnissen – Interaktivität oder Nicht-Interaktivität, Kommerzialisierungsgrad – müssen dabei für einige Teilsysteme in die Typenbildung einbezogen werden; und auch die zeitliche Häufigkeit und Dauer der Inklusionsepisoden ist zu berücksichtigen.

Alle drei Kontinua und die zugeordneten Paare von Profiltypen sind in ihrer Bedeutung für die Lebensführung von Individuen augenfällig: Wie stark ist jemand überhaupt – freiwillig oder unfreiwillig – durch Inklusionsverhältnisse in die Gesellschaft involviert? Konzentriert sich diese Involviertheit auf wenige Teilsysteme, oder verteilt sie sich breit über mehr oder weniger alle? Und läuft die Einbindung auf stark von außen auferlegte oder auf stärker selbst gestaltbare soziale Beziehungen hinaus?

Damit haben wir das Konzept der Inklusionsprofile theoretisch so weit entwickelt, dass wir es im Folgenden anwenden können. In vielen Untersuchungen bedeutet dieser Schritt, spezifische Hypothesen zu überprüfen. Unsere Untersuchung geht allerdings im Rahmen von Leithypothesen und -fragen explorativ vor. Dazu zählen zusammengefasst insbesondere die folgenden Hypothesen und Fragen:

- In der funktional differenzierten Gesellschaft kann niemand mehr ein Inklusionsprofil aufweisen, das nur aus einem einzigen Inklusionsverhältnis besteht. Im Gegenteil ist tendenziell davon auszugehen, dass die meisten Gesellschaftsmitglieder wohl in nahezu alle Teilsysteme als Leistungsempfänger inkludiert sind – doch wie stark jeweils, ist eine empirisch offene Frage.
- Insbesondere diejenigen Inklusionsverhältnisse, die – wie etwa der Konsum oder die Intimbeziehungen – einen stark obligatorischen Charakter aufweisen, dürften universell verbreitet und bei der Mehrzahl der Individuen auch

---

[23] Für eine angemessene empirische Erfassung müsste eine Befragung auf speziell diesen Aspekt abgestimmt sein. So wäre es z.B. notwendig, das Ausmaß der „Freiwilligkeit" einer Weiterbildung zu erheben. Derartige Fragen ließen sich im Rahmen unserer Untersuchung nicht unterbringen.

nicht nur schwach ausgeprägt sein. Optionale Inklusionsverhältnisse wie die Inklusion in den Sport oder ins Kunstsystem könnten hingegen bei einer größeren Anzahl von Personen eher schwach oder gar nicht ausgeprägt sein.

- Die Inklusionsprofile variieren erheblich von Person zu Person. Das liegt nicht nur an den optionalen Inklusionsverhältnissen, sondern auch an den individuellen Unterschieden in der zeitlichen Ausgestaltung und anderen Facetten sowohl der optionalen als auch der obligatorischen Inklusionsverhältnisse.

- Die interpersonellen Unterschiede der Inklusionsprofile beruhen nicht allein auf Freiräumen der individuellen Ausgestaltung, die bei den meisten Inklusionsverhältnissen mehr oder weniger gegeben sind. Die Inklusionsprofile sind überdies sozialstrukturell geprägt: Verschiedene soziale Lagen weisen unterschiedliche Inklusionsprofile auf, und umgekehrt bewirkt eine Ähnlichkeit der sozialen Lage zweier Personen, dass auch ihre Inklusionsprofile tendenziell ähnlich sind. Insbesondere fünf Lagemerkmale weisen Prägekraft auf: Geschlecht, Alter, Bildung, zeitliche Arbeitsbelastung und Einkommen. Wie stark und in welcher Richtung sich bestimmte Lagemerkmale auf das Inklusionsprofil auswirken, muss allerdings empirisch ermittelt werden.

- Die soziale Lage ist – neben individuellen Gestaltungsmöglichkeiten – nicht die einzige Determinante von Inklusionsprofilen. Hinzu kommen zeitliche Nullsummenkonkurrenzen sowie sachliche Affinitäten und Inkompatibilitäten zwischen Inklusionsverhältnissen. Wiederum gilt aber: Zwischen welchen Inklusionsverhältnissen welche Zusammenhänge bestehen und wie stark diese gegebenenfalls ausgeprägt sind, wird sich erst empirisch zeigen.

- Eine theoretisch völlig offene, nur empirisch entscheidbare Frage ist schließlich auch, ob die sozialen Lagemerkmale oder die sachlichen und zeitlichen Wechselwirkungen zwischen Inklusionsverhältnissen die stärkeren Determinanten von Inklusionsprofilen sind.

Vor einer Beantwortung dieser Fragen beziehungsweise Überprüfung der Hypothesen wird in Kapitel 3 das methodische Vorgehen geschildert. Kapitel 4 geht dann zunächst auf die einzelnen teilsystembezogenen Inklusionsverhältnisse ein und zeigt deren innere Beschaffenheit und Unterschiedlichkeit an ausgewählten Teilsystemen auf. Im Kapitel 5 stehen die übergreifenden Inklusionsprofile und ihre Erklärungsfaktoren im Mittelpunkt.

3 Methodisches Vorgehen

Dieses Kapitel schildert die verschiedenen methodischen Schritte, die wir im empirischen Teil des Projekts durchgeführt haben. Dem Forschungsprozess folgend handelt es sich dabei um die Operationalisierung der Forschungsfrage einschließlich der Auswahl der Erhebungsmethode, die Erstellung des Fragebogens für die telefonische Befragung, die Stichprobenziehung und Durchführung der Befragung sowie die Auswertung der erhobenen Daten.

3.1 Fragebogenkonstruktion

Zunächst müssen die abstrakten theoretischen Variablen, die wir bisher konstruiert haben, in empirisch beobachtbare Indikatoren übersetzt werden – und im nächsten Schritt in konkrete, für Befragte anschauliche Frageformulierungen. Die Fragebogenkonstruktion orientiert sich an den nach Teilsystemen geordneten Publikumsrollen sowie den Ausprägungen der verschiedenen Facetten der Inklusion für das jeweilige Inklusionsverhältnis. Rollen und Facetten bereiten die Formulierungen im Fragebogen zur Einbindung in die jeweiligen Lebensbereiche bereits vor. Die theoretisch gewonnen Vorgaben manifestieren sich außerdem darin, dass es in der Befragung nicht um Einstellungen oder Ressourcen geht, also z.B. nicht um politische Präferenzen oder disponibles Einkommen für kulturelle Aktivitäten, sondern es werden allein teilsystembezogene Aktivitätsmuster erfragt.

Von den in Kapitel 2.1 unterschiedenen Facetten ist die Facette der lebenslangen beziehungsweise lebensphasenspezifischen Inklusion bei keinem Inklusionsverhältnis in den Fragebogen eingegangen. Ihre Berücksichtigung hätte den gesetzten Rahmen der zeitlichen Dauer und sachlichen Komplexität eines standardisierten Telefoninterviews weit überschritten. Das bedeutet allerdings, dass wir die biografische Dimension von Inklusionsprofilen empirisch nicht erfassen. Wir fragen zu keinem Aktivitätsmuster: „Seit wann tun Sie dies?" Es wird stets nur der aktuelle Ist-Zustand des Inklusionsprofils erhoben.

Zu berücksichtigen ist weiterhin, dass der zu konstruierende Fragebogen nicht nur das Inklusionsprofil des Befragten als abhängige Variable ermitteln muss. Mit Bezug auf zeitliche und sachliche Prägefaktoren des Inklusionsprofils hat man damit zwar zugleich auch einen Teil der unabhängigen Variablen identifiziert. Denn die sachlichen und zeitlichen Einflüsse eines Inklusionsprofils sind ja in diesem selbst zu finden: Welche Inklusionsverhältnisse in welcher Intensität und Art jemand innehat, stellt einen Erklärungsfaktor für jeweils einzelne Inklusionsverhältnisse dar. Zusätzlich müssen Erklärungsfaktoren in der Sozialdimension erhoben werden, also Merkmale sozialer Lage – hier unter anderem: Geschlecht, Alter, Bildung, zeitliche Arbeitsbelastung und Haushaltseinkommen.

Als Beispiele für die Umsetzung von teilsystemischen Publikumsrollen und Facetten der Inklusion in zu erfragende Sachverhalte dienen hier die Inklusionen in die Teilsysteme Politik und Sport. Die Publikumsrollen beziehungsweise entsprechenden Aktivitäten im Teilsystem Politik sind:

- Wähler;
- Mitglied einer Partei oder einer anderen politischen Organisation;
- Teilnehmer an politischen Aktionen;
- Rezipient von Politik in den Massenmedien;
- sich über Politik unterhalten – z.B. am Stammtisch.[24]

Einige der Facetten liegen für die Publikumsrollen im Teilsystem Politik fest und müssen daher nicht gesondert erfragt werden. Diese Inklusion ist optional; sie ist nicht kommerziell. Wie symmetrisch, interaktiv, formalisiert und direkt sie ist, ist an die jeweilige Publikumsrolle gebunden. Beispielsweise ist das Gespräch über Politik per se interaktiv, die Mitgliedschaft in einer politischen Organisation – wie jede Organisationsmitgliedschaft – immer vergleichsweise formalisiert. Als offene, empirisch zu klärende Fragen bleiben die zeitlichen Facetten der Inklusion, wobei hier wie bei allen anderen Inklusionsverhältnissen die Häufigkeit (häufig oder sporadisch) vor der Dauer der jeweiligen Aktivität (langwährend oder kurzzeitig) im Vordergrund des Interesses steht. Bei manchen Aktivitäten, wie z.B. dem Wählen, steht die Dauer im Vorhinein fest.

---

[24]   Eine weitere, hier nicht empirisch berücksichtigte Publikumsrolle dieses Teilsystems ist die des Verwaltungsklienten.

Als Raster für den Fragebogen erhält man also:

- Wählen:
  Wie oft?
- An politischen Aktionen teilnehmen:
  Wie oft?
- Mit anderen über Politik sprechen:
  Wie oft?
- Interesse an Politik in den Massenmedien:
  Wie oft? Wie stark?
- Mitglied in einer politischen Organisation:
  Besteht eine Mitgliedschaft? Mit welchem Zeitaufwand, gegebenenfalls mit einer Funktion, ist diese verbunden?

Die Publikumsrollen im Sport sind, wie schon erwähnt, zum einen die des Zuschauers bei Sportveranstaltungen beziehungsweise – medial vermittelt – des Rezipienten von Sport in den Medien, zum anderen die des Breitensportlers. Beide Rollen sind optional und vergleichsweise symmetrisch, und die Inklusion ist – außer bei der medienvermittelten Rezipientenrolle – direkt.[25] Wie formalisiert, interaktiv oder kommerziell die Inklusion ausgefüllt wird, liegt zumindest für die Rolle des Breitensportlers nicht fest, ebenso wenig wie die zeitlichen Facetten der Inklusion.

Die Inklusion in den Sport wird entsprechend durch das folgende Raster erfasst:

- Rezipient: Besuch von Sportveranstaltungen:
  Wie oft?
- Rezipient: Interesse an Sport in den Medien:
  Wie oft? Wie stark?
- Sport treiben:
  Wie oft?
  Mit anderen oder allein? (Facette „interaktiv")
  Im Verein? (Facette „formalisiert")
  bei kommerziellem Anbieter? (Facette „kommerziell")

---

[25] Fälle indirekter Inklusion kommen ebenfalls vor, z.B. Aktivitäten von Eltern beim Eltern-Kind-Turnen. Diese Spezialfälle konnten jedoch nicht erfasst werden, ohne den Rahmen der Befragung zu sprengen.

Je häufiger jemand Sport treibt oder zuschaut beziehungsweise in den Medien etwas über Sport ansieht, hört oder liest, desto intensiver ist die Inklusion. Die Inklusionsintensität steigt zusätzlich, wenn die Aktivität mit anderen und in formalisierter Form durchgeführt wird.

In diesem Kontext interessiert uns für die Facetten der Inklusion nicht, welche Sportart jemand treibt und für welche Sportarten sich eine Person besonders interessiert. Für solche Feinheiten ist in einem Fragebogen, der die Inklusion in zwölf Teilsysteme und zusätzlich fünf Lagemerkmale und noch einzelne weitere Variablen erheben muss, kein Platz. Wir verzichten also auf Detailwissen über die einzelnen Teilsysteme. Dies leisten spezielle Untersuchungen, die für fast jedes Teilsystem, für sich genommen, ja auch bereits vorliegen. Das Besondere unserer Untersuchung ist demgegenüber gerade, um es zu wiederholen, die übergreifende Betrachtung der Inklusion in alle gesellschaftlichen Teilsysteme. Dies liefern unzählige speziellere Untersuchungen zu einzelnen Gesellschaftsbereichen nicht. Man weiß aus derartigen Studien für eine konkrete Person nicht, wie sie in sämtliche Teilsysteme inkludiert ist, sondern kann bislang höchstens anhand der Informationen über statistische Aggregate Vermutungen anstellen. Beispielsweise sind Ältere häufiger als Jüngere religiös und gehen häufiger zum Arzt. Ob aber die Inklusionen in die Teilsysteme Religion und Gesundheit systematisch zusammenhängen, ist bislang nicht empirisch fundiert.

Mit den bisher angesprochenen Konzeptionalisierungen ist die Entscheidung für die Form der Erhebungsmethode bereits angedeutet, nämlich für eine standardisierte telefonische Befragung, was kurz zu begründen ist. Was jemand tut, kann man prinzipiell auch beobachten. Gerade Aktivitäten, die eher sporadisch auftreten, z.B. die Zeugenaussage vor Gericht, vielleicht auch der Kinobesuch, erforderten jedoch eine Langzeitbeobachtung. Dieses Argument spricht auch gegen ein Zeittagebuch als Erhebungsmethode, wie es etwa die Zeitbudgetstudie 2001/02 des Statistischen Bundesamtes als Instrument nutzt (Statistisches Bundesamt 2004) und das lediglich im Aggregat auch die selteneren Aktivitäten erfasst. Eine Befragung kann dagegen vergleichsweise seltenere Tätigkeiten einer Person mit erfassen. Zwar ist man hier auf das Einschätzungsvermögen der Befragten angewiesen, doch in der groben Kategorisierung, in der wir die Häufigkeit erfragt haben (für die Häufigkeit des Fernsehens z.B. täglich, mehrmals pro Woche, seltener oder nie), war den Befragten eine Antwort meist ohne Schwierigkeiten möglich.

Eine telefonische Befragung hat den Vorteil, viele regional verstreute Menschen in relativ kurzer Zeit und mit relativ geringem Kostenaufwand erreichen zu können. Zudem gewährleistet sie eine hohe Kontrolle der Befragungssituation sowie eine meist befriedigende Ausschöpfung. Ebenso entfällt eine fehleranfällige manuelle Übertragung der Angaben vom Fragebogen in einen statistisch auswertbaren Datensatz. Da die Befragten recht allgemeine Fragen zu ihrem Verhalten zu beantworten hatten, spricht auch diesbezüglich nichts gegen das Medium Telefon, über das zudem fast alle Haushalte in Deutschland verfügen (Häder/ Glemser 2006: 164). Weil es bei uns um geläufige Aktivitätsmuster geht, konnten wir uns durchweg auf standardisierte Fragen beschränken, womit die interpersonelle Vergleichbarkeit der Daten gewährleistet ist.

Nachdem wir ein wie zuvor beschriebenes Raster für jedes der zwölf Teilsysteme erstellt sowie die potentiell erklärenden Faktoren aufgelistet hatten, konnten wir diese Raster in einen Fragebogen übersetzen, der insgesamt etwa 80 Fragen umfasste.[26] Neben den generellen Regeln der Fragebogenkonstruktion (Porst 2000) kam in unserem Fall als spezielle Anforderung hinzu, dass wir pro Teilsystem nur wenige Fragen stellen konnten, in die dann alle relevanten Aspekte im Sinne der Rollen und Facetten zu integrieren waren. Beispielsweise war es für die Inklusion in die Publikumsrolle der Wirtschaft notwendig, durch wenige Fragen zu ermitteln, wie oft und in welcher Form jemand die Konsumentenrolle einnimmt, ohne dass dabei die Art, Menge oder der Preis gekaufter Waren von Interesse wäre. Damit entfiel weitgehend die sonst häufig gegebene Möglichkeit, Frageformulierungen an bereits vorliegende spezielle Untersuchungen anzulehnen.

Hinsichtlich der Reihenfolge der Fragen lag es einerseits nahe, die Fragen zu einem Teilsystem zu bündeln. Andererseits gab es ähnlich wiederkehrende Fragen, die wir dann in einem Block abgefragt haben, z.B. Fragen nach dem Interesse für bestimmte Themen in den Medien oder nach der Mitgliedschaft in Organisationen. Im Aufbau des Fragebogens standen am Anfang Frageblöcke, die das Interesse der Befragten wecken. Konkret handelte es sich um die alltagsnahen und nahezu alle Personen betreffenden Fragen nach der Inklusion in die Massenmedien. Einige übergreifende Fragen (z.B. ob man lieber mehr oder weniger Zeit für die verschiedenen Inklusionsverhältnisse hätte) stehen relativ am Ende des Fragebogens, ebenso einige soziale Lagemerkmale, die damit auch für den Befragten erkennbar das Ende der Befragung einleiten.

---

[26] Der Fragebogen zum Buch ist auf der Internetseite des VS-Verlages einsehbar. http://www.vs-verlag.de/index.php;do=dodinf/site=w/isbn=978-3-531-15605-7/tvam=1/onlineplus=1

3.2 Die Stichprobe

Zur Stichprobenziehung ist zunächst die Zielgruppe der Befragung festzulegen: die in Privathaushalten lebende erwachsene Wohnbevölkerung in Deutschland, soweit sie anhand von Telefonanschlüssen zu ermitteln und erreichbar ist. Voraussetzung für eine Befragung ist zusätzlich, dass die Gesprächspartnerin beziehungsweise der Gesprächspartner über hinreichende Kenntnisse der deutschen Sprache verfügen muss, um die Fragen beantworten zu können. Ausländische Mitbürger sind also durchaus einbezogen – aber nur unter dieser Bedingung. Im Ergebnis bedeutete dies einen Anteil Befragter ohne deutsche Staatsbürgerschaft von 4.1%.[27]

Hinsichtlich der für repräsentative Aussagen notwendigen Größe der Stichprobe haben wir uns an allgemeinen Intervallschätzungen (Häder 2000: 11) orientiert, die für große Grundgesamtheiten unter der Annahme weiterer Faktoren (einer Irrtumswahrscheinlichkeit von 5% und einem Stichprobenfehler von $e = .03$) von einer Mindestanzahl von $n = 1068$ ausgehen (Kühnel/Krebs 2001: 249/250; Schäfer 2004: 105). Für die Berücksichtigung von Subgruppenanalysen – mit den unabhängigen Variablen Geschlecht, Alter und Bildung – sollte die Fallzahl so groß sein, dass für jede Kombination dieser Merkmale (bei drei Bildungs- und vier Altersklassen) mindestens 50 Fälle, allenfalls in einigen Randzellen nur mindestens 30 Fälle gegeben sind. Dabei müssen die Anteile der jeweiligen Merkmalskombinationen den Anteilen in der Grundgesamtheit entsprechen. Wenn man diese anhand vorliegender repräsentativer Befunde (hier aus dem ALLBUS) berücksichtigt, kommt man zu dem Ergebnis, dass die genannten Bedingungen bei einer Fallzahl von 2100 Personen erfüllt sind, womit die angestrebte Stichprobengröße ermittelt ist.[28]

Ausgewählt wurden die Befragten durch eine Zufallsauswahl nach dem Gabler-Häder-Design (Häder 2000; Gabler/Häder 2002). Die – erwachsene – Zielperson im Haushalt wurde danach ausgewählt, wer zuletzt Geburtstag hatte. Die Befragung fand von September bis Oktober 2003 statt.

---

[27] Im Vergleich dazu betrug der Ausländeranteil an der gesamtdeutschen Bevölkerung im Jahr 2004 8,8% (Statistisches Bundesamt 2006: 28).

[28] Die Verteilung der letztlich 2110 Befragten sieht tatsächlich so aus, dass 20 Zellen der 24-Felder-Tabelle mit mehr als 50 Personen besetzt sind. In vier Außenzellen sind es weniger als 50, aber mindestens 35 Personen.

3.3 Datenauswertung

Zu unserem Vorgehen bei der Auswertung der Daten können wir an dieser Stelle nur einige Hinweise zu spezifischen Aspekten geben; insbesondere wird die Bildung von Indizes der Inklusionsverhältnisse erläutert.

Bereits die im ersten Schritt herangezogene univariate Häufigkeitsauszählung für die einzelnen Fragen zeigt interessante und teilweise unerwartete Befunde. Wer hätte beispielsweise vorher gewusst, dass mehr als drei Viertel der Befragten typischerweise an wenigstens einem Wochentag kein Geld ausgeben? Bestimmte Aspekte, nach denen wir – angeleitet durch unsere differenzierungstheoretische Perspektive – bei einem Inklusionsverhältnis gefragt haben, sind in den speziellen Untersuchungen, die zum jeweiligen Lebensbereich vorliegen, noch gar nicht erfasst worden.

Als nächstes haben wir je Teilsystem bivariate Analysen durchgeführt, also nach Zusammenhängen zwischen den Lagemerkmalen und den einzelnen Fragen zum betreffenden Inklusionsverhältnis gesucht. Welche der fünf vorrangig betrachteten Lagemerkmale korrelieren beispielsweise mit der Häufigkeit von Arztbesuchen oder dem Interesse an der Medienberichterstattung über das Rechtssystem? Hinzu kamen Zusammenhänge zwischen den verschiedenen Aspekten, die zu einem bestimmten Inklusionsverhältnis erfragt wurden. Geht etwa regelmäßiger Kirchgang mit täglichem Beten einher? Bereits diese auf einzelne Inklusionsverhältnisse bezogenen signifikanten – oder auch gegebenenfalls unerwartet nicht signifikanten – Zusammenhänge,[29] von denen wir ausschnitthaft und exemplarisch einige in Kapitel 4 wiedergeben, stellen bei der Vielzahl von Fragen, die wir gestellt haben, eine nicht mehr überschaubare Datenmenge dar.

Auf der Grundlage unserer theoretischen Überlegung geht es daher im nächsten Schritt darum, die Ausprägungen der einzelnen Aspekte eines Inklusionsverhältnisses in einem Index der Inklusionsintensität zu verdichten. Denn teilsystemspezifische Inklusionsverhältnisse und teilsystemübergreifende Inklusionsprofile stehen im Fokus der Fragestellung. Die erforderliche Indexbildung, für die es in der Literatur nur grobe Hinweise gibt,[30] sollte bei aller letztlich unvermeidlichen „informierten Willkür" gut begründet sein und einem einheitlichen Maßstab folgen.

---

[29]   Angesichts der relativ hohen Anzahl Befragter legen wir in unseren Berechnungen in der Regel ein Signifikanzniveau von 1% (.01) zweiseitig zugrunde. Ausnahmen werden ausgewiesen.

[30]   Siehe zur Indexbildung allgemein Kromrey (2002: 177-182, 242-250), Schnell/Hill/Esser (1999: 160-173).

Wir haben uns für einen *additiven gewichteten Index* entschieden. Wir vergeben also für eine Antwortausprägung zu den Fragen Punkte, wobei die erreichbare Punktzahl bei verschiedenen Fragen unterschiedlich hoch sein kann. Daraufhin addieren wir die erreichten Punkte eines Befragten über alle teilsystembezogenen Fragen hinweg.[31] Je höher die erreichte Gesamtpunktzahl ist, desto stärker ist die Inklusion der Person in das jeweilige Teilsystem. Erwartbar ist dabei
von vornherein, dass das theoretisch erreichbare Punktemaximum bei einem
Inklusionsverhältnis deutlich über dem empirisch erreichten Maximum liegt –
anders gesagt: dass kein einziger Befragter beispielsweise bei der Inklusion in die
Kunst die theoretisch maximale Punktzahl hat. Dies hat sich dann auch bei allen
Inklusionsverhältnissen außer den Massenmedien gezeigt. Von dieser Ausnahme
abgesehen, weist also kein einziger Befragter eine so forcierte Hyperinklusion in
irgendeines der zwölf Teilsysteme auf – eben weil man in der funktional differenzierten Gesellschaft multiple Partialinklusionen unterhalten muss.

Die Bildung eines gewichteten Index erfordert, dass man pro Merkmal – die
in den meisten Fällen ordinal skaliert sind – Punktzahlen bestimmt, die je nach
gewählter Antwortmöglichkeit den Inklusionsgrad widerspiegeln. Beispielsweise
könnte man bei der Frage „Wie häufig sprechen Sie mit anderen über Politik?"
für die Antwort „oft" 100 Punkte vergeben, für die Antwort „manchmal" 50
Punkte und für die Antwort „nie" 0 Punkte. Der Willkür bei der Punktevergabe
sind, abgesehen davon, dass mit der Häufigkeit der Gespräche die Punktzahl
ansteigen sollte, insofern Grenzen gesetzt, als die Punktevergabe auch im Vergleich plausibel sein sollte. Sollte z.B. für eine häufige Teilnahme an politischen
Aktionen die gleiche Punktzahl vergeben werden wie für das zwar regelmäßige,
aber insgesamt doch nur sporadisch auftretende und weniger Engagement erfor-
dernde Wählen? Bei gleicher Gewichtung der Einzelfragen könnte z.B. jemand,
der großes Interesse an Sport in den Medien zeigt, jedoch nie selbst Sport treibt,
die gleiche Punktzahl erhalten wie jemand, bei dem genau der umgekehrte Fall
zutrifft. Zu fragen ist, ob dies eine plausible oder eher unplausible relative Einstufung beider Aktivitäten ist.

Wir haben für diese Gewichtungen Maßstäbe entwickelt, die zum einen begründet sind und zum anderen für alle Teilsysteme trotz der Unterschiedlichkeit

---

[31]   Prinzipiell gibt es auch die Möglichkeit multiplikativer Indizes. Für die vorliegenden Inklusionsverhältnisse ist aber eine solche Indexkonstruktion, die faktisch bedeutet, dass bestimmte einzeln erfragte Aktivitäten notwendige Bedingungen der Inklusion darstellen, nicht sinnvoll. So kann man
z.B. als Zuschauer in den Sport inkludiert sein, obwohl man keinen Sport treibt, und umgekehrt.

der Rollen analog angewandt werden können. Die Gewichtungsfaktoren haben wir nach den folgenden fünf Kriterien vergeben:

- aufwändige, regelmäßige Aktivitäten (maximal 200 Punkte)
- einschneidende, eher seltene Aktivitäten (maximal 150 Punkte)
- Standard-Aktivitäten (maximal 100 Punkte)
- diffus-individualistische Aktivitäten (maximal 75 Punkte)
- indirekte Inklusion (maximal 50 Punkte)

Das Normalmaß (Gewichtungsfaktor 1) stellen Standard-Aktivitäten dar, die konkret und direkt auf das Teilsystem bezogen sind und einen mittleren Grad an Aufwand erfordern, z.B. der Besuch einer kulturellen Veranstaltung oder das Surfen im Internet. Es geht also nicht um „Standard" in dem Sinne, dass das betreffende Verhalten normativ erwartet wird oder faktisch am häufigsten vorkommt. Ein Befragter kann für eine solche Aktivität maximal – wenn er also angibt, dies „oft" oder gegebenenfalls „täglich" zu tun – 100 Punkte erhalten.

Davon abzugrenzen sind „nach unten" einige – im Fragebogen allerdings nur selten in dieser Weise erfragten – Aktivitäten, die weniger konkret bestimmbar sind, etwa: „Verhalten Sie sich besonders gesundheitsbewusst?" Genauere Häufigkeitsangaben und Einstufungen der konkreten Aufwändigkeit sind aufgrund der Art der erfragten Tätigkeit kaum möglich. Wegen dieser „Diffusität" der individuellen Handlungen sind bei entsprechenden Fragen nur maximal 75 Punkte erreichbar (Gewichtungsfaktor .75). Weiterhin gibt es Aktivitäten, die sich lediglich indirekt auf die jeweiligen Teilsysteme richten. Dazu gehört die Frage nach dem Interesse für bestimmte Themen in den Medien. So erhält jemand, der ein Interesse an Erziehung und Weiterbildung in den Medien äußert, Punkte für seine Inklusion ins Teilsystem Bildung, aufgrund des indirekten Charakters dieser Inklusion jedoch maximal 50 Punkte (Gewichtungsfaktor .50). Ebenfalls einen Gewichtungsfaktor von .50 erhalten so genannte „Unterfragen" beziehungsweise Filterfolgefragen. Wenn jemand z.B. mit einer festen Partnerin zusammenlebt, erhält er dafür hinsichtlich seiner Inklusion in die Intimbeziehungen 200 Punkte. Wenn er zusätzlich einen größeren Teil seiner Freizeit mit ihr verbringt (eine Standard-Aktivität: Gewichtungsfaktor 1.0), erhält er nicht nochmals 100 Punkte, sondern für diese intensive Ausprägung derselben Aktivität nur noch weitere 50 Punkte.

Von der Standard-Aktivität mit dem Gewichtungsfaktor 1.0 sind „nach oben" zwei Aktivitätskategorien abzugrenzen, die stärker gewichtet werden. Es handelt sich erstens um gegenüber dem Alltag einschneidende oder besonders aufwändige Aktivitäten, die in der Regel aber eher seltener, also nicht täglich über viele Monate hinweg vorkommen (Gewichtungsfaktor 1.5). Dazu zählen etwa der stationäre Aufenthalt im Krankenhaus im Vergleich zum Arztbesuch oder die Teilnahme an politischen Aktionen im Vergleich zum Wählen. Zweitens gibt es einige Aktivitäten, die ebenfalls mit deutlich größerem Aufwand und größerer Intensität verbunden sind als die Standard-Aktivität und die zudem mit gewisser Regelmäßigkeit und Dauerhaftigkeit ausgeübt werden. Das Zusammenleben mit einem festen Partner gehört in diese Kategorie, wie am obigen Beispiel ersichtlich. Ein anderes Beispiel für diese vergleichsweise selten vergebene Gewichtungsvariante (Gewichtungsfaktor 2.0) stellt die hauptsächliche Verantwortung für den Einkauf des täglichen Bedarfs – als ein Indikator für Inklusion in die Wirtschaft – dar.

Die Gewichtung der Ausprägungen eines bestimmten Merkmals erfolgt in den meisten Fällen linear, also mit gleich großen Punktabständen zwischen den einzelnen Ausprägungen. Beispielsweise gibt es für tägliches Fernsehen 100 Punkte, für mehrmals wöchentliches 67 Punkte, für selteneres 33 Punkte und für die Angabe „nie" 0 Punkte. In wenigen begründeten Fällen verlagern wir, davon abweichend, die Gewichtung bis auf die Ebene der Antwortvorgaben. Beispielsweise haben wir den einmaligen Besuch beim Arzt im Laufe des letzten Jahres nur mit 33.3 Punkten anstelle der 50 Punkte bewertet, die bei linearer Punktevergabe zu vergeben gewesen wären. Dies gibt den Aufwand in Relation zu ansonsten für gesundheitsbezogene Aktivitäten vergebenen Punkten angemessener wieder.

Die Indexbildung erforderte weiterhin Überlegungen, die im Zusammenhang mit den Merkmalen von Rollen in den einzelnen Teilsystemen stehen. Darunter fallen unter anderem Entscheidungen dazu, ob in einzelnen Teilsystemen Subindizes sinnvoll sind. So haben wir für die Inklusion in den Sport (Breitensportler/Sportzuschauer), in die Kunst (Amateurkünstler/Kunstrezipient) und in die Intimbeziehungen (Partnerschaft/Kinder/Verwandtschaft/Freunde) Subindizes gebildet, ebenso für Organisationsmitgliedschaften, die mit vielen Inklusionsverhältnissen verbunden sein können.

Damit kann für jedes Teilsystem ein Index der Inklusionsintensität gebildet werden. Den maximal erreichbaren Wert haben wir zur besseren Vergleichbarkeit der Teilsysteme untereinander auf 1000 normiert. Auf die beschriebene Weise haben wir damit ein quasi-metrisches Maß entwickelt. Streng genommen haben die Inklusionsindizes aufgrund des Messniveaus der meisten in sie eingegangenen Merkmale zwar lediglich ordinales Messniveau. Andererseits nähern sie sich durch die Punktvergabe in vielen Fällen einer metrischen Skala an, damit einher-

gehend unterstellen wir hilfsweise gleiche Abstände zwischen den Merkmalsausprägungen. Ein weiteres Argument für die Einstufung des Skalenniveaus
der Inklusionsindizes als metrisch besteht darin, dass Forscher in der Forschungspraxis häufig die methodischen Fehler eines „zu hohen" Skalenniveaus gegenüber dem so erzielbaren Informationsgewinn in Kauf nehmen (Kühnel/Krebs
2001: 34/35). Zwei Aspekte sprechen dafür, sich auch in unserem Fall zu Gunsten
des Informationsgewinns zu entscheiden: Der Fehler wird tendenziell kleiner bei
sehr vielen Ausprägungen, die bei unseren teilsystemischen Indizes von 0 bis
1000 reichen; zudem relativieren sich methodische Probleme z.B. beim Mittel-
wertvergleich, denn bei der Berechnung der Mittelwerte begeht man ja jeweils
dieselben methodischen Fehler. Aufgrund dieser Überlegungen stufen wir die
Inklusionsindizes also als metrisch ein, was das Spektrum anwendbarer statistischer Verfahren deutlich erweitert.[32]

Für einige Analysen, darüber hinaus für einige grafische Darstellungen der
Inklusionsstärke, haben wir die theoretisch maximal erreichbare Punktzahl pro
Teilsystem gedrittelt.[33] Das erste Drittel umfasst die schwach Inkludierten ein-
schließlich der gar nicht Inkludierten, das zweite Drittel die in mittlerem Maße
Inkludierten und das letzte Drittel die stark Inkludierten.

Aus dieser Anlage der Indexkonstruktionen ergibt sich, dass die Inklusionen
in die verschiedenen Teilsysteme nicht im Maßstab eins zu eins miteinander
verglichen werden können. Dafür ist die Rolleneinbindung und entsprechend die
„Hürde", z.B. mindestens in die mittlere Inklusionskategorie zu gelangen, von
Teilsystem zu Teilsystem zu unterschiedlich. Beispielsweise gibt es im Teilsystem
Politik eine bestimmte Punktzahl dafür, mit anderen über Politik zu reden und
regelmäßig an eher selten stattfindenden Wahlen teilzunehmen. Im Sport muss
man schon regelmäßig als Breitensportler aktiv sein oder Sportveranstaltungen
besuchen, was ein größeres Engagement erfordert, um eine ähnlich hohe Punktzahl zu erreichen. Das bedeutet: Weder bei einer einzelnen Person noch bei der
Gesamtgruppe kann man sagen, dass sie in diesem Sinne z.B. stärker in den Konsum als in die Intimbeziehungen eingebunden sei. Sehr wohl kann man jedoch
etwas über gruppenspezifische Unterschiede aussagen: dass z.B. der Anteil der

---

[32]   Für die Beratung in diesen statistisch diffizilen Fragen bedanken wir uns bei Werner Voß.

[33]   Eine Drittelung auf der Basis des empirisch erreichten Maximums als oberem Wert erschien weniger
sinnvoll. Damit hätten wir die Information verschenkt, dass bei den verschiedenen Teilsystemen
durchaus unterschiedlich große Differenzen zwischen rechnerisch möglichem und faktisch erreich-
tem Punktemaximum liegen.

älteren Frauen, die stark in die Religion und zugleich in die Gesundheit inkludiert sind, höher ist als der Anteil der älteren Männer.

Weitere Hinweise zur statistischen Auswertung sind nur im Kontext der konkreten Untersuchungsfrage sinnvoll und werden entsprechend an Ort und Stelle in den folgenden Kapiteln erläutert.

4 Teilsystemische Inklusionsverhältnisse

In diesem und dem folgenden Kapitel geht es um die Darstellung und Interpretation unserer empirischen Ergebnisse. Dabei widmen wir uns im vorliegenden Kapitel den Inklusionsverhältnissen; das Kapitel 5 geht dann anschließend auf die übergreifenden Inklusionsprofile der in Deutschland lebenden Erwachsenen ein.

Eine vollständige Darlegung unserer empirischen Befunde über die Inklusionsverhältnisse würde erfordern, dass wir alle zwölf Teilsysteme im Hinblick auf die dort gegebenen Publikumsrollen eingehend betrachten müssten. Das wäre auf der Grundlage unserer Befragung durchaus möglich, hätte aber den Umfang eines eigenen Buchs – insbesondere wenn man unsere Erkenntnisse beispielsweise über das Publikum der Massenmedien mit den zahlreichen aus anderen theoretischen Perspektiven heraus bereits vorliegenden Studien zur Mediennutzung abgleichen wollte. Wir können daher hier nur exemplarisch drei Inklusionsverhältnisse herausgreifen und etwas näher betrachten: zunächst die Konsumentenrolle als hochgradig obligatorische Inklusion ins Wirtschaftssystem, sodann am anderen Ende des Spektrums die Publikumsrollen des Sports und der Kunst als optionale Inklusionsverhältnisse. Diese beiden Inklusionsverhältnisse sind überdies so beschaffen, dass es neben der jeweiligen Rezipientenrolle auch sekundäre Leistungsrollen gibt. Abschließend wird ein vergleichender Aspekt der teilsystemischen Inklusionsverhältnisse betrachtet.

4.1 Beispiel: Konsum

Konsum ist die Publikumsseite des Wirtschaftssystems; die für dieses Teilsystem ausdifferenzierte Publikumsrolle ist die des Konsumenten. Diese Rolle wird immer dann eingenommen, wenn jemand Zahlungen für die Inanspruchnahme wirtschaftlicher Leistungen, also von Gütern und Dienstleistungen, tätigt. Operationalisiert wurde diese Rolle in unserem Fragebogen über verschiedene konsumbezogene Alltagsaktivitäten,[34] die sich hinsichtlich der jeweiligen Konsumsi-

---

[34] Im Gegensatz zu den meisten anderen Teilsystemen muss beim Konsum – ebenso wie bei den Intimbeziehungen und den Massenmedien – keine Organisationsmitgliedschaft berücksichtigt wer-

tuation sowie des persönlichen und zeitlichen Aufwands voneinander unterscheiden: unter anderem tagtägliches Einkaufen, „Shoppen", Einkaufen im Versand- und Internethandel. Dabei interessiert uns die Konsumaktivität, nicht die Menge oder der Preis oder die Marke des Gekauften.

Der Konsum hat im breiten Spektrum gesellschaftlicher Rolleneinbindungen eine besondere Bedeutung. Man kauft eben nicht bloß Zahnpasta oder Taxifahrten, sondern auch die Mitgliedschaft im Fitnessstudio oder die Eintrittskarte ins Museum. Viele Publikumsrollen in den unterschiedlichsten Teilsystemen sind strukturell gekoppelt mit der Konsumentenrolle. Die Inklusion in den Sport oder in die Kunst, die über kommerzielle Anbieter abgewickelt wird, ist ebenso wirtschaftlich vermittelt – und insofern indirekte Inklusion in die Wirtschaft – wie diejenige Inklusion ins Bildungssystem, die über gewinnorientierte Anbieter von Fortbildungsveranstaltungen erfolgt. Allerdings geht es bei unseren Fragen zur Konsumentenrolle vorrangig um den Kauf von Waren und Dienstleistungen allgemein, weniger um ihre mögliche Verwendung im Rahmen einer Inklusion in andere Teilsysteme.

Der Index der Inklusion über Konsum teilt die Intensität der gesellschaftlichen Einbindung als Konsument in die Ausprägungen schwach, mittelstark und stark ein. Die empirische Verteilung auf diese drei Ausprägungen der Inklusion stellt sich folgendermaßen dar (Abbildung 4).

Ein mit 71.5% sehr großer Anteil der Befragten befindet sich im mittleren Inklusionsbereich. Stark inkludiert sind immerhin 21.2% der Befragten, nur 7.3% sind schwach inkludiert. Letzteres zeigt, dass sich die Inklusion über die Konsumentenrolle hochgradig als Sachzwang vollzieht. *Dass* jemand Konsument ist, ist also obligatorisch statt optional – kaum jemand hat die Wahl, diese Rolle prinzipiell nicht einzunehmen. Z.B. weisen lediglich zwei von 2110 Personen beim Inklusionsindex des Teilsystems Konsum den Wert 0 auf, und nur 8.7% der Befragten geben an, an einem typischen Wochentag überhaupt keine Konsumaktivität auszuüben. Optional ist aber jenseits eines sachzwanghaft auferlegten Aktivitätsminimums, *wie stark* jemand als Konsument inkludiert ist. Ob jemand z.B. täglich „shoppen" geht, kann er – oder sie – in den allermeisten Fällen selbst bestimmen.

---

den. Es gibt dort keine Publikumsrolle, die in nennenswertem Umfang im Rahmen von Vereinen oder Verbänden organisiert wäre.

Abbildung 4:   Inklusion in das Teilsystem Wirtschaft über Konsum

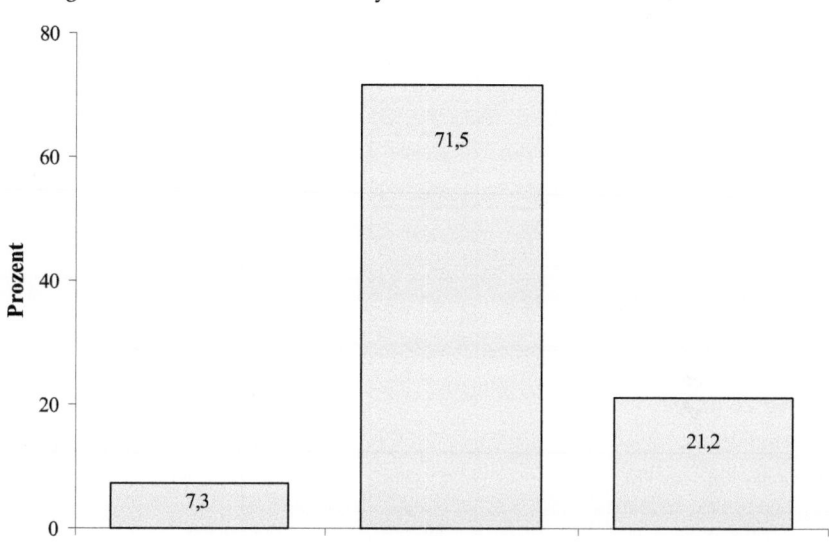

Wie sich die Inklusion in die Wirtschaft in verschiedenen sozialen Lagen unterschiedlich darstellt, kann zunächst in einer bivariaten Betrachtung von Zusammenhangsmaßen ermittelt werden.[35] Betrachtet werden die Lagemerkmale Geschlecht, Alter, Haushaltseinkommen, Bildungsabschluss[36] und zeitliche Einbindung in den Beruf, gemessen als wöchentliche Arbeitszeit (Tabelle 3):

---

[35]   Je nach Skalenniveau der betrachteten Merkmale liegt – auch in den Berechnungen der folgenden Kapitel – der Kontingenzkoeffizient C, der Rangkorrelationskoeffizient ρ oder der Korrelationskoeffizient r zugrunde. Das Signifikanzniveau wurde durchgängig auf 1% zweiseitig angesetzt (Ausnahmen sind an entsprechender Stelle gekennzeichnet).

[36]   Schulische und berufliche Abschlüsse sind in diesem Merkmal zusammengefasst.

Tabelle 3:   Zusammenhang von sozialer Lage und Aktivitäten als Konsument

Inklusion	**Lagemerkmale**				
	Geschlecht [geschl] C	Alter [fr76] ρ	Haushalts einkommen [fr78] ρ	Bildungsab- schluss [bildung] ρ	Wöchentliche Arbeitszeit [fr17sn] ρ
Interesse für Wirtschaft in den Medien [fr3_2]	.22	.11	.20	.10	.15
Geld ausgeben: Häufigkeit pro Tag [fr46]	.12	-.11	.07	–	.08
Gibt es Tage, an denen Sie kein Geld ausgeben? ja/nein [fr47]	.08	–	–	–	–
Kein Geld ausgeben: Wie viele Tage/Woche [fr47a][37]	–	r = .16	-.10	-.10	r = -.09
Wer geht einkaufen? [fr48_1]	.43	.09	-.12	–	-.17
Wie oft Kleidung oder Schuhe? [fr49]	.17	-.20	.19	.10	.10
Wie oft Preise vergleichen? [fr50]	–	.11	-.15	-.10	-.12
Dinge ungeplant kaufen, z.B. beim Shoppen? [fr51o]	.07	-.23	.11	–	.11
Versandhäuser etc. [fr52o]	–	-.13	–	–	.11
Index: Inklusion in den Konsum [konsi1]	r = .20	r = -.11	–	.07	–

---

[37]   Die Ausprägungen dieses Merkmals sind im Achsenkreuz so angeordnet, dass z.B. die negative Korrelation zum Einkommen wie folgt zu lesen ist: Je höher das Haushaltseinkommen, desto weniger Tage, an denen jemand tendenziell nicht einkauft. Menschen mit höherem Haushaltseinkommen kaufen also tendenziell an mehr Tagen pro Woche etwas ein als solche mit niedrigerem Einkommen, wobei das Haushaltseinkommen allein noch nichts darüber aussagt, wie viele Menschen im Haushalt leben und die Situation des Geldausgebens keinen Rückschluss auf die ausgegebene Summe oder das eingekaufte Produkt zulässt.

Schaut man zunächst auf den Zusammenhang zwischen den Lagemerkmalen und dem Index der Inklusion über Konsum, so erkennt man, dass vor allem das Geschlecht, daneben aber auch das Alter und – sehr schwach – der Bildungsabschluss Erklärungskraft für dieses Inklusionsverhältnis haben. Das Haushaltseinkommen und die Arbeitsstunden dagegen spielen zwar für einzelne Aktivitäten eine Rolle, nicht aber für die Inklusion in den Konsumbereich insgesamt.

An dieser Stelle ist ein genereller, auch für alle weiteren empirischen Ergebnisse dieses und des folgenden Kapitels geltender methodischer Hinweis angebracht: Man muss sich stets vor Augen führen, dass gesellschaftliche Realität ein äußerst komplexes Gefüge einander wechselseitig bedingender Faktoren und Dynamiken bildet. Neben den fünf von uns herausgegriffenen Lagemerkmalen gibt es zahlreiche weitere Determinanten von Inklusionsverhältnissen und -profilen. Dazu zählen erstens andere Lagemerkmale, etwa der Familienstand oder der Beruf einer Person. Zweitens sind die möglichen sachlichen und zeitlichen Determinanten, die noch zur Sprache kommen werden, in Rechnung zu stellen. Drittens schließlich gibt es ein sehr heterogenes Bündel sonstiger Faktoren – bis hin zu höchst individuellen. Es mag ja sein, dass das Inklusionsprofil einer Person durch ein sehr einschneidendes persönliches Erlebnis, das sie in ihrer Kindheit hatte, maßgeblich mit geprägt wird. Wenn wir im Folgenden also Einflüsse und Zusammenhänge einzelner oder einiger weniger unabhängiger Variablen auf Inklusionsverhältnisse und Inklusionsprofile betrachten, muss die Komplexität dieses Wirkungsgefüges stets in dem Sinne beachtet werden, dass die von uns herangezogenen Erklärungsfaktoren realistischerweise weder einzeln noch in Kombination sehr hoch mit dem Inklusionsprofil oder einzelnen Inklusionsverhältnissen korrelieren können.

Im Einzelnen zeigt sich für das Lagemerkmal *Geschlecht*, dass hier der teilsystemisch prägnanteste Zusammenhang überhaupt vorliegt, und zwar hinsichtlich der Zuständigkeit für Haushaltseinkäufe. So sind von denjenigen Befragten, die angegeben haben, selbst für die Haushaltseinkäufe zuständig zu sein, über drei Viertel Frauen.[38] Ein weiterer ausgeprägter Zusammenhang besteht hinsichtlich des Interesses an Themen zur Wirtschaft in den Medien – hier sind die Männer interessierter. Aussagekraft hat das Geschlecht außerdem für die spezielle Konsumsituation „Kleidung und Schuhe kaufen". Diese Form der Rolleneinbindung ist tendenziell häufiger bei Frauen zu finden; die Stärke des Zusammenhangs

---

[38] Diese Frage wurde nur denjenigen Personen gestellt, die angegeben hatten, mit anderen Personen in einem gemeinsamen Haushalt zu leben.

(C = .17) ist jedoch nicht so ausgeprägt, wie es gängige Vorurteile aus dem Alltag hätten vermuten lassen können. Dieser Befund des zwar signifikanten, jedoch nur schwachen Zusammenhangs gilt noch ausgeprägter für das „Shoppen" (C = .07). Insgesamt gibt es aber den durchaus erwartbaren Zusammenhang zwischen Konsum und Geschlecht, dass Frauen stärker inkludiert sind als Männer, was zu dem weiteren Ergebnis passt, dass Frauen nach wie vor für den Haushalt hauptverantwortlich sind, wenn sie mit einem Partner zusammenleben.[39]

Im *Altersvergleich* sind Jüngere häufiger in Konsumsituationen eingebunden als Ältere, was sich ausgeprägt beim „Shoppen" sowie beim Kauf von Kleidung und Schuhen, in schwächerem Ausmaß aber auch für andere Konsumsituationen zeigt. Andere Tendenzen gibt es beim Interesse für Wirtschaft in den Medien sowie beim Preisvergleich, wofür Ältere mehr Zeit aufwenden. Zudem sind insbesondere die mittleren Altersgruppen – und die ab 60jährigen häufiger als die unter 30jährigen – selbst für den alltäglichen Einkauf zuständig.

Speziell die beiden Aspekte des Medieninteresses und der Häufigkeit von „Kleidung und Schuhe kaufen" weisen zum Lagemerkmal *Haushaltseinkommen* einen nennenswerten Zusammenhang derart auf, dass Personen mit höherem Einkommen tendenziell stärker inkludiert sind. Daneben gibt es schwächere gleichgerichtete Zusammenhänge bei anderen Konsumaktivitäten. Preise vergleichen diejenigen mit höherem Einkommen dagegen tendenziell seltener – vermutlich sehen sie dafür eine geringere Notwendigkeit. Ebenfalls sind sie seltener selbst für den alltäglichen Einkauf zuständig. Da sich die Intensität der Inklusion nicht an der Menge oder an den Preisen der erworbenen Güter oder Dienstleistungen bemisst, sondern an der Häufigkeit und dem persönlichen Aufwand der Rolleninklusion, erscheint das Ergebnis zum Lagemerkmal Haushaltseinkommen plausibel: Dessen Höhe erklärt nicht die Intensität der Inklusion über Konsum insgesamt.

Personen mit höheren *Bildungsabschlüssen* sind tendenziell etwas stärker über Konsum inkludiert als solche mit niedriger formaler Bildung. Der Einfluss ist jedoch nur schwach ausgeprägt ($\rho = .07$). Gebildetere interessieren sich im Einzelnen stärker für Wirtschaft in den Medien und kaufen häufiger Kleidung oder Schuhe; außerdem geben sie an mehr Tagen pro Woche Geld aus. Preise vergleichen sie – hier liegt ein ähnlicher Effekt vor wie beim Einkommen und der Arbeitszeit – seltener als Menschen mit niedrigeren Abschlüssen.

---

[39]   67.5% der Frauen gegenüber 5.2% der Männer, die mit Partner/in zusammen leben, gaben an, selbst für den Haushalt hauptverantwortlich zu sein (C = .59; n = 1289). Dies entspricht den mit qualitativen Methoden ermittelten Befunden bei Koppetsch/Burkart (1999).

Schließlich wirken die wöchentlichen *Arbeitsstunden* auf Konsumaktivitäten – aber nicht etwa in jedem Fall in der Weise, dass ein höheres Ausmaß an beruflicher Einbindung die Zeit für den Konsum verringern würde. Im Gegenteil zeigt sich bei einzelnen der erfragten Konsumsituationen sowie beim Medieninteresse, dass Befragte mit mehr Arbeitsstunden tendenziell stärkerer inkludiert sind – möglicherweise handelt es sich hier teilweise um die kurzzeitige Nutzung von Konsumgelegenheiten auf dem Weg zum oder vom Arbeitsplatz oder in der Pause. Allerdings sind sie seltener die Hauptzuständigen für den Einkauf in ihrem Haushalt und vergleichen seltener Preise, so dass sich insgesamt kein Einfluss der wöchentlichen Arbeitsstunden auf die Inklusion über Konsum ergibt.

Betrachtet man einzelne erfragte Konsumsituationen, so ist festzustellen, dass die beiden Aspekte „Medieninteresse für Wirtschaft" und „Kleidungs- und Schuhkauf" von allen fünf Lagemerkmalen nennenswert geprägt werden. Hinsichtlich dieser Aspekte strukturieren die fünf Lagemerkmale die Inklusion also am ehesten sowohl breit als auch stark. Den vergleichsweise geringsten Einfluss üben sie demgegenüber auf den Kauf per Versandhandel/Internet sowie auf die Frage aus, ob es Tage in der Woche gibt, an denen jemand kein Geld ausgibt.

Die Bedeutung der Lagemerkmale für die Stärke der Inklusion in den Konsum wird durch multivariate Verfahren, die Berechnung multipler Regressionsmodelle und partieller Korrelationskoeffizienten, bestätigt. Auch nach diesen Ergebnissen sind Geschlecht, Alter und Bildung diejenigen Merkmale, entlang derer sich die Einbindung der verschiedenen Befragtengruppen in die Konsumentenrolle am deutlichsten ausprägt. Tendenziell weisen somit Frauen, jüngere Alterskohorten (30-44jährige) und Personen mit höheren Bildungsabschlüssen höhere Werte der Inklusion in den Konsum auf. Das Haushaltseinkommen sowie die Arbeitsstunden spielen dagegen auch nach multivariaten Befunden keine herausragende Rolle.

Im nächsten Schritt fragen wir, ob die Inklusion in den Konsumbereich nicht nur mit sozialen Lagemerkmalen zusammenhängt, sondern auch mit der Inklusion in andere Teilsysteme. Hat es eine Bedeutung für andere Inklusionsverhältnisse, ob man stark oder schwach in den Konsum eingebunden ist – und umgekehrt? Die bivariaten Analysen zeigen hierzu signifikante Zusammenhänge der Inklusion als Konsument zu den Publikumsrollen der Teilsysteme Massenmedien, Kunst, Sport, Politik und Recht.[40] All diese Zusammenhänge sind gleichge-

---

[40] Durch die Berechnung partieller Korrelationskoeffizienten, also bei Kontrolle der Lagemerkmale, wird der Zusammenhang zur Inklusion in die Kunst insignifikant.

richtet: Je stärker die Inklusion einer Person in diese Teilsysteme ist, desto stärker ist sie tendenziell auch in den Konsum. Der relativ stärkste Zusammenhang lässt sich zwischen der Inklusion in den Konsum und in die Massenmedien finden. Man könnte vermuten, dass jemand, der sich stärker den Massenmedien – insbesondere dem Fernsehen – aussetzt, dadurch auch den „geheimen Verführern" (Packard 1957) der Werbung ausgesetzt ist.

Die Verknüpfung von Massenmedien und Konsum wird durch eine – in Kapitel 5 noch eingehender behandelte – Faktorenanalyse weiter untermauert. Diese unterscheidet vier Faktoren – Kombinationen von teilsystemspezifischen Inklusionsverhältnissen – mit einer Varianzaufklärung von zusammen 47%. Der Konsum ist dabei dem Faktor 2 zugeordnet, auf dem außerdem die Teilsysteme Intimbeziehungen, Sport und Massenmedien die höchsten Faktorladungen aufweisen. Wenn man den Faktor 2 als Inklusionsprofil insgesamt charakterisieren will, verweist er mit der Betonung von Familie und einigen Freizeitbereichen auf eine eher privatistische Lebensführung. Gemeinsam mit den bivariaten Zusammenhängen unterstreicht dieses Ergebnis die Vermutung, dass die Inklusion über Konsum nicht ausschließlich durch Merkmale der sozialen Lage, sondern ebenfalls durch die sachliche Dimension der anderen Inklusionsverhältnisse beeinflusst wird, wobei diese freilich nicht vollständig unabhängig von sozialen Lagemerkmalen sind.[41]

4.2 Beispiel: Sport[42]

Das zweite gesellschaftliche Teilsystem, das hier für eine genauere Betrachtung herausgegriffen wird, ist der Sport.[43] Hier ist es nicht eine einheitliche Rolle, wie die des Konsumenten, die in den Blick zu nehmen ist, sondern Inklusion in den Sport kann sich auf zwei sehr unterschiedliche Weisen vollziehen: als selbst aktiv Sporttreibender und als Sportzuschauer.

In beiden Fällen orientiert sich das Erleben und Handeln allerdings am selben binären Code: „Sieg/Niederlage". In sportlichen Wettkämpfen errungene

---

[41] So weisen beispielsweise folgende Gruppen hohe Werte bei Faktor 2 auf: Menschen im Alter zwischen 30 und 44 Jahren, mit mittleren Bildungsabschlüssen, mit geringer oder mittlerer wöchentlicher Arbeitsstundenzahl und höherem Einkommen. Idealtypisch zugespitzt: Dies sind Menschen, die in Partnerschaften oder Familien mit Kindern leben und der Mittelschicht angehören.

[42] Dieses Teilkapitel beruht auf Schimank/Schöneck (2006).

[43] Als generellen Überblick über dieses Teilsystem siehe Schimank (1988).

Siege, die auf überlegener körperlicher Leistungsfähigkeit beruhen, sind das, worum sich das teilsystemische Geschehen dreht – gegebenenfalls über das punktuelle Interaktionsgeschehen hinaus fixiert in Form von Meisterschaften oder Rekorden. Das Teilsystem ist diesbezüglich hierarchisch in zwei Teilsysteme zweiter Ordnung unterteilt: den Breiten- und den Spitzensport.

Im Breitensport steht jedem Gesellschaftsmitglied der Zugang zu einer sekundären Leistungsrolle – der des *Breitensportlers* – offen. Es gibt kein unteres Leistungslimit als Zugangsbegrenzung. Den Grenzfall bildet hier derjenige, der keine Wettkämpfe mit anderen bestreitet. Er konkurriert, etwa als regelmäßiger Jogger, nur derart mit sich selbst, dass er sein Leistungsniveau steigern oder – in einem höheren Lebensalter – zumindest halten beziehungsweise den Leistungsabfall möglichst verlangsamen will.[44] Im Spitzensport hingegen müssen Athleten mindestens das nationale Leistungsniveau erreichen. Diese Zugangsbegrenzung zur Leistungsrolle schließt fast alle Gesellschaftsmitglieder aus. Allerdings gibt es beim Spitzensport die Publikumsrolle des *Sportzuschauers*, die jedem zugänglich ist, während der Breitensport meist kein Publikum hat.

Die Inklusion der Gesellschaftsmitglieder in den Sport erfolgt also hauptsächlich über zwei Rollen, die mit den beiden Subsystemen des Sports korrespondieren. Beide Rollen sind optional. Man muss weder Breitensport treiben noch sich als Zuschauer für Spitzensport interessieren; man kann beides oder nur eins von beiden tun oder auch beides lassen. In beiden Hinsichten bindet man sich auch nicht langfristig, sondern kann die Inklusion jederzeit beenden. Andere Inklusionsverhältnisse sind demgegenüber mehr oder weniger obligatorisch. Allerdings hat zumindest Sporttreiben inzwischen Züge sozialer Erwünschtheit – vor allem unter Gesundheitsgesichtspunkten – angenommen, sich also ein derzeit allerdings noch nicht sehr starker normativer Druck in Richtung Obligation aufgebaut. Sporttreiben gilt als eine wichtige Komponente eines „healthy life style", wie er inzwischen auf dem Arbeits- ebenso wie auf dem Heiratsmarkt nachgefragt wird; und auch hinsichtlich der Krankenversicherungsbeiträge wird immer wieder einmal darüber nachgedacht, ob nachweisliches Sporttreiben nicht beitragsmindernd veranschlagt werden sollte.[45]

---

[44] Ohne diese Absicht würde der regelmäßigen körperlichen Betätigung der Siegescode des Sportsystems fehlen; stattdessen könnte es z.B. Motive der Geselligkeit oder Gesundheit geben, was wir in unserer Untersuchung jedoch nicht abgrenzen können.

[45] Generell zur „Medikalisierung der Gesellschaft" – also nicht bloß des Sports – siehe Bauch (1996); zu den keineswegs eindeutig gesundheitsfördernden tatsächlichen Effekten des Sports siehe Weiß (2000).

Die im Rahmen unserer Befragung ermittelten Daten zur Inklusion in den Sport ergeben für die Rolle des Breitensportlers, dass 49.2% der Befragten regelmäßig Sport treiben.[46] Die Hälfte der erwachsenen Bevölkerung treibt also höchstens unregelmäßig oder gar nicht Sport. Der angesprochene soziale Druck, sich sportlich zu betätigen, ist damit offenbar noch nicht sehr ausgeprägt. Etwa die Hälfte der regelmäßig Sporttreibenden veranschlagt dafür bis zu 16 Stunden (Median) pro Monat, die andere Hälfte teilweise deutlich mehr. Die einzelnen Inklusionsepisoden zeichnen sich also durch eine jeweils eher längere Dauer aus: durchschnittlich gut eine halbe Stunde pro Tag, in vielen Fällen erheblich mehr.[47]

Hinsichtlich der Zuschauerrolle zeigt sich: Knapp die Hälfte (46.6%) der Befragten besucht zumindest gelegentlich Sportveranstaltungen; 8.4% tun dies oft, 53.4% hingegen nie.[48] Das Interesse an der Medienberichterstattung über Sport ist größer: Auf der Intensitätsskala von „interessiert mich kaum oder gar nicht" bis „interessiert mich sehr" haben alle fünf Stufen annähernd gleich große Befragtenanteile. Es findet sich überdies ein starker positiver Zusammenhang zwischen Medieninteresse und Veranstaltungsbesuch (ρ = .43): Wer ins Stadion geht, verfolgt Sport tendenziell auch noch in den Medien – was aufgrund der zahlenmäßig sehr unterschiedlichen Verbreitung beider Aktivitäten nicht umgekehrt gilt.

Zum Zusammenhang beider Komponenten des Inklusionsverhältnisses ist zunächst festzuhalten, dass der Anteil der Breitensportler an der Bevölkerung geringer als der Anteil der Sportzuschauer, aber viel höher als der Anteil derer liegt, die oft Sportveranstaltungen besuchen. Die Rangfolge der Inklusionsaktivitäten ist also: medienvermitteltes Sportzuschauen – Sport treiben – Sportzuschauen im Stadion. Das insgesamt anfallende durchschnittliche zeitliche Ausmaß des Sportzuschauens könnte aufgrund des Interesses an der Medienberichterstattung durchaus größer sein als der Zeitaufwand des eigenen Sporttreibens. Immerhin

---

[46]   Pseudosport – z.B. Spazierengehen und andere Zweifelsfälle – ist hier heraus gerechnet. Der Anteil der Breitensportler an der Bevölkerung liegt in unserer Studie ähnlich wie in anderen Untersuchungen aus den letzten Jahren (Melchinger/Wiegmann 1995; DGF-Jahrbuch 1998: 13, 37; Terwey 2000: 122; ALLBUScompact 2004). Für Erwerbstätige ermitteln Becker/Schneider (2005: 185), dass knapp 60% der Befragten höchstens eine Stunde Sport pro Woche treiben.

[47]   Wir haben weder die durchschnittliche Dauer der einzelnen Inklusionsepisoden ermittelt noch danach gefragt, seit wann jemand bereits sportlich aktiv ist – oder ob jemand, der inzwischen inaktiv ist, früher einmal aktiv war. Das Gleiche gilt für die Zuschauerrolle.

[48]   Ähnlich die Anteile bei Terwey (2000: 122) sowie im ALLBUScompact (2004). Auf einer Beliebtheitsskala von Freizeitaktivitäten liegt der Besuch von Sportveranstaltungen erst auf Rang 21 (DGF-Jahrbuch 1998: 42). In einer Mitte der neunziger Jahre durchgeführten Untersuchung zum Freizeitverhalten der Berliner Bevölkerung gaben nur 4% der Befragten den Besuch von Sportveranstaltungen als eine ihrer häufigeren Freizeitaktivitäten an (Melchinger/Wiegmann 1995: 54).

geben 38.5% der Befragten auf der Fünferskala des Interesses an der Sportberichterstattung der Medien die beiden oberen Werte an.

Es bestehen Zusammenhänge zwischen regelmäßigem eigenen Sporttreiben und dem Besuch von Sportveranstaltungen ($\rho = .18$) sowie Sporttreiben und dem Interesse an der Sportberichterstattung ($\rho = .21$). Darüber hinaus gibt es Zusammenhänge zwischen dem Zeitaufwand für das Sporttreiben und dem Besuch von Sportveranstaltungen ($\rho = .14$) sowie dem Zeitaufwand und dem Interesse an der Sportberichterstattung ($\rho = .27$). Aktiv Sporttreibende, und darunter diejenigen, die viel Zeit dafür aufwenden, besuchen eher Sportveranstaltungen und interessieren sich eher für die Medienberichterstattung über Sport. Die von den Sportverbänden oft – auch aus organisatorischen Eigeninteressen – beschworene „Einheit" von Spitzen- und Breitensport findet somit eine gewisse Bestätigung. Insgesamt gilt jedenfalls, dass beide Arten der Inklusion ins Sportsystem – über die sekundäre Leistungsrolle des Breitensportlers und über die Publikumsrolle des Zuschauers – nicht beziehungslos nebeneinander stehen, sondern bei einem nicht geringen Anteil der Bevölkerung kombiniert vorliegen und einander gegenseitig stützen.[49] So interessiert sich die Hälfte derer, die regelmäßig Sport treiben, ziemlich oder sogar sehr stark für die Sportberichterstattung der Medien. Diese Gruppe macht fast ein Viertel der Bevölkerung aus. Die andere Extremgruppe derer, die keinen Sport treiben und sich auch kaum oder gar nicht für Sport in den Medien interessieren, ist mit knapp einem Siebtel deutlich kleiner (Abbildung 5).[50]

Insgesamt gilt dennoch trotz jahrzehntelanger „Sport für Alle"-Kampagnen: Man kann sein Leben nach wie vor, ohne zum isolierten Außenseiter abgestempelt zu werden, ohne eine nennenswerte Inklusion in den Sport führen. Immer noch verzichtet die Hälfte der erwachsenen Gesellschaftsmitglieder darauf, die sekundäre Leistungsrolle des Breitensportlers einzunehmen. Mit anderen Worten: Bei 50.7% der Erwachsenen erschöpft sich das Inklusionsverhältnis in der Rezeption der Medienberichterstattung. Der Sport mobilisiert damit das Publikum der Gesellschaft in einem geringeren Umfang und einer geringeren Intensität als andere gesellschaftliche Teilsysteme; und damit geht einher, dass er nicht zu den ganz wichtig genommenen Teilsystemen zählt.

---

[49] Eine Entsprechung zeigt sich im Übrigen im Kunstsystem – siehe den nächsten Abschnitt: Wer sich als Amateur selbst künstlerisch engagiert, ist auch als Kunstrezipient aktiver.

[50] Da die Antwortvorgabe „interessiert mich kaum oder gar nicht" lautete, lässt sich nicht sagen, wie viele Erwachsene überhaupt nicht in den Sport inkludiert sind: Maximal könnten es diese 13.5% sein; vermutlich liegt der Anteil aber deutlich darunter, insbesondere der Anteil derer, die dauerhaft nicht-inkludiert sind.

Abbildung 5:   Arten der Inklusion ins Sportsystem.

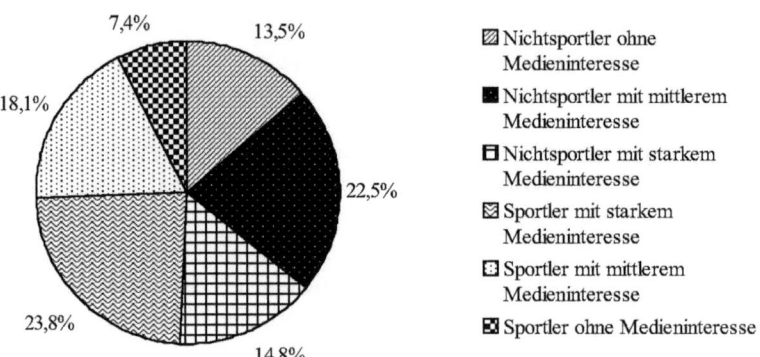

Hieran schließt sich an, dass die mit der Optionalität verbundenen großen Exit-Optionen bereits für sich genommen ein eher asymmetrisches Inklusionsverhältnis zu Gunsten des Breitensportlers beziehungsweise Sportzuschauers begründen. Hinzu kommen teilsysteminterne Exit-Optionen der Inkludierten als zweite Stufe der Asymmetrieverstärkung zu ihren Gunsten: Jemand kann den Verein, das Fitnessstudio oder die Sportart, die er betreibt oder für die er sich als Zuschauer interessiert, jederzeit wechseln; und das darf den Sportanbietern als korporativen Akteuren nicht gleichgültig sein.[51]

In Kombination miteinander geben die beiden Facetten der Optionalität und der Asymmetrie zu Gunsten des Inkludierten sowohl dem Breitensport als auch dem Sportzuschauen in der Sozialdimension einen stark selbstbestimmten Zug. Für die relative Selbst- oder Fremdbestimmtheit eines Inklusionsverhältnisses ist ferner bedeutsam, wie formalisiert es ist – sei es durch Organisationsregeln, denen man als Mitglied oder Klient unterworfen ist, sei es durch rechtliche Regulierungen. Bei der Zuschauerrolle ist beides kaum gegeben – im Gegensatz etwa zur Inklusion als Parteimitglied oder als Verwaltungsklient ins politische System. Als

---

[51]   Ein Aspekt dessen wird in den Forschungen über die Mitgliederbindung von Sportvereinen betrachtet – siehe dazu nur den Überblick und Daten bei Nagel (2006: 258). Immerhin denkt jedes sechste Vereinsmitglied über einen Vereinsaustritt nach.

Breitensportler unterliegt man dann, wenn man seinen Sport vereinsförmig betreibt, gewissen organisatorischen Formalisierungen, wobei Sportvereine im Vergleich zu Arbeitsorganisationen oder auch zu anderen Interessenorganisationen, etwa politischen Parteien, wenig formalisiert sind. Noch höhere Selbstbestimmtheit ergibt sich dann, wenn ein Inklusionsverhältnis kommerzialisiert ist, weil sich ein an Gewinn orientierter Anbieter in starkem Maße an den Interessen seiner Kunden orientieren muss. Das gilt für Breitensportler, die ihren Sport bei kommerziellen Anbietern betreiben, ebenso wie für Sportzuschauer, die Eintrittspreise bei Veranstaltungen bezahlen – immer vorausgesetzt, der zu entrichtende Preis stellt keine unüberwindbare Zugangshürde dar, die die „Konsumentensouveränität" auf Null reduziert.

Von derjenigen Hälfte der erwachsenen Bevölkerung, die regelmäßig Sport treibt, tun dies nach unseren Ergebnissen 26.3% ausschließlich und 17.6% teilweise für sich allein; 38.9% gehen ihrem Sporttreiben formal organisiert im Verein, 19.1% bei kommerziellen Anbietern wie etwa Fitnessstudios sowie 21.4% in selbstorganisierten Gruppen nach.[52] Nur etwas weniger als jeder fünfte Erwachsene unterwirft sich also durch Breitensport organisatorischen Fremdbestimmungen, die die Mitgliedschaft in einem Sportverein mit sich bringt.[53] Dem steht aber etwa ein Achtel der erwachsenen Gesamtbevölkerung gegenüber, das Sport lediglich nicht-interaktiv betreibt, sich dabei also mit niemandem abstimmen muss und insofern die größtmögliche Selbstbestimmtheit der Inklusion genießt.[54] Gleiches gilt für diejenigen Sportzuschauer, die dies ohne andere Anwesende tun, also z.B. allein zu Hause die Fernsehübertragung eines Fußballspiels anschauen.

Insgesamt ergeben die bisher angesprochenen Facetten, dass es sich sowohl bei der Rolle des Breitensportlers als auch bei der des Sportzuschauers zumeist um stark selbstbestimmte Inklusionen handelt. Dieses Bild unterstreichen auch

---

[52] Der Anteil anderer organisierter Anbieter (Betriebssport, VHS und Ähnliches) ist mit 3.7% marginal.

[53] Dass etwa ein Viertel aller Befragten Mitglied in einem Sportverein ist, also mehr als diejenigen, die vereinsförmig Sport treiben, verweist auf einen gewissen Anteil passiver Mitglieder oder solcher, die höchstens noch sporadisch selbst Sport treiben. Nagel (2006: 50) referiert sogar Zahlen des Deutschen Sportbunds, wonach 2003 fast ein Drittel aller Bundesbürger Mitglied von Sportvereinen war. Hier ist zudem zu berücksichtigen, dass in diesen Zahlen eine Person, die im selben Verein oder in mehreren Vereinen verschiedene Sportarten betreibt, entsprechend mehrfach gezählt wird.

[54] Breuer weist überdies darauf hin, dass der Anteil der vereinsförmig organisierten ebenso wie der kommerzielle Angebote nutzenden Sporttreibenden mit dem Lebensalter abnimmt. Dementsprechend „stellt der Sportverein nur bei den 14- bis 19jährigen die wichtigste Organisationsform sportlichen Engagements dar." (Breuer 2004: 55).

alle zeitlichen Facetten dieses Inklusionsverhältnisses. Es weist erstens keine
ausgeprägte sachlich auferlegte Lebensphasenspezifik auf. Ob man Sport treibt
oder sich als Zuschauer für Sport interessiert: Man kann beides – ganz nach eigenem Gusto – schon als Kind und noch in hohem Alter tun. Allenfalls engt sich
aufgrund körperlicher Einschränkungen ab einem gewissen Alter die Bandbreite
der Sportarten ein, die man noch zu betreiben vermag (Breuer 2004: 55). Die Inklusion als Wähler ins politische System beispielsweise beginnt demgegenüber
erst als junger Erwachsener, und relativ starre Altersgrenzen gibt es auch für die
Inklusion ins Wirtschaftssystem über die berufliche Leistungsrolle. Beide hier betrachteten sportbezogenen Rollen können zweitens in Inklusionsepisoden höchst
unterschiedlicher Dauer ausgeübt werden: jeweils von wenigen Minuten bis zu
mehreren Stunden rangierend. Drittens schließlich ist die Häufigkeit, mit der
jemand Sport treibt oder sich als Sportzuschauer betätigt, nicht nur hochgradig
variabel, sondern in dieser Variabilität wiederum stark disponibel. Die sich aus
diesen drei Facetten ergebende zeitliche Intensität des Inklusionsverhältnisses ist
damit insgesamt als hochgradig selbstbestimmt einzustufen[55] – im Gegensatz z.B.
zur Schülerrolle, die die Person über Jahre in ein striktes Zeitkorsett einschnürt.

Die hohe zeitliche Selbstbestimmtheit der Inklusion in den Sport schlägt allerdings immer dann in verdeckte Fremdbestimmtheit um, wenn andere zeitliche
Ansprüche, die die Person nicht zu ignorieren vermag, das Sporttreiben und
Sportzuschauen aus dem begrenzten Zeitbudget verdrängen. Allgemein gilt ja,
dass Variables auch die „Freiheit" eröffnet, notfalls darauf verzichten zu müssen.
So können sich dann die Erfordernisse der Inklusion in die Intimbeziehungen,
etwa als Elternteil, oder als „lebenslang Lernender" ins Bildungssystem und
natürlich als Berufstätiger ins Wirtschaftssystem gegenüber dem Sportinteresse
durchsetzen und diese „schönste Nebensache der Welt" marginalisieren, gerade
weil der Einzelne hier disponibel ist. In der Tat zeigt die Bewertung des eigenen
Zeitaufwands für Sporttreiben und -zuschauen durch die Befragten, dass zwar
53.2% die Zeit, die sie für beides aufbringen, als angemessen empfinden, aber
36.6% gern mehr Zeit für beides hätten. Dies ist über alle Teilsysteme hinweg der
dritthöchste Anteil von Personen, die für sich ein Zeitdefizit hinsichtlich des
betreffenden Inklusionsverhältnisses ausmachen. Höhere Anteile finden sich nur
bei den Intimbeziehungen und der – noch anzusprechenden – Kunst. Der Sport
rangiert hinsichtlich des artikulierten Zeitbedarfs noch knapp vor der Fortbil-

---

[55] Das spiegeln auch die oben angeführten Daten zum individuellen Zeitaufwand für das Sporttreiben
wider.

dung, obwohl diese zweifellos eine größere Relevanz für das berufliche Fortkommen beanspruchen kann.

Aus der Sicht des einzelnen Gesellschaftsmitglieds zeichnet sich also die Inklusion in den Sport durch eine hochgradige Optionalität und Selbstbestimmtheit aus. Aus teilsystemischer Warte stellt sich dies so dar, dass der Sport, um gesellschaftliches Publikum rekrutieren und dauerhaft einbinden zu können, erstens aktive Anwerbung betreiben muss und zweitens nicht zu viel zumuten darf. Das Sportsystem kann, anders als etwa die Wirtschaft, nicht einfach darauf setzen, dass Inklusions-Sachzwänge walten, und es gibt auch keine unhintergehbaren Inklusions-Normen wie die Schulpflicht. Wenn also die Sportvereine ebenso wie die kommerziellen Anbieter oder selbstorganisierte Sportgruppen permanent selbst etwas für den je eigenen Fortbestand und, als Aggregationsergebnis, für den Fortbestand des Teilsystems mindestens in der gegebenen Größenordnung tun müssen, haben sie prinzipiell zwei strategische Optionen: die inklusive und die exklusive.[56] Entweder man setzt auf Wachstum und bemüht sich, möglichst viele Gesellschaftsmitglieder dauerhaft einzubinden; oder man will bewusst nur diejenigen inkludieren, die sich vorbehaltlos dem teilsystemischen Code fügen. Letzteres – also „Klein, aber fein!" – ist für die maßgeblichen Akteure des organisierten Sports nie eine attraktive Option gewesen. Deren Wachstumsinteressen ebenso wie die der kommerziellen Sportanbieter sowie des Profi-Zuschauersports sind vielmehr Hand in Hand mit den Hoffnungen vieler Gesellschaftsmitglieder auf Gesundheit, Geselligkeit, Unterhaltung und Spaß durch Sporttreiben beziehungsweise – vom Erstgenannten abgesehen – durch Sportzuschauen gegangen; und um diese Wachstumsdynamik nicht zu gefährden, haben die Leistungsrollenträger und Leistungsorganisationen des Sports zunehmend darauf verzichtet, das neu rekrutierte Publikum anspruchsvolleren und konfliktträchtigeren oder gar abschreckenden Sozialisationsmaßnahmen zu unterziehen.[57]

Der für den Sport insgesamt – beide Rollen gleich gewichtend – gebildete Inklusionsindex ergibt, dass 62% aller Befragten schwach oder gar nicht, 31% mittel und lediglich 7% stark in dieses Teilsystem inkludiert sind. Dies besagt, dass für gut drei Fünftel der Erwachsenen der Sport keine große oder sogar überhaupt keine Rolle in ihrer Lebensführung spielt; bei einem knappen Drittel hat er hingegen eine tragende Rolle, bei sehr wenigen sogar eine Hauptrolle inne. Diese

---

[56] Siehe die analoge politikwissenschaftliche Diskussion zu „Weltanschauungs-" und „Allerweltsparteien" (Offe 1980).

[57] Zu diesem Inklusionsdilemma des Breitensports siehe Schimank (1992a), zu vergleichbaren Problematiken bei anderen Teilsystemen Schimank (2005).

Verteilung spiegelt sowohl die Optionalität des Inklusionsverhältnisses in beiden Rollen als auch den Tatbestand wider, dass Sporttreiben wie Sportzuschauen einen nicht unerheblichen und auch eine gewisse Regelmäßigkeit nahelegenden Zeitaufwand mit sich bringen.

Bis hierher haben wir die Inklusion in den Sport in ihren verschiedenen Facetten geschildert und die empirische Ausprägung der Facetten beschrieben – auch im Vergleich mit anderen teilsystemischen Inklusionsverhältnissen. Neben bestimmten Aspekten, die die Inklusion in den Sport von anderen Inklusionsverhältnissen unterscheiden, ist deutlich geworden, dass es große Unterschiede der Inklusion in den Sport gibt. Ob jemand – auf der Betrachtungsstufe eines analytisch aggregierenden Index – stark, mittelstark oder schwach inkludiert ist, oder ob jemand mit Blick auf einzelne Aktivitäten z.B. häufig oder selten Sportveranstaltungen besucht: Das variiert stark – und damit ist die Frage aufgeworfen, womit diese Variationen zusammenhängen, wobei sowohl an Ursachen als auch an Wirkungen bestimmter Ausprägungen des sportbezogenen Inklusionsverhältnisses zu denken ist.

Hier liegt erst einmal die ungleichheitstheoretisch begründete Vermutung nahe: Weil Sporttreiben und -zuschauen hochgradig optional sind, bestehen ausgeprägte Zusammenhänge mit bestimmten Merkmalen sozialer Lage, die Präferenzen, Ressourcen und Gelegenheiten einer Person im Hinblick auf dieses teilsystemische Inklusionsverhältnis strukturieren. Bis in die 1950er Jahre hinein ließ sich bekanntlich dementsprechend zumindest zum breitensportlichen Engagement sagen, dass es eine Domäne jüngerer Männer mit höherer Bildung und höherem beruflichen Status war. Umgekehrt waren Frauen, Menschen ab Mitte Dreißig und Angehörige der Arbeiterschaft und der unteren Mittelschicht deutlich weniger im Breitensport vertreten. Vielerlei Faktoren – unter anderem eine besonders in Deutschland erfolgreiche Politik des „Sport für Alle" (Hartmann-Tews 1996) – haben seitdem dazu geführt, dass sich all diese Unterschiede stark verringert haben. Sporttreiben wird inzwischen deutlich geringer von den genannten Merkmalen sozialer Lage determiniert. Sportzuschauen war schon immer inklusiver, was sowohl das Lebensalter als auch das Bildungsniveau und den beruflichen Status anbetrifft – lange Zeit weniger hinsichtlich des Geschlechts.

Der Index der Inklusionsintensität korreliert beim Sport, führt man eine multiple Regression durch, mit drei Lagemerkmalen: Nach wie vor betreiben eher Männer ($\beta = -.16$), eher jüngere ($\beta = -.17$) und eher über ein höheres Haushaltseinkommen verfügende Menschen ($\beta = .12$) Sport und betätigen sich als Sportzuschauer. Mit dem Bildungsabschluss sowie den wöchentlichen Arbeitsstunden besteht hingegen kein Zusammenhang; und insgesamt wird die Inklusion in den Sport zwar signifikant, aber nur in sehr geringem Maße ($R^2 = 7\%$) in ihrer Varianz durch die fünf Lagemerkmale erklärt. Sporttreiben und Sportzuschauen sind also, betrachtet man alle Aspekte der beiden Rollen, nach wie vor eher Aktivitäten jüngerer Männer, somit in erster Linie – aber nicht sehr stark – durch natürlich vorgegebene[58] „horizontale" Lagemerkmale bestimmt; in zweiter Linie leben in den Sport Inkludierte tendenziell in „besseren Verhältnissen", wobei es – mit Pierre Bourdieu (1979) gesprochen – nur eine schwache Prägekraft des ökonomischen Kapitals und keine des erworbenen kulturellen Kapitals gibt.[59]

Begibt man sich von der Aggregatebene des Inklusionsindex auf die Ebene einzelner sportbezogener Aktivitäten, differenziert sich das Bild noch etwas. Zunächst zum regelmäßigen Sporttreiben: Jüngere ($r = -.18$)[60], höher Gebildete ($r = .15$) sowie Personen mit höherem Einkommen ($r = .11$) und mehr wöchentlichen Arbeitsstunden ($\rho = .07$) sind eher sportlich aktiv. In der Gruppe der Sporttreibenden verwenden Männer ($r = -.13$)[61] und Jüngere ($\rho = -.09$)[62] mehr Zeit dafür; weder Bildung noch Einkommen oder wöchentliche Arbeitsstunden einer Person weisen einen signifikanten Zusammenhang mit dem Zeitaufwand der sportlichen Aktivität auf.[63] Hinsichtlich der Inklusion über die sekundäre Leistungsrolle gilt also: Ob jemand regelmäßig Sport treibt, wird am meisten – allerdings nicht stark – durch das Lebensalter und den Bildungsgrad, nur in geringem Maße durch Einkommen und zeitliche Arbeitsbelastung geprägt und gar nicht durch das

---

[58] Womit die soziale Konstruktion beider Merkmale nicht geleugnet werden soll.

[59] Dieses Ergebnis wird durch eine Entscheidungsbaumanalyse („Answer Tree") bestätigt. Dies ist ein multivariates Verfahren, das untersucht, ob verschiedene Prädiktoren (auch auf unterschiedlichem Messniveau) auf eine abhängige Variable Einfluss haben, und wenn ja: wie stark und mit welcher Ausrichtung. Neben der Rangfolge des Einflusses werden Gruppen mit bestimmten Kombinationen – z.B. sozialer Lagemerkmale – identifiziert, die sich hinsichtlich ihres Inklusionsmittelwerts signifikant voneinander unterscheiden (Bühl/Zöfel 2002: 13-84, siehe auch Abbildungen 7 und 11). Konkret heißt das hier: Welche Ausprägungen von Alter, Geschlecht, Bildung, Haushaltseinkommen und Arbeitsstunden haben in welcher Reihenfolge welchen Einfluss auf die Inklusion in das Teilsystem Sport? Im Ergebnis rangiert das Geschlecht vor dem Alter; an dritter Stelle folgen bei den Männern die wöchentlichen Arbeitsstunden, bei den Frauen ist es das Haushaltseinkommen.

[60] So auch die Daten bei Breuer (2004: 53/54).

[61] Ein ähnlicher empirischer Befund findet sich bei Baur/Beck (1999: 71-73). Hingegen besteht in unserer Untersuchung lediglich ein schwacher ($r = .05$) und zudem nur auf dem Niveau von 5% signifikanter Zusammenhang des regelmäßigen Sporttreibens mit dem Geschlecht – anders bei Hartmann-Tews/Luetkens (2003: 58/59).

[62] Allerdings ändern sich mit dem Lebensalter die Motive des Sporttreibens und auch die Sportarten in Richtung einer Gesundheitsorientierung; und dieses Sporttreiben findet dann eher in informellen Gruppen oder allein statt – siehe Breuer (2004: 55-59).

[63] Für Erwerbstätige finden Becker/Schneider (2005) in der Tendenz weitgehend ähnliche, jedoch stärker ausgeprägte Zusammenhänge.

Geschlecht. Doch das Wissen darüber, in welchem zeitlichen Ausmaß jemand, der regelmäßig Sport treibt, dies tut, lässt keine Rückschlüsse mehr auf Bildungsgrad, Einkommensniveau und zeitliche Belastung durch die Arbeit zu, kaum noch Rückschlüsse auf das Alter und auch nur noch recht schwache Vermutungen auf das Geschlecht der Person. Die oben skizzierte Vermutung, aufgrund seines optionalen Charakters könne das Sporttreiben von anderen obligatorischen Inklusionsverhältnissen zeitlich verdrängt werden, relativiert sich: Denn zwischen der Zeit, die jemand für sportliche Aktivitäten aufwendet, und der zeitlichen Arbeitsbelastung besteht kein Zusammenhang.

Einige andere Aspekte der Inklusion in den Sport werden hingegen durchaus noch etwas stärker durch die betrachteten Lagemerkmale geprägt. Im Einzelnen zeigt sich:

- Alter: Sport ist für Ältere eher kein so wichtiger Teil des eigenen Lebens wie für Jüngere (ρ = -.16), Ältere besuchen mit geringerer Wahrscheinlichkeit als Jüngere Sportveranstaltungen (ρ = -.15), und Ältere klagen nicht so häufig über zu wenig Zeit für Sporttreiben und Sportzuschauen (ρ = -.30). Das passt zum Ergebnis einer anderen Untersuchung: „Im Wertekanon der Älteren ... nimmt der Sport eine dezidiert untergeordnete Stellung ein." (Denk/Pache 1999: 327)
- Geschlecht: Männer interessieren sich eher als Frauen für die Sportberichterstattung der Medien (ρ = -.25), nutzen auch das Internet eher, um sich über Sport zu informieren (ρ = -.17), stufen die Bedeutung des Sports für ihr Leben höher ein (ρ = -.13) und besuchen eher Sportveranstaltungen (ρ = -.12).[64] Diese Zusammenhänge passen zu den noch immer in gewissem Maße vorhandenen traditionellen Geschlechterstereotypen.
- Bildung, Haushaltseinkommen und wöchentliche Arbeitsstunden korrelieren jeweils mit der Einschätzung, zu wenig Zeit für Sporttreiben und -zuschauen zu haben (ρ = -.11, ρ = -.19, ρ = -.07), die beiden letztgenannten Lagemerkmale überdies mit dem Besuch von Sportveranstaltungen (ρ = .13, ρ = .11). Je höher die wöchentlichen Arbeitsstunden, desto eher ist auch ein Interesse an der Medienberichterstattung über Sport vorhanden (ρ = .08). Diese durchgängig nur schwachen Zusammenhänge verweisen darauf, dass die oftmals berufsbedingt engeren Zeitbudgets derer, die höher qualifizierte Berufspositionen

---

[64]   Das Bild entspricht hinsichtlich des Sporttreibens dem bei Baur/Beck (1999: 71-73).

einnehmen, mit einem prinzipiell höheren Sportinteresse einhergehend bestimmte Inklusionsrestriktionen subjektiv deutlicher spürbar machen.[65]

Auch unter Einbezug dieser Einzelergebnisse bleibt das übergreifende Bild bestehen, dass soziale Ungleichheiten sportbezogene Aktivitäten nicht sehr stark prägen. Nur punktuell gibt es einige mittelstarke Korrelationen. Ob jemand also Sport treibt und sich als Sportzuschauer betätigt: in welcher Form und welchem Ausmaß er das tut, lässt sich nur noch schwach und bruchstückhaft aus seiner sozialen Lage – jedenfalls den hier herangezogenen Merkmalen – erschließen, und noch weniger aus den „vertikalen" Lagemerkmalen der Schichtzugehörigkeit.[66] Überspitzt gesagt, scheint die ungleichheitstheoretische Erklärungsperspektive also nicht mehr sehr viel herzugeben.

Wenn dennoch nur etwa die Hälfte der Erwachsenen Sport treibt, mehr als die Hälfte nie Sportveranstaltungen besucht und sich ein Fünftel kaum oder gar nicht für die Medienberichterstattung über Sport interessiert: dann muss diese Selektivität der Attrahierung und Bindung viel stärker auf andere, bisher weniger in den Blick genommene Erklärungsfaktoren zurückgehen – bis hin zu sich letztlich zufälligen Gelegenheiten verdankenden, sich dann aber pfadabhängig verstetigenden Karrieren als Breitensportler und Sportzuschauer.[67]

Aus differenzierungstheoretischer Perspektive liegt es angesichts dessen nahe, sich den in Kapitel 2 erläuterten möglichen sachlichen und zeitlichen Zusammenhängen zwischen Inklusionsverhältnissen zuzuwenden. Bivariate Zusammenhänge auf der Analyseebene der teilsystemischen Inklusionsindizes zeigen signifikante, aber bis auf eine Ausnahme nur schwache Zusammenhänge zwischen der Inklusionsintensität einer Person in den Sport und in andere Teilsyste-

---

[65] Diese drei Lagemerkmale korrelieren, nicht überraschend, deutlich miteinander: Bildungsgrad und wöchentliche Arbeitsstunden ($\rho = .26$), Bildungsgrad und Einkommen ($\rho = .33$) sowie wöchentliche Arbeitsstunden und Einkommen ($\rho = .35$). Eine Faktorenanalyse unterstreicht dieses Ergebnis.

[66] Um Missverständnissen vorzubeugen, sei nochmals betont, dass die vorgestellten Befunde nichts darüber aussagen, was die ungleichheitstheoretische, insbesondere an Bourdieu (1979) anknüpfende Forschung vielfach zusätzlich herausstellt: dass Lagemerkmale die sportbezogenen Präferenzen und Einstellungen prägen, was sich am augenfälligsten an der Wahl betriebener Sportarten zeigt (Winkler 1995).

[67] Es greift beispielsweise analytisch zu kurz und bleibt der ungleichheitstheoretischen Perspektive noch zu sehr verhaftet, wenn man – wie Burrmann (2005) – die intergenerationale „Vererbung" sportlichen Engagements von Eltern auf Kinder wiederum stark durch Lagemerkmale wie Geschlecht oder Bildung bedingt konzeptualisiert, anstatt insbesondere auf den Start achtende Prozessanalysen des Hineinwachsens in den Sport durchzuführen, die dann etwa auch auf kontingente Erfolgserlebnisse und andere Arten sozialer Bestätigung aufmerksam machen.

me. Sieben von elf möglichen Zusammenhängen sind signifikant. Der stärkste Zusammenhang zeigt sich mit der Inklusion in die Massenmedien (r = .23). Das überrascht nicht, da ja die Zuschauerrolle, die überwiegend medial vermittelt eingenommen wird, die Inklusionsintensität zur Hälfte bestimmt und überdies ein Zusammenhang zwischen Sportzuschauen und Sporttreiben besteht.

Auch mit der Inklusion in die Intimbeziehungen besteht eine schon dem Alltagswissen plausible, aber nicht sehr starke positive Korrelation (r = .14). Die gleich hohe Korrelation mit der Inklusion ins Bildungssystem liegt hingegen nicht auf der Hand. Schwache positive Zusammenhänge finden sich noch zwischen der Inklusion in den Sport und vier weiteren Inklusionsverhältnissen: Konsum (r = .10), Militär (r = .09), Politik (r = .08) und Recht (r = .07). Diese Zusammenhänge sind allerdings teilweise durch das Lagemerkmal Alter zu erklären.[68]

Keine sachlichen Affinitäten und Inkompatibilitäten sowie keine zeitlichen Konkurrenzen bestehen zwischen der Inklusion einer Person in den Sport auf der einen Seite und deren Inklusionen ins Kunst-, Religions-, Rechts-, Wissenschafts- und Gesundheitssystem. Hierzu ist zum einen zu vermerken, dass man gemäß althergebrachten, gerade im deutschen Bildungsbürgertum noch lange gepflegten Klischees Inkompatibilitäten zwischen „Körper" und „Geist" hätte erwarten können. Doch wie stark jemand insbesondere ins Kunstsystem inkludiert ist, besagt nichts darüber, wie stark er ins Sportsystem inkludiert ist, und umgekehrt.

Zum anderen fällt auf, dass sich kein Zusammenhang zwischen der Inklusion in den Sport und ins Gesundheitssystem findet. Gemäß landläufigen Vorstellungen gilt Sport als gesund und müsste so dafür sorgen, dass Sporttreibende weniger stark die Dienste des Gesundheitssystems in Anspruch nehmen müssen; zugleich könnten eingetretene, insbesondere chronische Erkrankungen, die eine starke Inklusion ins Gesundheitssystem bedingen, Sporttreiben verhindern. Wiederum ist aber in Rechnung zu stellen, dass der Index der Inklusionsintensität für den Sport nicht bloß das Sporttreiben, sondern auch das Sportzuschauen – das relativ unabhängig vom Gesundheitszustand sein dürfte – einbezieht. Für das Gesundheitssystem gilt Entsprechendes: Auch eine gesundheitsbewusste Lebensweise oder die Wahrnehmung von Vorsorgeuntersuchungen, also Aktivitäten der Krankheitsvorbeugung, gehen in den Inklusionsindex dieses Teilsystems ein. Eine genauere Betrachtung einzelner Aspekte beider Inklusionsverhältnisse unterstreicht allerdings, dass es kaum sachliche Affinitäten und Inkompatibilitäten gibt:

---

[68] Wenn die Lagemerkmale (Geschlecht, Alter, Bildung, Einkommen, Arbeitsstunden) herauspartialisiert werden, sind Zusammenhänge zur Inklusion in die Bildung und in das Recht nicht mehr signifikant.

Wer regelmäßig Sport treibt, sucht zwar seltener Ärzte auf ($\rho = -.07$) und verhält sich nach eigener Einschätzung besonders gesundheitsbewusst ($\rho = .10$); doch zwischen dem zeitlichen Aufwand des Sporttreibens und den gerade genannten sowie weiteren Aspekten der Inklusion ins Gesundheitswesen bestehen keinerlei Zusammenhänge. Der Nexus dieser beiden Inklusionsverhältnisse, der für die gesellschaftliche Legitimation und den subjektiven Motivationshintergrund vieler Breitensportaktivitäten immer schon wichtig gewesen und in den letzten Jahrzehnten im Zuge von „Sport für alle" noch wichtiger geworden ist, entpuppt sich also mit Blick auf die Aktivitätsmuster der Personen als fragil.

Insgesamt bestehen jedenfalls – außer mit den Massenmedien – keine ausgeprägten sachlichen Affinitäten zwischen der Inklusion in den Sport und in andere gesellschaftliche Teilsysteme. Nur 8.5% der Varianz des Inklusionsindex für den Sport werden in einer multiplen Regression durch die anderen elf Inklusionsindizes gemeinsam erklärt – also ähnlich wenig wie durch die fünf betrachteten Lagemerkmale. Als optionales Inklusionsverhältnis präjudiziert Sporttreiben und -zuschauen keine anderen Inklusionsverhältnisse und wird auch nicht umgekehrt durch diese präjudiziert. Sachliche Inkompatibilitäten existieren genauso wenig. Schließlich finden sich auch keine zeitlichen Nullsummenkonkurrenzen, die man vielleicht erwartet hätte, zwischen der Inklusion in den Sport auf der einen und in Kunst, Bildung, Politik, Konsum oder Intimbeziehungen auf der anderen Seite. Letzteres gilt wohlgemerkt in beiden Richtungen: Starke Inklusion in den Sport sorgt nicht dafür, dass andere Inklusionsverhältnisse zeitlich leiden; und umgekehrt gibt es auch keinen zeitlichen Verdrängungsdruck anderer Inklusionsverhältnisse auf den Sport. Wenn, wie dargestellt, nicht wenige Befragte gern mehr Zeit für den Sport hätten, liegt das also nicht darin begründet, dass bestimmte andere Inklusionen diese Zeit fressen.

Diese empirischen Befunde weisen für das Publikum darauf hin, was differenzierungstheoretisch für den Sport wie für jedes andere Teilsystem der modernen Gesellschaft herausgestellt wird: die bei allen intersystemischen Abhängigkeiten grundsätzlich gegebene Autonomie des teilsystemischen Geschehens. Als Operationszusammenhänge wahren die Teilsysteme ihre Autonomie durch die Orientierung an selbstreferentiell geschlossenen binären Codes – beim Sportsystem also „Sieg/Niederlage". Auf Seiten des Publikums wird dies sozialstrukturell in dem Maße gestützt, wie aus der Beschaffenheit eines bestimmten Inklusionsverhältnisses einer Person keine Schlüsse mehr auf die Beschaffenheit ihrer anderen Inklusionsverhältnisse gezogen werden können. Im Extremfall ist alles gegeneinander variabel: Eine starke Inklusion in den Sport könnte z.B. mit einer schwachen ebenso wie mit einer starken in die Bildung und mit einer starken ebenso wie mit einer schwachen in die Politik einhergehen. Die starke beziehungsweise schwache Prägung des Lebens einer bestimmten Person durch den Sport ist also weder Ursache noch Folge einer starken beziehungsweise schwachen Prägung durch irgendein anderes Teilsystem. Entsprechend heterogen sind dann die sonstigen teilsystemischen Erfahrungshintergründe, die das Publikum des Sports in diesen einbringt; und umso unwahrscheinlicher ist es, dass sich solche mit dem Publikum in den Sport hineingetragenen fremdreferentiellen Einflüsse bündeln und die Selbstreferentialität sportlichen Handelns gefährden können.

Für die Person bedeutet es Individualitätschancen, wenn die Ausgestaltung von Inklusionsverhältnissen weder durch Merkmale ihrer sozialen Lage noch durch die Ausprägung ihrer je anderen Inklusionsverhältnisse in einem starken Maße determiniert wird. Für die gesellschaftlichen Teilsysteme – akteurtheoretisch: für deren Leistungsrollenträger und Leistungsorganisationen – läuft derselbe Sachverhalt darauf hinaus, dass sie weder durch Strukturen sozialer Ungleichheit in ihrer Rekrutierung von Publikum restringiert noch in ihrem selbstreferentiellen Operieren durch geballte Ansprüche bestimmter sozialer Lagen oder bestimmter Inklusionsprofile gestört werden.[69] Eine solche Beschaffenheit des Publikums ist gleichermaßen günstig für teilsystemisches Wachstum wie für die Wahrung teilsystemischer Autonomie.

4.3 Beispiel: Kunst[70]

Im dritten Beispiel greifen wir nochmals ein Inklusionsverhältnis heraus, dass der Sphäre der „Freizeit" zuzuordnen ist, insoweit Gemeinsamkeiten zum Sport aufweist, sich aber in einigen Hinsichten auch von ihm unterscheidet: die Kunst. Wie beim Sport handelt es sich um ein Teilsystem, in dem das Publikum zum einen als Rezipient, z.B. als Leserin, Kino- oder Museumsbesucher, Musikhörerin etc. und zum anderen in einer sekundären Leistungsrolle als Amateurkünstler inkludiert sein kann. Während das, was man unter „Sport" versteht, recht eindeutig festgelegt ist – abgesehen von wenigen Streitpunkten, z.B. ob ein Schachspieler Sport treibt –, ist der Gegenstandsbereich der Kunst weniger eindeutig bestimmt. Jenseits einiger unstrittiger Produkte der Hochkultur (etwa Werke von Beethoven, Picasso oder Shakespeare) gibt es große intersubjektive Differenzen in

---

[69]   Wie es bezüglich sozialer Lagen etwa noch für den Sport in der Weimarer Republik galt.

[70]   Dieses Teilkapitel beruht auf Burzan (2005).

der Frage, was zur Kunst gehört. Ist z.B. Popmusik Kunst – oder das Gedicht eines Amateurschriftstellers? Auch die Kunstsoziologie gibt, indem sie unter anderem den sozialen Konstruktionsprozess thematisiert, der etwas zu „Kunst" werden lässt, konsequenterweise keine Definition. Bourdieu (1974: 200, 1979) hat beispielsweise darauf hingewiesen, dass die Fähigkeit, etwas als legitime Kunst zu definieren, ein Merkmal der herrschenden Klassen ist. Die meisten kunstsoziologischen Betrachtungen schließen Unterhaltungs- oder Populärkunst zumindest nicht explizit aus der „Kunst" aus. Dieses weitgefasste Kunstverständnis wird jedoch nur bedingt in die Forschungspraxis umgesetzt.[71]

Entsprechend dieser gesellschaftlichen wie kunstsoziologischen Diskussion, was Kunst sei, sind Thematisierungen der Rezipientenrolle fast immer eng mit dem Niveau der rezipierten Kunst verknüpft. So wäre etwa die Frage, wie oft man sich für Kunst interessiert, für Befragte deutlich weniger verständlich als die Frage nach ihrer Häufigkeit des Sportzuschauens. Und in der Forschung stellen z.B. Milieu- und Lebensstiluntersuchungen nicht primär ein bestimmtes Ausmaß fest, in dem jemand sich für Kunst interessiert, sondern der Geschmack, die inhaltliche Ausrichtung steht im Vordergrund. Dort ist es also interessant, ob jemand z.B. eher in die Oper oder ins Kino geht. In unserer Inklusionsperspektive hingegen sind sowohl der Opern- als auch der Kinobesuch gleichermaßen Kunstrezeption. Wir beleuchten also mit einem weiten Verständnis von Kunst (Hoch- und Populärkultur) und entlang beider Publikumsrollen (Kunstrezipienten und Amateurkünstler) die Inklusion ins Teilsystem Kunst in ihrer Gesamtheit. Eine Quantifizierung der Gesamtinklusion des Publikums wird möglich – inwiefern kann den Befragten also eine Kunst-„Nähe" oder -„Ferne" bescheinigt werden –, zugleich wird eine Basis für Vergleiche, z.B. mit dem Teilsystem Sport, geschaffen.

---

[71] Natürlich soll nicht behauptet werden, es gäbe im weiteren Umfeld der Kultur- und Medienwissenschaften keine Veröffentlichungen, die Populärkunst thematisieren (z.B. Winter 1992; Göttlich et al. 2002). Für die kunstsoziologische Debatte bleibt der Aspekt jedoch auffällig. Interessant ist z.B. die Tatsache, dass sich in einem Überblickssammelband von Gerhards (1997) zur „Soziologie der Kunst" sechs von neun Beiträgen, die sich vorrangig auf empirische Beispiele beziehen, hauptsächlich mit „Hochkultur" befassen; kein einziger Beitrag fokussiert demgegenüber ausschließlich ein Beispiel aus der Populärkunst. Luhmann nennt für Kunst ebenfalls meist Beispiele aus der legitimen Kunst, während er die populäre Kunst als Unterhaltung eher dem System der Massenmedien zuordnet (Luhmann 1996: 245-295). Allerdings gesteht er Überschneidungen zumindest in eine Richtung zu: Es ist „nicht zu sehen ..., wie die Kunst von ihrer Trivialisierung als Unterhaltung profitieren könnte ... Aber eine Anlehnung der Unterhaltung an das Kunstsystem lässt sich beobachten und damit auch eine mehr oder weniger breite Zone, in der die Zuordnung zu Kunst oder Unterhaltung uneindeutig ist und der Einstellung des Beobachters überlassen bleibt." (Luhmann 1996: 124)

Was lässt sich zunächst allgemein über die Facetten der Rollen des Kunstrezipienten und des Amateurkünstlers sagen? Beide Rollen sind optional, niemand muss sie überhaupt oder in einem bestimmten Umfang einnehmen, und relativ symmetrisch oder sogar asymmetrisch zu Gunsten des Publikums, das als Gesamtgruppe über die Nachfrage – beispielsweise durch den Besuch bestimmter Veranstaltungen – das Angebot mit steuern kann. Sofern eine eigene künstlerische Aktivität unter Anleitung (z.B. eines Chorleiters) erfolgt, gibt es zwar ein Kompetenzgefälle, aber andererseits auch hier Optionen zum Wechsel oder Ausstieg. Der Kunstrezipient muss sich weiterhin in nur geringem Maße Formalisierungen beugen, weil die Rezipientenrolle nicht organisiert ist. Die Rolle des Amateurkünstlers kann formalisierter sein, wenn sie mit Organisationsmitgliedschaften oder der Anleitung durch andere (z.B. im Kirchenchor) verbunden ist, doch bleibt der Grad der Formalisiertheit vergleichsweise gering. Damit ist die Inklusion in das Feld der Kunst in recht hohem Maße selbstbestimmt.

Dafür sprechen auch weitere Facetten – etwa, dass beide hier unterschiedenen Rollen wahlweise interaktiv oder auch allein ausgeübt werden können. Diese Unterscheidung betrifft für den Rezipienten insbesondere den Besuch kultureller Veranstaltungen. Eine gewisse Interaktivität weisen Besuche von „Live"-Veranstaltungen immer durch die Interaktion von Künstlern und Publikum auf. Darüber hinaus lässt sich aber auch konkret fragen, ob jemand allein oder gemeinsam mit anderen Veranstaltungen besucht. Ebenso stehen wahlweise kommerzielle wie nicht kommerzielle Anbieter von Kunst zur Verfügung. Die Rezipientenrolle kann zudem eine direkte sein oder indirekt durch die Medien vermittelt wahrgenommen werden, während der Amateurkünstler immer direkt inkludiert ist. Die zeitlichen Facetten schließlich richten sich nach der Entscheidung der Einzelnen: Ob jemand häufig inkludiert ist, mit jeweils kurzer oder langer Dauer und in welcher Lebensphase, ist eine empirisch offene Frage. Es ist zwar allgemein davon auszugehen, dass eine gewisse Regelmäßigkeit für die Sinngebung eigener künstlerischer Tätigkeiten bedeutsam sein kann (z.B. regelmäßiges Üben beim Spiel eines Instruments), doch gilt dies nicht zwangsläufig für alle kunstbezogenen Aktivitäten.

Insgesamt ist die Rolle des Kunstrezipienten – sofern ein gewisses Angebot gegeben ist – noch selbstbestimmter als die des Amateurkünstlers. Letzterer hat in der interaktiven Variante oft größeren Abstimmungsbedarf und möglicherweise formellere Regelungen als der Rezipient. Die sekundäre Leistungsrolle erfordert zudem tendenziell ein intensiveres Engagement. Man muss sich Kenntnisse und Fertigkeiten aneignen und diese durch regelmäßige Nutzung beziehungsweise Ausübung aufrechterhalten.

Gefragt wurde in unserer Untersuchung, ob jemand künstlerisch tätig ist, falls ja, ob allein oder mit anderen, und ob dies unter Anleitung geschieht. Für die Rezipientenrolle war interessant, ob und wie häufig jemand kulturelle Veranstaltungen besucht (wiederum: allein oder mit anderen), Musik hört oder Romane liest sowie sich in den Medien für Kunst und Kultur interessiert. Die Rollen des Amateurkünstlers und des Kunstrezipienten wurden für den Index der Inklusionsstärke gleich gewichtet, weil sie als unterschiedliche Rollen, nicht jedoch als Rollen mit unterschiedlicher Wertigkeit aufzufassen sind.

Nur knapp 2% aller Befragten sind gar nicht in die Kunst inkludiert, 75% sind es schwach, gut ein Fünftel (22%) ist mittelstark und nur gut 1% der Befragten ist stark inkludiert. An dieser linkssteilen Verteilung spiegelt sich deutlich wieder, dass die Einbindung in die Kunst optional ist. Außerdem erfordert sie ein gewisses, insbesondere in der sekundären Leistungsrolle regelmäßiges, Engagement und Eigeninitiative, wodurch der sehr kleine Anteil stark Inkludierter plausibel wird. Eine vollständige Kunst-„Abstinenz" gibt es jedoch ebenfalls sehr selten.

Diese Ergebnisse werden durch die Betrachtung einzelner Aktivitäten gestützt. Während knapp 80% der Befragten angeben, kulturelle Veranstaltungen zu besuchen (allerdings nur gut 11% davon häufig, das heißt mindestens einmal pro Woche) und sogar 86% Musik hören oder Romane lesen (darunter mehr als die Hälfte mehrere Stunden wöchentlich), gibt es viel weniger Menschen, die selbst künstlerisch tätig sind (27%). Dies sieht deutlich anders als beim Sport aus. Die künstlerisch Tätigen verwenden im Durchschnitt monatlich zehn Stunden (Median) für ihr künstlerisches Schaffen.

Zusammengefasst heißt das für die Rollenebene: Während immerhin 24% der Erwachsenen in die Rezipientenrolle stark (und weitere 50% in mittlerem Maße) inkludiert sind, sind nur drei Befragte (.1%) stark und 11% in mittlerem Ausmaß als Amateurkünstler inkludiert. Dabei gibt es ausgeprägte Zusammenhänge zwischen eigener künstlerischer Aktivität und Kunstrezeption. Insbesondere gilt, dass diejenigen, die selbst künstlerisch tätig sind, fast immer auch Interesse für Kunst und Kultur in den Medien zeigen und kulturelle Veranstaltungen besuchen, umgekehrt gilt dies weniger uneingeschränkt (r = .23 zwischen der Inklusion als Rezipient und als Amateurkünstler).

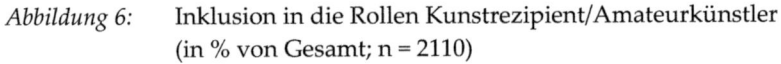

Abbildung 6:   Inklusion in die Rollen Kunstrezipient/Amateurkünstler
(in % von Gesamt; n = 2110)

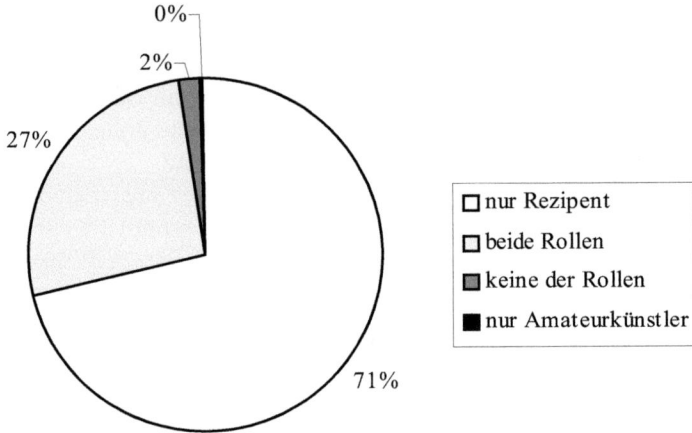

Die Nicht-Inklusion in eine oder beide Rollen ist nun – wie schon beim Sport –
nicht gleichzusetzen mit Exklusion. Denn die Möglichkeit zur Teilhabe wird nicht
verwehrt, sondern bestimmte Personen nutzen Angebote des Teilsystems nicht.
Dies führt zu dem Hinweis zurück, dass nicht bei jedem Inklusionsverhältnis eine
stärkere Inklusion automatisch auf eine größere Anspruchsbefriedigung hindeutet. Für die unfreiwillig erlittenen Rollen des Patienten und des Strafgefangenen
ist dies evident; aber auch aus der Stärke der Inklusion in die Kunst lässt sich
nicht eindeutig auf bessere oder schlechtere Lebenschancen schließen.

Der Vergleich unserer Ergebnisse mit anderen empirischen Untersuchungen
ist im Detail kaum möglich, weil oft die Kategorisierung von Aktivitäten nicht
übereinstimmt oder sie teilsystemunspezifisch gefasst sind (z.B. als Hobby oder
Freizeit). Wo ein Vergleich möglich ist, fallen Differenzen insgesamt eher gering
aus. Beispielsweise ist der Anteil sowohl der Veranstaltungsbesucher als auch der
Amateurkünstlerinnen (beziehungsweise musisch Aktiven) nach den Ergebnissen unserer Untersuchung etwas höher als beim ALLBUS 2004, der jedoch z.B.
Veranstaltungen weniger allgemein abfragt (ALLBUScompact 2004).[72]

---

[72]   Ein Vergleich der Angaben zu mindestens wöchentlich ausgeübten Aktivitäten nach ALLBUScompact (2004) gegenüber unserer Untersuchung zeigt: Klassische Konzerte, Theater etc. 7%, Kino, Pop-
und Jazzkonzerte, Tanzen 4.2% (bei uns: 9% Veranstaltungsbesuch); CDs usw. hören 55%, Bücher
lesen 38% (bei uns: 45.4% Musik hören oder Romane lesen); Kunst und Musisches 12% (bei uns:

Wenn man andere Facetten betrachtet, so zeigt sich, dass die künstlerische Aktivität eher allein ausgeübt wird (57%), kulturelle Veranstaltungen dagegen überwiegend mit anderen besucht werden (74% im Gegensatz zu 6% überwiegend allein, bei den übrigen ist es ausgeglichen). Über drei Viertel der Befragten sind insgesamt in einer interaktiven Weise in die Kunst inkludiert. Etwa 22% der künstlerisch Aktiven üben ihre Tätigkeit unter Anleitung aus. 125 Personen (6%) sind in mindestens einer kulturellen Organisation Mitglied.[73]

Im Vergleich der direkten und indirekten Rezipientenrolle interessiert sich gut ein Drittel in besonderem Maße (Ausprägung 4 oder 5 auf einer fünfstufigen Skala) für Kunst und Kultur in den Medien.[74] Dies ist deutlich weniger als der Anteil der Veranstaltungsbesucher, übertrifft aber das knappe Viertel der als Rezipienten stark Inkludierten.

Dass Inklusion in die Kunst trotz der relativ gering besetzten starken Inklusion individuell und sozial erwünscht ist, zeigt der Anteil von 48% derjenigen, die gern mehr Zeit für kulturelle Aktivitäten hätten. Nur die Intimbeziehungen verzeichnen bei dieser Frage einen noch höheren Wert. Mehr Zeit wünschen sich dabei eher die in mittlerem Maße Inkludierten (60%) als die schwach Inkludierten (45%).

Schon aus den Ergebnissen von Milieu- und Lebensstilstudien ist zu erwarten, dass sich bestimmte Bevölkerungsgruppen in ihrem Interesse an Kunst deutlich unterscheiden. Auf der Indexebene lässt sich dazu sagen, dass tendenziell eher Menschen mit höherer formaler Bildung, Jüngere sowie Frauen stärker in das Teilsystem Kunst inkludiert sind. Das Haushaltseinkommen und das Ausmaß der Erwerbstätigkeit (wöchentliche Arbeitsstunden) spielen dagegen keine beziehungsweise nur unter bestimmten Bedingungen eine Rolle. Dies bestätigen auch die Ergebnisse der Entscheidungsbaumanalyse (Abbildung 7): Alter ist das Lagemerkmal mit der höchsten Erklärungskraft, danach die Bildung und das Geschlecht.

15.6% künstlerische Tätigkeit mit mindestens 10 h/Monat). Die Daten des ALLBUS 1998 zum Vergleich finden sich in Terwey (2000: 122).

[73]   Dies sind weniger als im Freiwilligensurvey 1999, wonach je 16% sowohl der Frauen als auch der Männer im Bereich „Kultur und Musik" aktiv sind, wobei Aktivität ein Mitmachen einschließt, jedoch nicht zwingend eine formale Mitgliedschaft (Bundesministerium für Familie, Senioren, Frauen und Jugend 2000: 34/35; 2004 war der Anteil auf 18% gestiegen, ein freiwilliges Engagement in diesem Bereich übten dagegen nur 5.5% aus; Bundesministerium für Familie, Senioren, Frauen und Jugend 2005: 41/42). Nach der Zeitbudgeterhebung des Statistischen Bundesamtes 2001/02 übten 10% der Untersuchungsteilnehmer ein Ehrenamt im Bereich Kultur und Musik aus (Gabriel et al. 2004: 346/349).

[74]   Hier könnte es allerdings sein, dass sich das Verständnis der Befragten insbesondere auf „Hochkultur" bezog. Das Interesse für Unterhaltung in den Massenmedien (35.3% interessieren sich hierfür besonders) wurde nicht pauschal der Kunstrezeption zugerechnet.

Abbildung 7:   Einfluss der sozialen Lage auf die Inklusion in die Kunst
(Entscheidungsbaum)[75]

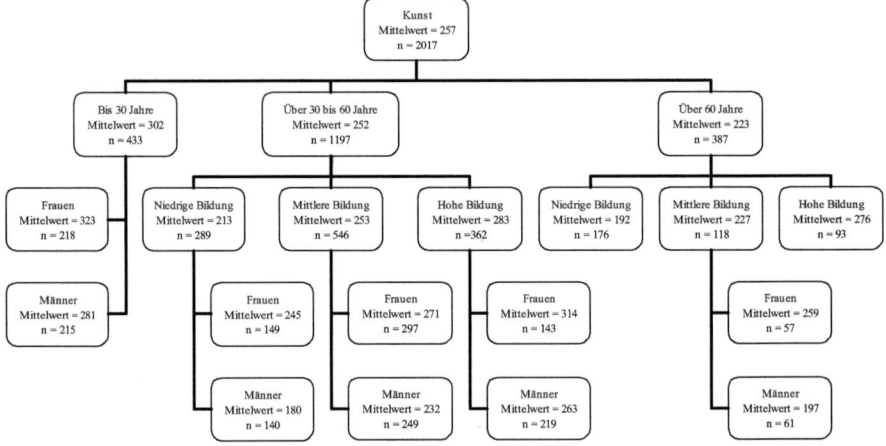

Im Einzelnen bedeutet das:

- *Alter:* Es korreliert gegenläufig mit der Inklusion in Kunst. Jüngere sind also tendenziell stärker eingebunden als Ältere (r = -.16). Dies gilt für den Kunstrezipienten (r = -.17) noch stärker als für den Amateurkünstler (r = -.09). Unter anderem sind 85% der ab 60jährigen schwach in die Kunst inkludiert gegenüber 66% der unter 30jährigen. Jüngere und ältere Menschen sind also insgesamt nicht nur, wie man vermuten könnte, in unterschiedlichen Kontexten in Kunst inkludiert, sondern sie sind es auch – auf recht hohem Beteiligungsniveau – unterschiedlich stark.[76]

---

[75]   Die Abweichungen zur Gesamtstichprobe ergeben sich dadurch, dass missing values nicht berücksichtigt wurden.

[76]   Diesen Zusammenhang zum Alter bestätigen andere Untersuchungen einhellig (VuMA 2007; Wahl 2003: 102-129), wenngleich auch hier wieder auf die eingeschränkte Vergleichbarkeit der Kategorien hingewiesen werden muss. Unter anderem weisen 14-29jährige gegenüber Älteren höhere Anteile bei folgenden Freizeitaktivitäten auf mindestens mehrmals im Monat Bücher lesen, ins Kino gehen oder kulturelle Veranstaltungen besuchen, mehrmals in der Woche CDs etc. hören (VuMA 2007: 1-3).

■ *Formale Bildung:* Gebildete sind tendenziell stärker in das Teilsystem inkludiert als weniger Gebildete ($\rho = .18$).[77] Dies hängt mehr mit dem Schulabschluss als mit dem beruflichen Abschluss zusammen. Trotz des weiten Kulturbegriffs scheint hier das kulturelle Kapital (Bourdieu 1979; 1983), unter anderem das frühzeitig erworbene Wissen über kulturelle Güter, zum Ausdruck zu kommen. Genauer betrachtet, prägt der Bildungstitel die Rezipientenrolle. Dies zeigt sich am Besuch von Veranstaltungen, dem Musik Hören und Lesen ebenso wie am stärkeren Interesse höher Gebildeter an kulturellen Themen in den Medien. Dieser Befund ist gerade vor dem Hintergrund interessant, dass die Frage nach diesen Aktivitäten ausdrücklich nicht allein „hochkulturelle" Interessen einschließt – als ein Beispiel für Veranstaltungen wurde etwa auch der Kinobesuch genannt. Schaut man Bildung und Alter gemeinsam an, so bestätigt sich: Die stärkste durchschnittliche Inklusion weisen die jüngsten hoch Gebildeten (bis 29 Jahre) auf, den geringsten Wert die ab 60jährigen mit niedriger Bildung. Tendenziell überlagert die Bildung das Alter. Personen mit höherer Bildung weisen also eine stärkere Inklusion auf als Gleichaltrige mit niedrigerer Bildung. Die Entscheidungsbaumanalyse zeigt diese Erklärungskraft der Bildung insbesondere bei den ab 30jährigen, während bei den Jüngeren das Geschlecht nach dem Alter die wichtigere Rolle spielt.

■ *Geschlecht:* Frauen sind stärker in die Kunst inkludiert als Männer ($r = .12$).[78]

---

[77] Höhere Bildung ist ein Merkmal, das auch andere empirische Studien regelmäßig als wichtigen Einflussfaktor für ein bestehendes Interesse an Kunst und Kultur – gemeint sind wiederum oft z.B. Museums- und Veranstaltungsbesuch, Bücher lesen etc. – hervorheben (Wahl 2003; http://www.sinus-sociovision.de; Otte 2004: 200-202; ALLBUScompact 2004; auch Schulze (1992) betont Alter – wenngleich in sehr grober Rasterung – und Bildung als wichtige Determinanten der Milieuzuordnung).

[78] Anders als bei den Merkmalen Alter und Bildung sind die Aussagen zur Prägekraft des Geschlechts in anderen empirischen Studien nicht so leicht auf den Punkt zu bringen. In einigen Fällen spielt das Geschlecht keine vorrangige Rolle unter den betrachteten Lagemerkmalen (das gilt etwa für die Sinus-Milieus), in anderen gibt es keine Gesamt-Zuordnung von Frauen zu einer größeren Kunst-Affinität, sondern eher Tendenzen in den einzelnen Gruppen. Beispielsweise gibt es bei Georg (1998: 162-194) den kulturbezogen-asketischen Lebensstil mit großer Bedeutung des hochkulturellen Bereichs, der recht geschlechtsunspezifisch ist, oder den hedonistisch-expressiven Lebensstil, in dem Tanzen und Musik eine Rolle spielt – hier sind vor allem Männer vertreten. In anderen, eher frauentypischen Stilen (familienzentriert und zurückhaltend-konventionell), ist dann etwa Basteln oder Häkeln und Stricken als Freizeitaktivitäten genannt, die jedoch im Lebensstilmodell kaum mit Kunst oder Kultur in Verbindung gebracht werden. So ist zwar Geschlecht nach dem Alter bei Georg (1998: 217) ein wichtiger Prädiktor für die Lebensstilzuordnung insgesamt, die Bedeutung des Geschlechts für die Inklusion in Kunst bleibt dagegen offener. Gemäß Verbrauchs- und Medienanaly-

Dies geht insbesondere auf ihr größeres Interesse an Kunst und Kultur in den Medien, am „schöngeistigen" Tun (Musik hören, Romane lesen) und auf ihre künstlerischen Aktivitäten zurück, dagegen nicht auf den Veranstaltungsbesuch. Der Zeitaufwand derjenigen, die künstlerisch aktiv sind, unterscheidet sich nicht deutlich nach dem Geschlecht. Die höhere Inklusion der Frauen geht wiederum insbesondere auf jüngere Frauen (bis 29 Jahre), Frauen mit mittlerer und höherer Bildung sowie Frauen mit höherem Haushaltseinkommen (ab 2300 €) zurück. Unter den sozialstrukturellen Gruppen, die die Entscheidungsbaumanalyse herausfiltert, haben die höchsten durchschnittlichen Inklusionswerte Frauen bis 30 Jahre (der Mittelwert beträgt 323 gegenüber 256 teilsystemischen Punkten in der Gesamtstichprobe) sowie Frauen mittleren Alters (über 30 bis 60 Jahre) mit hoher Bildung (Mittelwert 309) noch vor den jungen Männern (Mittelwert 281). Auch durch diese Befunde bestätigt sich also der gemeinsame Einfluss von Geschlecht und Bildung. Die durchschnittlich stärker in die Kunst inkludierten Gruppen, also Jüngere, solche mit höherer Bildung und Frauen, sind überdies diejenigen, die sich häufiger gern noch mehr Zeit für diese Aktivitäten wünschen.

- *Haushaltseinkommen*: Das Einkommen weist keinen signifikanten Zusammenhang zur Inklusion in die Kunst auf.[79] Man hätte dies annehmen können, denn sowohl der Besuch vieler Veranstaltungen als auch der Kauf von Büchern, Musikinstrumenten oder Noten kosten Geld. Möglicherweise kosten sie jedoch nicht so viel Geld, dass gelegentliche Ausgaben ein Inklusionshindernis darstellen. Dies gilt jedenfalls dann, wenn man Inklusion in die Kunst in einem weiten Sinne fasst und nicht z.B. auf Opernbesuche, Geigenunterricht etc. beschränkt.

- *Arbeitsstunden*: Eine Hypothese könnte lauten, dass Befragte mit vielen wöchentlichen Arbeitsstunden weniger Zeit für die stark optionalen Aktivitäten im Kunstsystem haben. Im multiplen Regressionsmodell ergeben sich jedoch keine signifikanten Zusammenhänge zwischen diesem Inklusionsverhältnis und Arbeitsstunden. Allenfalls wünschen sich Erwerbstätige häufiger mehr Zeit für kulturelle Aktivitäten als die nicht Erwerbstätigen (54% gegenüber

---

sen schließlich lesen Frauen häufiger Bücher und besuchen kulturelle Veranstaltungen, Männer gehen häufiger ins Kino und hören CDs (VuMA 2007: 1/2).

[79] Der bivariate Zusammenhang zwischen dem Haushaltseinkommen und der Inklusion in Kunst ist nicht mehr signifikant, wenn die anderen vier Lagemerkmale auspartialisiert werden. Dafür ist insbesondere das Bildungsniveau verantwortlich. Auch das multiple Regressionsmodell zeigt keinen signifikanten Beta-Wert; und Answer Tree bildet keine relevanten Gruppen nach dem Haushaltseinkommen.

39%). Die partielle Korrelationsanalyse ergibt, dass die Arbeitsstunden dann einen Einfluss auf die Inklusion in die Kunst ausüben, wenn Alter und Bildung konstant gehalten werden. Die Einbindung ins Erwerbsleben ist damit bedingt aussagekräftig für die Inklusion in Kunst und Kultur, von einer generellen Zeitkonkurrenz von beruflicher Einbindung und Inklusion in die Kunst lässt sich jedoch nicht sprechen.[80]

Im Vergleich der sozialstrukturellen Merkmale lässt sich sagen, dass die Inklusion in die Kunst in gewisser Breite, jedoch nicht sonderlich stark durch die Lagemerkmale geprägt wird. Die fünf Lagemerkmale zusammen erklären lediglich 7% der Stärke der Inklusion in die Kunst. Es wirken sowohl vertikale (hier vor allem Bildung) als auch horizontale Merkmale (Alter, Geschlecht). Dabei fällt auf, dass diese Merkmale eine eigene künstlerische Aktivität weniger prägen als die – prinzipiell selbstbestimmtere – Kunstrezeption. Angesichts sehr vieler denkbarer Einflussfaktoren auch auf dieses Inklusionsverhältnis ist eine starke Determination durch ein einzelnes Merkmal zwar nicht zu erwarten, doch auch im Vergleich zu den anderen Teilsystemen fallen die Werte der Lagemerkmale etwas schwächer aus. Den relativ stärksten Einfluss üben das Lebensalter und die Bildungstitel aus, erst danach das Geschlecht.

Im Vergleich mit den beiden Teilsystemen Massenmedien und Sport, die ebenfalls individuelle Freizeitaktivitäten abdecken, zeigt sich, dass die durchschnittliche Inklusion in die Massenmedien deutlich höher liegt, was durch den geringeren Aufwand der Rolle des Medienrezipienten plausibel wird. Die Inklusion in den Sport liegt nur leicht höher als die in die Kunst. Dem könnte zugrunde liegen, dass die Inklusion in den Sport nicht bildungsabhängig ist und damit einer breiteren Masse offen steht.

Das für die Inklusion in die Kunst geltende Muster der Prägung durch Lagemerkmale – stärker inkludiert sind tendenziell eher Jüngere, höher Gebildete sowie Frauen – findet man nur bei einem weiteren der zwölf Teilsysteme wieder: bei der schon näher betrachteten Inklusion in die Wirtschaft durch Konsum. Allerdings ist die Inklusion über Konsum in geringerem Maße durch den Bildungsabschluss, dafür stärker durch das Geschlecht beeinflusst. Dass der Bildungsabschluss das am stärksten prägende der hier betrachteten Lagemerkmale ist, hat die Inklusion in die Kunst mit keinem anderen Teilsystem gemeinsam, allerdings

---

[80] Dies bestätigen hinsichtlich einzelner Aktivitäten auch die ALLBUS-Daten 2004 (ALLBUScompact 2004).

finden sich stärkere Zusammenhänge ebenfalls bei den Inklusionen in die Politik und in die Wissenschaft.

Zwischen der Inklusion in die Kunst und anderen Inklusionsverhältnissen gibt es fünf gleichgerichtete Zusammenhänge:[81] Bildung (r = .19), Politik (r = .18), Religion (r = .15), Wissenschaft (r = .14) und Massenmedien (r = .10). Menschen, die in diese Teilsysteme stärker inkludiert sind, sind es auch in die Kunst und umgekehrt, was nicht ursächlich auf sozialstrukturelle Merkmale zurückgeht. Das heißt für die Kunst auch: Die in mindestens mittlerem Maße Inkludierten sind in kein anderes Teilsystem im Vergleich zum Gesamtsample unterdurchschnittlich inkludiert. Oder aus der Sicht anderer teilsystemischer Einbindungen formuliert: Eine starke Einbindung in ein Teilsystem führt nicht systematisch zu einer geringeren Inklusion in die Kunst. Die Teilgruppe der Befragten mit mindestens 30 wöchentlichen Arbeitsstunden, die zugleich selbst oder gemeinsam mit dem Partner hauptverantwortlich für die Kindererziehung sind, weist ebenfalls eine ganz durchschnittliche Inklusionsstärke in die Kunst auf. Auf dieser Analyseebene stellt sich also entgegen Alltagsannahmen und auch abweichend vom relativ häufig geäußerten Wunsch, gern mehr Zeit für Aktivitäten im kulturellen Bereich verbringen zu wollen, keine manifeste Zeitkonkurrenz der Einbindung in Kunst mit anderen teilsystemischen Inklusionen heraus.[82]

Ein weiterer möglicher Prägefaktor, der sich in den genannten Zusammenhängen zwischen Inklusionsverhältnissen zeigen könnte, sind sachliche „Wahlverwandtschaften". Die gleichgerichteten Zusammenhänge mit Bildung, Politik, Religion, Wissenschaft und Massenmedien beziehen sich allesamt auf solche Inklusionen, die ebenfalls auf ein Interesse über das eigene Privatleben hinaus hinweisen. Sachlich affin ist die Inklusion in Kunst – das lässt sich aus diesen Daten herauslesen – also nicht in erster Linie mit anderen Freizeitaktivitäten, sondern mit einem allgemeinen Interesse daran, was in der Welt passiert und wie sich solche Geschehnisse erklären lassen. Stimmig zu diesem Befund passt, dass Menschen mit mindestens mittelstarker Inklusion in die Kunst signifikant häufiger ein Ehrenamt (nicht nur im kulturellen Bereich) ausüben als schwach Inkludierte.[83]

---

[81]   Sie bleiben nach dem Auspartialisieren der fünf hier betrachteten Lagemerkmale signifikant.

[82]   Die subjektive Zeitwahrnehmung kann durchaus Zeitknappheit betonen, doch untersucht die Inklusion ja zunächst Aktivitätsmuster. Dieses Muster bildet zudem kein Zeitbudget ab.

[83]   Dieses Interesse und Engagement ist durch das Bildungsniveau mit geprägt (in den genannten Teilsystemen außer der Religion findet man den im Teilsystemvergleich stärksten Einfluss der formalen Bildung auf die Inklusion; auch ehrenamtliches Engagement ist gleichgerichtet durch Bildung

4.4 Vergleichender Überblick

Abschließend wollen wir einen vergleichenden Blick auf alle zwölf Inklusionsverhältnisse hinsichtlich der jeweiligen Verteilung der Inklusionsintensität wer-
fen: Wie sind schwache, mittelstarke und starke Inklusionen bei den verschiedenen Teilsystemen ausgeprägt (Tabelle 4)?

Tabelle 4:   Inklusionsstärke nach Teilsystemen

Teilsystem	Inklusionsstärke (% der Befragten)		
	schwach	mittel	stark
Recht	89	11	0
Wissenschaft	88	12	0
Kunst	77	22	1
Religion	71	22	7
Bildung	75	14	11
Militär	69	31	0
Sport	62	31	7
Gesundheit	40	52	8
Politik	31	66	3
Intimbeziehungen	29	41	30
Konsum	7	72	21
Massenmedien	4	50	46

Drei Grundmuster lassen sich erkennen:

▪ Eine Gruppe von sieben Teilsystemen zeichnet sich dadurch aus, dass die
  schwache Inklusion eindeutig überwiegt und nur wenige Personen eine
  starke Inklusion aufweisen. Dies sind diejenigen Teilsysteme, bei denen die
  Inklusion entweder stark optionalen Charakter trägt (Wissenschaft, Kunst,
  Religion, Bildung, Militär und Sport) oder zwar teilweise obligatorisch ist,

---

beeinflusst), doch lässt sich der Zusammenhang nicht allein auf den Bildungshintergrund reduzieren.

aber sich dann auf seltene Episoden (Recht) beschränkt.[84] In dieser Gruppe ist der Sport dasjenige Teilsystem, das im Schnitt den höchsten Inklusionsgrad aufweist.

- Den Gegenpol bilden diejenigen Teilsysteme, bei denen vergleichsweise hohe Anteile von Personen mit einem starken oder mittleren Inklusionsgrad vorkommen, während schwache Inklusion kaum existiert. Dies sind die beiden Teilsysteme, bei denen die Inklusion hochgradig obligatorischen Charakter hat. Sowohl um Konsum als auch um die Massenmedien kommt so gut wie kein Erwachsener herum. Allerdings kann fast jeder die Inklusionsintensität zumindest nach oben begrenzen. Während nur ein Fünftel der Erwachsenen – freiwillig oder gezwungenermaßen – über die Konsumentenrolle stark in die Wirtschaft inkludiert sind, verzeichnen die Medien einen Anteil von fast der Hälfte der Erwachsenen, die stark inkludiert ist. Dieser Inklusionsgrad ist nicht auferlegt, sondern selbst gewählt – und sei es im Extremfall deshalb, weil einem nichts Besseres einfällt, um die angeblich knappe Zeit tot zu schlagen.

- Drei Teilsysteme schließlich zeichnen sich durch mittelhohe Anteile schwach inkludierter Personen und hohe Anteile mittelstark Inkludierter aus. In zwei Fällen (Gesundheit und Politik) geht dies mit geringen Anteilen stark Inkludierter einher – beim Gesundheitssystem aufgrund nicht allzu häufiger „Sachzwänge" insbesondere durch chronische Krankheiten, beim politischen System aufgrund einer nur selten gegebenen Bereitschaft zum stärkeren politischen Engagement. Die Intimbeziehungen stellen insofern einen Übergang zum vorher angesprochenen Muster dar, als ein hoher Anteil stark Inkludierter vorliegt – er ist genauso hoch wie der Anteil schwach Inkludierter. Die schwache Inklusion ist hier wohl zumeist unfreiwilliger Natur – etwa bei allein lebenden Rentnerinnen. Hingegen präferieren bereits viele derjenigen, die immerhin schon mittelstark inkludiert sind, einen stärkeren Inklusionsgrad, hätten also gern mehr Zeit für Partner, Familie und Freunde. Insgesamt wünscht sich mehr als die Hälfte aller Befragten mehr Zeit für die Intimbeziehungen.

---

[84] Zum richtigen Verständnis ist in Erinnerung zu rufen, dass die Inklusion über eine berufliche Leistungsrolle jeweils ausgeblendet bleibt. Es geht also z.B. nicht darum, ob jemand als Wissenschaftler oder Berufssoldat arbeitet, sondern nur darum, ob er sich in seiner Freizeit als Amateurwissenschaftler betätigt oder ein ausgeprägtes Interesse an militärischen Themen in den Massenmedien an den Tag legt. Hinsichtlich des Militärs ist hier auch nicht die Ableistung des Wehrdienstes berücksichtigt worden.

Dieser Aspekt verdeutlicht exemplarisch die Perspektive der vergleichenden Analyse aller Inklusionsverhältnisse. Im nächsten Schritt nehmen wir diese Perspektive durch den Fokus auf Inklusionsprofile systematisch ein.

5 Inklusionsprofile

Die bisherigen Ausführungen zu empirischen Ergebnissen unserer Untersuchung richteten sich vorwiegend auf die Inklusionsverhältnisse in einzelnen Teilsystemen; exemplarisch wurden der Konsum, der Sport und die Kunst dargestellt. Darüber hinaus haben wir erste Blicke auf die Zusammenhänge der teilsystemspezifischen Inklusionsverhältnisse untereinander geworfen. Im vorliegenden Kapitel nehmen wir nun einen Perspektivwechsel vor. Nicht die einzelnen Inklusionsverhältnisse stehen im Mittelpunkt des Interesses, sondern die Inklusionsprofile und ihre Determinanten.

Das Kapitel gliedert sich in vier Abschnitte. Zunächst werden kurz einige grundlegende empirische Befunde über die Inklusionsprofile der Erwachsenen in Deutschland gegeben. Anschließend befassen wir uns systematisch mit den Determinanten von Inklusionsprofilen. Für die ungleichheitstheoretisch angeleitete Frage nach der Bedeutung sozialer Lagemerkmale stehen dabei nach einem Überblick exemplarisch das Geschlecht, die Bildung und periphere ländliche Räume als Wohnregion im Vordergrund. Im nächsten Schritt gehen wir dann zur differenzierungstheoretischen Fragerichtung nach den sachlichen und zeitlichen Determinanten von Inklusionsprofilen über. Hier geht es erstens um Zusammenhänge der Teilsysteminklusionen untereinander, also darum, ob Ausprägungen bestimmter Inklusionsverhältnisse typischerweise zusammen – oder gerade nicht zusammen – auftreten. Zweitens rücken Typen von Inklusionsprofilen ins Blickfeld, was wir exemplarisch anhand des Profiltyps der Multiinklusion verdeutlichen. Schließlich werden die empirischen Befunde zu den Inklusionsprofilen insgesamt in der These einer ausgeprägten Individualisiertheit des Publikums aller Teilsysteme verdichtet.

Wie schon bei der vorausgegangenen Betrachtung von Inklusionsverhältnissen müssen wir betonen, dass es hier nicht um eine sowohl umfassende als auch überall in die Tiefe gehende Analyse gehen kann. Wir werden zum einen einige große Linien des Bildes zeichnen, zum anderen können wir exemplarische Detailausschnitte fokussieren.

5.1 Zentrale, marginale und variable Teilsysteme im Inklusionsprofil

Eine detaillierte Betrachtung des Inklusionsprofils einer Person müsste alle zwölf Inklusionsverhältnisse in allen Facetten nebeneinanderstellen. Dies wäre schon für eine Person kaum noch überschaubar, geschweige denn für den Vergleich von Personen oder gar die vergleichende Betrachtung der Erwachsenenbevölkerung eines Landes, um die es uns hier geht. Daher haben wir in Kapitel 3 als geraffte Charakterisierung des Inklusionsprofils einer Person die Intensitäten ihrer verschiedenen Inklusionsverhältnisse eingeführt. Basierend auf den Rollen und Facetten der teilsystemischen Inklusion haben wir pro Teilsystem einen Index erstellt, der jeder Person einen Punktwert der Inklusion zuweist. Der höchstmögliche Punktwert pro Teilsystem wurde dabei auf 1000 normiert. Betrachtet man die Punktwerte der Inklusion in alle zwölf Teilsysteme im Zusammenhang miteinander, erhält man das Inklusionsprofil einer Person. Berechnet man im nächsten Schritt den Mittelwert der Inklusionswerte je Teilsystem von allen Befragten oder verschiedenen Untergruppen, so ergibt sich daraus das Gesamt-Inklusionsprofil der Erwachsenen in Deutschland beziehungsweise ein gruppenspezifisches Inklusionsprofil.

Die Besonderheit des Inklusionsprofils, dies sei hier nochmals betont, besteht darin, dass man anhand dieser Mittelwerte für eine bestimmte Personengruppe eine Aussage darüber treffen kann, wie das Gesamtbild der Inklusionsverhältnisse über alle gesellschaftlichen Teilsysteme hinweg beschaffen ist. Erst mit Hilfe dieses Gesamtbildes lässt sich etwa feststellen, ob diejenigen, die stark in das Teilsystem Kunst inkludiert sind, typischerweise ebenfalls stark – oder umgekehrt schwach – in die Religion inkludiert sind. Auch beim Vergleich verschiedener sozialstruktureller Gruppen wie z.B. der Frauen und Männer ist es möglich, jeweils deren Inklusionsprofile insgesamt gegenüberzustellen. Dadurch, dass die Rollen in den einzelnen Teilsystemen teilweise sehr unterschiedlich strukturiert sind und die Inklusion kein Zeitbudget oder einen anderen normierten Vergleichsmaßstab abbildet, können freilich die Punktwerte der Inklusion in verschiedene Teilsysteme, also z.B. in die Massenmedien und in die Politik, nur bedingt miteinander verglichen werden. Möglich ist jedoch der ein Inklusionsverhältnis nach dem anderen durchgehende Vergleich des Inklusionsprofils verschiedener Bevölkerungsgruppen, wie z.B. von Menschen mit hohen und niedrigen Bildungstiteln, weil die teilsystemspezifischen Inklusionsindizes für alle Befragten auf die gleiche Weise gebildet wurden.

Betrachten wir zunächst zwei individuelle Inklusionsprofile (Abbildung 8): In einem fiktiven Beispiel ist Person A gar nicht ins Religions- und ins Kunstsystem und nur schwach ins Rechtssystem inkludiert, aber stark ins Wirtschaftssystem und ins Bildungssystem. Person B ist stark in die Intimbeziehungen, in die Massenmedien und den Sport inkludiert, aber gar nicht ins Rechtssystem.

Abbildung 8: Zwei fiktive individuelle Inklusionsprofile

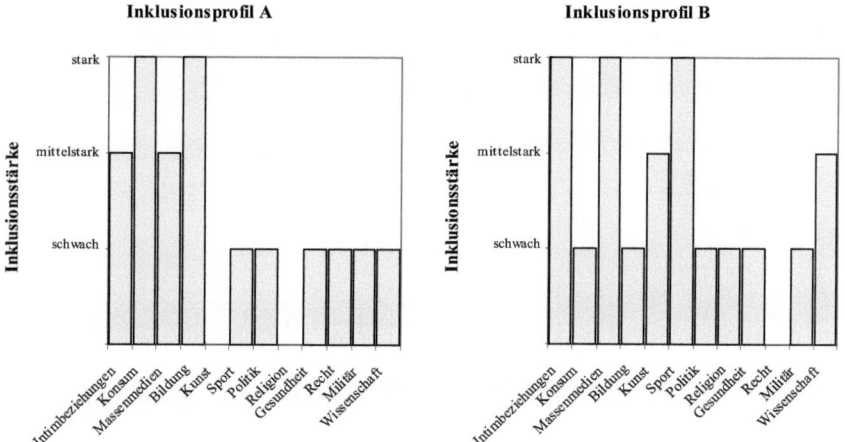

Das aggregierte und über die Mittelwerte bestimmte Inklusionsprofil aller 2110 Befragten ist in Abbildung 9 dargestellt.

Bei der Reihenfolge, in der die Teilsysteme von links nach rechts angeordnet sind, haben wir uns in der Vorüberlegung von zwei Fragen leiten lassen:

Erstens: Wie häufig gehen die meisten Gesellschaftsmitglieder in ihrem Alltag ein Inklusionsverhältnis ein – eher täglich, gelegentlich oder sporadisch bis selten?

Zweitens: Wie obligatorisch beziehungsweise optional ist ein Inklusionsverhältnis?

Weiter links stehen die Teilsysteme, in die viele Menschen eher häufig inkludiert sind (Intimbeziehungen, Konsum und Medien), weiter rechts diejenigen, in die viele eher sporadisch inkludiert sind (Gesundheit, Recht, Militär und Wissenschaft); und in der Mitte befinden sich Teilsysteme mit einem typischerweise mittleren Zeitbedarf (Bildung, Kunst, Sport, Politik, Religion). Innerhalb dieser drei zeitlich abgegrenzten Gruppen sind die Teilsysteme von links nach rechts nach abnehmendem Verpflichtungsgrad geordnet. Beispielsweise ist die Inklusion ins Gesundheitssystem im Falle von Krankheiten, also die Person zum Arztbesuch oder zu einem Krankenhausaufenthalt bewegenden Sachzwängen, obligatorischer als die Freizeit-Leidenschaft des Hobby-Wissenschaftlers. Diese Zuordnungen haben wir zunächst als Vermutungen auf der Grundlage von Alltagswissen gesetzt.

Abbildung 9:   Inklusionsprofil der Gesamtstichprobe (n = 2110)

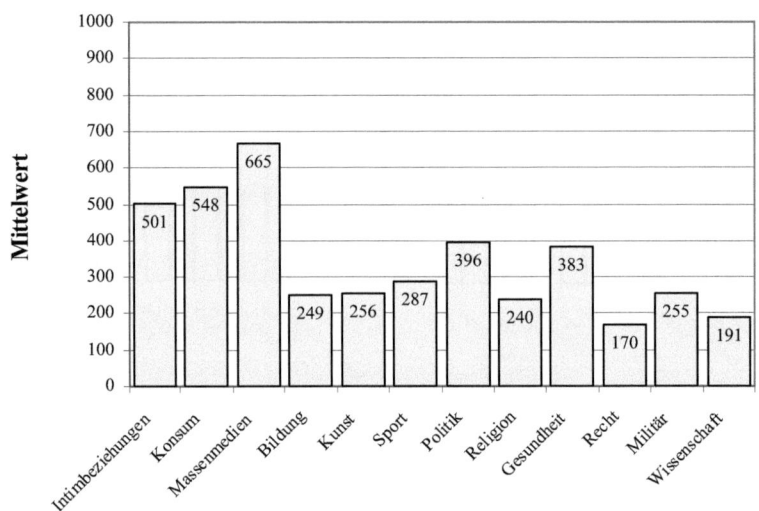

Vergleicht man nun die empirischen Resultate mit diesen Vorüberlegungen, so zeigt sich, dass Intimbeziehungen, Konsum und Massenmedien tatsächlich die Teilsysteme mit den durchschnittlich höchsten Inklusionswerten sind.[85] Diese drei Teilsysteme haben auch die deutlich hervorstechendsten Anteile an stark Inkludierten: 46% bei den Massenmedien, 30% bei den Intimbeziehungen und 21% bei der Wirtschaft. Ebenfalls gibt es in der vermuteten mittleren Gruppe von Teilsystemen mittlere Inklusionswerte. Es spiegelt sich, beispielsweise im Teilsystem Kunst, plausibel wider, dass es sich bei den entsprechenden Publikumsrollen

---

[85]   Nochmals sei allerdings auf die eingeschränkte Vergleichbarkeit der teilsystemischen Inklusionen untereinander hingewiesen.

um optionale Rollen handelt, die nicht von jedem eingenommen werden – wenn man sich aber in dieses Inklusionsverhältnis begibt, dann ist es zumeist mit einem gewissen Aufwand verbunden. Heraus sticht in diesem Mittelbereich allerdings die – nicht zwingend aufwändige – Inklusion in die Politik. Unter den als eher sporadisch angenommenen Inklusionsverhältnissen stützen die Werte in den Teilsystemen Recht und Wissenschaft das vermutete Bild. Die Gesundheit, das am ehesten obligatorische unter den für viele eher sporadischen Inklusionsverhältnissen, weist allerdings einen deutlich höheren Wert auf, als in dieser Gruppe von Teilsystemen zu vermuten war. Immerhin 8% der Erwachsenen sind stark ins Gesundheitssystem inkludiert und 52% mittelstark. Auf niedrigerem Niveau gilt das auch für das Militär, wo die Inklusion jedoch fast ausschließlich das mehr oder weniger starke Interesse an Militär und Krieg in den Medien abbildet. Es handelt sich also um eine weitgehend indirekte Inklusion.

Damit gelangen wir zu einer empirisch begründeten partiellen Revision des ursprünglich vermuteten Bildes. Das Publikum der deutschen Gesellschaft ist im Durchschnitt in der Tat in drei Teilsysteme intensiv inkludiert: Intimbeziehungen, Wirtschaft und Massenmedien. Zwei Teilsysteme fallen demgegenüber hinsichtlich der durchschnittlichen Intensität der Inklusion gegenüber den anderen deutlich ab: Recht und Wissenschaft. Die übrigen sieben Inklusionsverhältnisse bilden schließlich ein in sich nochmals gestuftes Feld durchschnittlich mittelstarker Inklusion: Bildung, Kunst, Sport, Politik, Religion, Gesundheit und Militär.

Dies ist, wie die weitgehende Übereinstimmung mit auf Alltagswissen gestützen Vermutungen zeigt, insgesamt kein sonderlich überraschendes Bild. Angesichts der Tatsache, dass empirische sozialwissenschaftliche Forschung nicht selten Ergebnisse zu Tage gefördert hat, die Selbstverständlichkeiten des Alltagswissens falsifizieren, ist dieses Ergebnis dennoch berichtenswert. Es bestätigt unser „Bauchgefühl" als Mitglieder der modernen Gesellschaft, dass wir – neben unserer hier nicht einbezogenen beruflichen Leistungsrolle – am stärksten in unseren Beziehungen zu Lebenspartnern, Kindern, Verwandten und Freunden sowie in der Rezeption der Massenmedien, insbesondere im Fernsehzuschauen, und in allen Arten von Einkaufsaktivitäten aufgehen. Die Inklusion in die Massenmedien ist zwar „auf dem Papier" eine optionale; doch faktisch kann es sich offenbar kaum jemand leisten, gar nicht über die Nachrichten informiert zu sein, und fast alle lassen sich auch in erheblichem Maße auf das massenmediale Unterhaltungsangebot ein.

Umgekehrt haben wir mit der Wissenschaft und dem Recht in der Regel wenig zu tun. Kaum jemand ist als Amateurforscher tätig, noch immer nicht allzu viele interessieren sich – als medienvermittelte indirekte Inklusion – für die Wis-

senschaftsseiten der Zeitungen und Zeitschriften sowie für Wissenschaftssen-
dungen im Fernsehen. Die Wissenschaft betrifft uns zwar massiv, aber über das
Wirken anderer Teilsysteme und in anderen Inklusionsverhältnissen. Auch als
Kläger oder Angeklagter vor Gericht, oder auch nur als jemand, der z.B. gegen
einen Verwaltungsbescheid oder eine Mieterhöhung Widerspruch einlegt oder
einen Kauf reklamiert, treten wir alles in allem nur sporadisch auf. Zwar prägt
das Rechtssystem unser Leben ebenso eminent wie auch die Wissenschaft, aber in
einer latenten, unbemerkten Form, wenn wir z.b. gar nicht auf die Idee kommen,
eine Ware im Kaufhaus zu stehlen, und wenn wir in der Regel fraglos davon
ausgehen, dass unsere Gegenüber sich an die Gesetze halten.

Die Inklusionsverhältnisse der anderen sieben Teilsysteme schließlich sind
entweder optional oder haben zwar einen eher obligatorischen Charakter, der
dann auch auf eine mindestens mittelstarke Inklusion hinausläuft, doch nur eine
kleinere Teilgruppe der Erwachsenen betrifft. Letzteres gilt für die Fortbildung
oder die Inanspruchnahme des Gesundheitssystems. Optionalität bedeutet nicht
nur, dass man selbst entscheidet, ob man überhaupt z.B. sportlich aktiv ist, sondern auch, dass man das Ausmaß selbst bestimmt. Man könnte daher annehmen,
dass die Teilsysteme dieser Mittelgruppe diejenigen seien, bei denen die Ausprägungen der Inklusionsverhältnisse verschiedener Gesellschaftsmitglieder im Vergleich zu den beiden zuvor besprochenen Gruppen von Teilsystemen stärker
unterschiedlich ausfallen. Die empirischen Resultate zeigen demgegenüber nicht
so klare Tendenzen des Zusammenhangs zwischen Teilsystemgruppen einerseits
und Mittelwerten, der Streuung und Konzentration[86] andererseits. Immerhin sind
die Teilsysteme Wirtschaft (Konsum), Massenmedien und Politik so charakteri-
sierbar, dass sowohl eine relativ geringe Streuung als auch geringe Konzentration
hier die Inklusion breiter Bevölkerungsgruppen – auf vergleichsweise hohem
Niveau der Inklusionsstärke – anzeigen. Optionalität im Sinne einer recht großen
Streuung, verbunden mit gleichzeitig höherer Konzentration, ist insbesondere bei
den Teilsystemen Bildung, Sport und Religion festzustellen.

Man könnte zusammenfassend die Gesellschaft des Publikums so charakterisieren, dass erstens Intimbeziehungen, Wirtschaft und Massenmedien für nahezu alle Gesellschaftsmitglieder zentrale Teilsysteme sind, zweitens Recht und
Wissenschaft für fast alle Gesellschaftsmitglieder marginale Teilsysteme darstellen und schließlich drittens Bildung, Kunst, Sport, Politik, Religion, Gesundheit

---

[86]   Die Streuung wird durch die Standardabweichung, die Konzentration durch den Gini-Koeffizienten
        bestimmt. Letzterer variiert zwischen .13 bei den Massenmedien und .50 bei der Religion.

und Militär Teilsysteme intersubjektiv variabler Bedeutsamkeit bilden. Gegenüber der bisherigen differenzierungstheoretischen Forschung zur Inklusion, die sich zumeist auf die pauschale Aussage beschränkt, dass allen Gesellschaftsmitglieder mittlerweile der legitime Anspruch zugesprochen wird, Zugang zu den Publikumsrollen aller Teilsysteme zu erhalten, ohne dass empirisch näher die faktische Verteilung des Publikums auf die verschiedenen Teilsysteme betrachtet wird, stellt dies einen Erkenntnisfortschritt dar: Die Gesellschaftsmitglieder wollen oder müssen nicht in jedem Teilsystem gleichermaßen präsent sein. Auch differenziertere vergleichende Betrachtungen der Inklusionsverhältnisse, wie sie insbesondere Stichweh (1988) begonnen hat, haben sich diese Frage nach den relativen Inklusionsintensitäten nicht gestellt und sie schon gar nicht empirisch beantwortet.

5.2 Die ungleichheitstheoretische Perspektive: Lagemerkmale als Determinanten von Inklusionsprofilen

In Kapitel 4 sind die von uns im Einklang mit der Ungleichheitsforschung als zentral eingestuften fünf Lagemerkmale Geschlecht, Alter, Bildung, Einkommen sowie berufliche Einbindung (gemessen als Arbeitsstunden pro Woche) bereits in ihrer prägenden Wirkung auf die einzelnen Inklusionsverhältnisse dargelegt worden. Daneben spielen für gesonderte Auswertungen auch andere Lagemerkmale wie etwa Lebens- und Wohnformen eine Rolle. Nun geben wir zunächst einen knappen Überblick zum Zusammenhang der Lagemerkmale mit der Ausprägung des Inklusionprofils einer Person. Daraufhin geht es exemplarisch um den Einfluss des „horizontalen" oder askriptiven Merkmals Geschlecht und des „vertikalen" Merkmals Bildung. Beide Merkmale spielen in der Ungleichheitsforschung seit Jahrzehnten eine große Rolle und haben an Aktualität nichts eingebüßt. Anschließend soll die Wirkkraft eines Merkmals herausgegriffen werden, das ebenfalls unter so genannten „horizontalen" Disparitäten zu fassen ist und neuerdings wieder eine stärkere Bedeutung in der ungleichheitstheoretischen Diskussion hat: die Stadt/Land-Differenz als räumliche Ungleichheitsdimension, hier zugespitzt auf das Wohnen in peripheren ländlichen Räumen. Abschließend kommen wir zu zusammenfassenden Schlussfolgerungen über den Einfluss sozialer Lagemerkmale auf Inklusionsprofile.

Inklusionsprofil und soziale Lage

Es geht hier um den prägenden Einfluss der sozialen Lage auf Inklusionsprofile, also auf alle Inklusionsverhältnisse im Zusammenhang. Zunächst wollen wir im Überblick die Frage aufwerfen, bei welchen teilsystemischen Inklusionsverhältnissen die sozialen Lagemerkmale die Inklusionsintensität wie stark prägen (Tabelle 5).

Tabelle 5:   Inklusion nach Lagemerkmalen: Signifikante Beta-Werte aus dem multiplen Regressionsmodell

Teilsysteme	Lagemerkmale					
	Ge-schlecht	Alter	Bildungs-abschluss	Haushaltsein kommen	Arb.std./ Woche	R²
Intimbeziehungen	–	-.29	–	.39	-.13	.20
Wirtschaft	.22	-.12	.08	–	–	.06
Massenmedien	-.10	–	.10	.23	.08	.14
Bildung	–	-.52	.10	–	-.14	.25
Kunst	.13	-.15	.18	–	–	.07
Sport	-.16	-.17	–	.12	–	.07
Politik	-.12	.24	.22	.10	–	.16
Religion	.13	.14	–	.10	–	.05
Gesundheit	.22	.21	–	–	-.14	.16
Recht	-.10	–	.09	–	.11	.07
Militär	-.09	-.13	–	–	–	.02
Wissenschaft	-.19	–	.18	–	–	.08

Man erkennt im Überblick aller Teilsysteme:

- Bei fünf betrachteten Lagemerkmalen und zwölf Inklusionsverhältnissen könnten 60 Zusammenhänge auftreten. Tatsächlich existieren 36 signifikante Zusammenhänge. In 24 möglichen Hinsichten werden Teilsystem-Inklusionen hingegen nicht durch Lagemerkmale geprägt.
- Kein Inklusionsverhältnis wird durch alle fünf Lagemerkmale geprägt – nur die Inklusion in die Massenmedien und in die Politik durch vier. Die meisten Inklusionsverhältnisse werden durch drei Lagemerkmale geprägt. Kein einziges Lagemerkmal prägt alle zwölf Inklusionsverhältnisse. Das weiteste

Spektrum an Prägungen geht vom Geschlecht aus, das sich nur auf die Inklusion in die Intimbeziehungen und die Bildung nicht auswirkt. Es folgen
das Alter mit neun, die Bildung mit sieben sowie das Haushaltseinkommen
und die wöchentlichen Arbeitsstunden mit je fünf Prägungen. Die beiden
letztgenannten Lagemerkmale drücken somit weniger als der Hälfte aller
Inklusionsverhältnisse ihren Stempel auf.

- Die Stärke der signifikanten Zusammenhänge rangiert zwischen $\beta = .08$ und
  $\beta = .52$. Ersteres ist eine kaum vorhandene, Letzteres eine schon ziemlich
  starke Prägung. 23 der 36 Zusammenhänge liegen im Bereich von $\beta = .10$ bis
  $\beta = .20$. Dies sind relativ schwache, aber gleichwohl beachtenswerte Zusammenhänge. Von den neun Zusammenhängen, die höher als .20 liegen, entfal-
  len vier auf das Alter, je zwei auf das Geschlecht und das Haushaltseinkommen und einer auf die Bildung. Selbst das Alter drückt somit nur einem
  Drittel der Inklusionsverhältnisse nachhaltig seinen Stempel auf. Alle Lagemerkmale schlagen also stets nur bei wenigen beziehungsweise sehr wenigen Inklusionsverhältnissen zumindest mit mittlerer Stärke durch. Sechs Inklusionsverhältnisse werden von keinem der Lagemerkmale in diesem Sinne
  nachhaltig geprägt. Nur bei drei Inklusionsverhältnissen (Intimbeziehungen,
  Politik und Gesundheit) sind zwei Lagemerkmale nachhaltig prägend.

- Die durch alle fünf Lagemerkmale gemeinsam erklärte Varianz liegt bei
  sieben Inklusionsverhältnissen unter 10%. Nur in fünf Fällen (Massenmedien, Politik, Gesundheit, Intimbeziehungen und Bildung) bewegt sich die
  erklärte Varianz zwischen 14% und 25%. Die Inklusionsintensität hängt also,
  alles in allem betrachtet, meist nur in geringem Maße mit der sozialen Lage
  zusammen.

Die herangezogenen Lagemerkmale sind mithin erstens kaum als markante Erklärungsfaktoren für die Ausprägungen von Inklusionsverhältnissen einzustufen.
Hinzu kommt zweitens, dass sie bei jedem Inklusionsverhältnis anders wirken.
Die Strukturen gesellschaftlicher Ungleichheit drücken den teilsystemischen Inklusionen der Personen somit zwar in einer gewissen Breite, aber nicht sehr tief-
gehend und ohne ein teilsystemübergreifendes Muster ihren Stempel auf. Andersherum gewendet heißt das: Die Teilsysteme der funktional differenzierten
Gesellschaft suchen sich ihr Publikum, was Lagemerkmale anbetrifft, inzwischen
relativ wahllos aus. Dieses Bild entspricht der differenzierungstheoretischen
Generalaussage eines in der Moderne normativ verbindlichen und auch faktisch
immer mehr eingelösten Anspruchs auf das Angebot der Inklusion ins Publikum

aller Teilsysteme unabhängig von der sozialen Lage (Parsons 1971; Luhmann 1997: 618-634).

Welche differenzierteren Aussagen über die Wirkkraft einzelner Lagemerkmale lassen sich bei einer genaueren Betrachtung – zunächst des Geschlechts – treffen?

Geschlecht als Determinante von Inklusionsprofilen
Beginnt man mit der Betrachtung bivariater Korrelationen, so zeigen diese, dass dem Geschlecht oft eine zumindest nennenswerte Bedeutung für die Erklärung von einzelnen Inklusionsverhältnissen zukommt (Tabelle 6).

Tabelle 6:   Zusammenhänge zwischen Teilsysteminklusionen und dem Geschlecht (r)[87]

Teilsystem	Korrelation (r)
Intimbeziehungen	–
Konsum (Wirtschaft)	.20
Massenmedien	-.16
Bildung	–
Kunst	.12
Sport	-.16
Politik	-.18
Religion	.13
Gesundheit	.24
Recht	-.16
Militär	-.07
Wissenschaft	-.22

Diese Hinweise können durch multivariate Analysen, die jeweils mehrere Variablen gleichzeitig berücksichtigen und so Auswertungen über alle zwölf Teilsysteme und fünf Lagemerkmale ermöglichen, bestätigt werden: Es gibt Teilsysteme, in die typischerweise die männlichen Befragten signifikant stärker inkludiert sind, und umgekehrt typisch „weibliche" Teilsysteme.[88] Die Teilsysteme Wissen-

---

[87]   Positive Werte bedeuten eine stärkere Inklusion von Frauen, negative Werte eine stärkere Inklusion von Männern.

[88]   Dies ergeben die Werte aus multiplen Regressionsmodellen.

schaft, Militär, Recht, Politik, Massenmedien und Sport können als typisch „männliche" Teilsysteme bezeichnet werden. Frauen hingegen sind tendenziell stärker in die Teilsysteme Wirtschaft (über die Konsumentenrolle), Kunst, Religion und Gesundheit inkludiert. Für die Teilsysteme Intimbeziehungen und Bildung zeigen die multiplen Regressionsmodelle keine signifikanten Auswirkungen des Lagemerkmals Geschlecht auf die Inklusion.

Zur Analyse von Inklusionsprofilen sind weiterhin Mittelwertvergleiche geeignet, und zwar besonders dann, wenn die Anzahl der Ausprägungen der erklärenden Variablen überschaubar ist.[89] Sowohl bi- als auch trivariate Vergleiche mit Geschlecht und jeweils einem weiteren Lagemerkmal über alle Teilsysteme hinweg bieten sich an. Verglichen wird dabei jeweils der Mittelwert der Inklusion für eine spezifische Befragtengruppe mit demjenigen der Gesamtstichprobe (Tabelle 7).

Tabelle 7 zeigt die Ergebnisse der Mittelwertvergleiche im Überblick. Die ausgefüllten Felder zeigen an, dass die jeweilige Befragtengruppe signifikante Abweichungen der Stärke ihrer Inklusion in das betreffende Teilsystem gegenüber allen Befragten aufweist. Die mit einem Pluszeichen markierten Felder weisen überdurchschnittlich hohe Werte der Inklusion einer Befragtengruppe aus, die mit einem Minuszeichen markierten Felder zeigen eine deutlich schwächere Inklusion an. Referenzgruppe für die Mittelwertvergleiche ist immer die Gesamtstichprobe. Das Muster einer Zeile entspricht dabei dem spezifischen Inklusionsprofil der jeweiligen Befragtengruppe.

Überdurchschnittlich starke Inklusionen in jeweils alle der fünf Teilsysteme Politik, Recht, Wissenschaft, Massenmedien und Sport bei gleichzeitig signifikant schwächer ausgeprägten Inklusionen in Teilsysteme wie Konsum, Kunst, Religion und Gesundheit finden sich ausschließlich bei den männerspezifischen Lagen. Typische Inklusionsprofile von Frauen unterschiedlicher Soziallagen zeichnen sich durch ein anderes Muster der gesellschaftlichen Einbindung aus: Sie zeigen überdurchschnittlich starke Inklusionen in Konsum, Kunst und Gesundheit, in vielen Fällen kombiniert mit einer relativ starken Inklusion in Intimbeziehungen und Religion bei gleichzeitig signifikant schwächeren Inklusionen in Sport, Massenmedien und Politik.

---

[89] Für die Mittelwertvergleiche kommen aus diesem Grund, anders als bei den meisten anderen Auswertungsverfahren, die kategorisierten Variablen der Lagemerkmale Arbeitsstunden und Alter zum Einsatz, und auch die Anzahl der Ausprägungen der Einkommensvariable wurde von fünf auf vier reduziert. Das kann in einzelnen Fällen zu Abweichungen der Ergebnisse gegenüber denen bei der Verwendung nicht-kategorisierter Werte führen.

Tabelle 7: Mittelwertvergleiche teilsystemischer Inklusion von geschlechtsspezifischen Subgruppen

	Subgruppen	Intim	Konsum	Medien	Bildung	Kunst	Sport	Politik	Religion	Gesund	Recht	Militär	Wiss
Geschlecht	Männer (M)		−	+		−	+	+	−	−	+		+
Geschlecht	Frauen (F)	+	+	−	+	+	−	−	+	+	−	−	−
Alter	M 18-29	+	−	+	+		+			−	+	+	
Alter	M 30-44		−	+	−	−	+	+	−	−	+		+
Alter	M 45-59	−		+	−	−		+		+	+		+
Alter	M 60+				+	+		+		+			+
Alter	F 18-29	+	+		+	+	−	−	+	+			−
Alter	F 30-44	+	+										−
Alter	F 45-59			−	−		−		+	+		+	
Alter	F 60+	−	+	−	−		−		+	+	−	+	
Einkommen	M bis 1300 €	−		−	+	−		−	−	−			
Einkommen	M 1300-2300 €	−						+	−	−			
Einkommen	M 2300-3000 €		−	+			+	+		−			+
Einkommen	M 3000+ €	+		+			+	+		+	+		+
Einkommen	F bis 1300 €	−		−				−		+			
Einkommen	F 1300-2300 €		+	−			−	−		+	+	−	−
Einkommen	F 2300-3000 €	+	+			+	−	−	+	+	+		−
Einkommen	F 3000+ €	+	+	+	+	+		+	+		−		
Bildung	M niedrige Bildung		−			−		−	−	−			
Bildung	M mittlere Bildung			+			+	+		−	+	+	+
Bildung	M hohe Bildung		−	+			+	+	+	−	+		+
Bildung	F niedrige Bildung	+	+	−	−		−	−		+	−		−
Bildung	F mittlere Bildung	+	+		+	+		−	−	+			−
Bildung	F hohe Bildung		+	+		+		+	−				+
Arbeitsstd.	M nicht erw.	−	−	−	−	−	−	+		−			+
Arbeitsstd.	M bis 30 Std.				+		+	+		−			+
Arbeitsstd.	M 30-50 Std.		+	+		−	+		−	−			+
Arbeitsstd.	M 50+ Std.		+	+				+		+	+		+
Arbeitsstd.	F nicht erw.	+	+	−	−	+	−	−	+	+	+	+	−
Arbeitsstd.	F bis 30 Std.		+					−	+		−	−	−
Arbeitsstd.	F 30-50 Std.							−					
Arbeitsstd.	F 50+ Std.												

Die Mittelwertvergleiche bestätigen: Es gibt nicht nur für jeweils einzelne Teilsysteme geschlechtertypische Inklusionsverhältnisse. Auch über mehrere Teilsysteme hinweg und unter variierten Lagebedingungen zeigen sich typische geschlechtsspezifische Profile der über- oder unterdurchschnittlich starken Inklusion (Tabelle 8).

Tabelle 8: Typische Muster männlicher und weiblicher Teilsysteminklusionen

	Männer	**Frauen**
Inklusion signifikant über dem Durchschnitt	Politik Recht Wissenschaft Massenmedien Sport	Konsum (Wirtschaft) Kunst Gesundheit Intimbeziehungen Religion
Inklusion signifikant unter dem Durchschnitt	Konsum (Wirtschaft) Kunst Gesundheit Religion	Sport Massenmedien Politik

Zu einer Deutung dieser Ergebnisse gelangt man, wenn man sich die Besonderheiten der jeweiligen Teilsysteme und ihrer Publikumsrollen vor Augen führt. So bringen die Inklusionen in die Teilsysteme Politik, Recht, Wissenschaft und Massenmedien, blickt man auf die jeweiligen Publikumsrollen, ein generelles Interesse an gesellschaftlicher Öffentlichkeit und politischen sowie wissenschaftlich-technischen Zusammenhängen zum Ausdruck. Diese öffentlichkeitsorientierten Publikumsrollen nehmen häufiger Männer ein. Die Publikumsrollen der Teilsysteme Konsum, Intimbeziehungen und Religion stehen dagegen eher im Zusammenhang mit familienbezogenen Aktivitäten, etwa mit der Erledigung von Einkäufen des täglichen Bedarfs oder mit Hilfeleistungen im Bereich der Intimbeziehungen. Auch die Inklusion in das Religionssystem ist häufig familial eingebunden. Diese familienbezogenen Publikumsrollen nehmen eher Frauen ein.

Kunst und Sport sind diejenigen Teilsysteme, in die eine Inklusion insbesondere im Rahmen von Freizeitaktivitäten stattfindet. Hier deuten die Ergebnisse auf eine fast altmodisch anmutende Zuweisung des schöngeistigen Interesses zu den Frauen und des Interesses an sportlichem Wettkampf, auch über die Zuschauerrolle, zu den Männern hin. Die Ergebnisse zum Teilsystem Gesundheit schließlich bestätigen vielfältige Studien zum Gesundheitsverhalten beider Geschlechter: Frauen leben gesundheitsbewusster – beispielsweise rauchen sie weniger und konsumieren weniger Alkohol und Drogen (Stürzer/Cornelißen 2005). Weiterhin gehen Frauen häufiger zum Arzt als Männer (Bergmann/Kamtsiuris 1999: 138/140).

Trifft diese Klassifizierung typischer Männer- und Frauenprofile durchgängig auf alle Männer- und Frauengruppen zu, oder gibt es Kombinationen von Lagemerkmalen, die diese geschlechtsspezifischen Muster der Inklusion aufweichen? Für die Ermittlung von sozialen Lagen, in denen die Inklusionsprofile von Frauen und Männern die größten Ähnlichkeiten aufweisen, haben wir nochmals auf Mittelwertvergleiche zurückgegriffen. Verglichen haben wir jeweils die nach Lagen (Bildung, Einkommen, Alter, Arbeitsstunden) „gepaarten" Geschlechterprofile. Die Lagen sind jeweils hinsichtlich eines Merkmals wie z.B. hohe Bildung identisch und unterscheiden sich hinsichtlich des Geschlechts. Darstellbar sind diese Zusammenhänge durch den Vergleich von Abweichungsprofilen. Abbildung 10 zeigt die signifikanten Abweichungen der jeweiligen Merkmalskombination vom Mittelwert der Gesamtstichprobe in Punkten am Beispiel von Männern und Frauen mit hoher Bildung im Vergleich zu Männern und Frauen insgesamt. Je weniger Abweichungssäulen es gibt und je kürzer sie sind, desto ähnlicher sind die Profile beider Gruppen.

Besonders prägnante Beispiele dafür, wie hohe Bildungstitel die geschlechtstypischen Unterschiede der Inklusionsverhältnisse nivellieren, bieten die Teilsysteme Politik und Wissenschaft: Während Frauen und Männer sich hier in der Gesamtstichprobe deutlich unterscheiden, nämlich Männer stärker und Frauen schwächer inkludiert sind, stellt sich die Situation in der Teilgruppe der höher Gebildeten anders dar: Dort weichen sowohl Männer als auch Frauen nach oben ab, sind also stärker inkludiert. Im Teilsystem Religion wird die Geschlechterdifferenz unter Bedingungen hoher Bildung sogar völlig eingeebnet. Im Teilsystem Kunst fällt die überdurchschnittlich hohe Inklusion gebildeter Frauen ins Auge, während gebildete Männer immerhin nicht mehr negativ von der Gesamtstichprobe abweichen.

Abbildung 10: Abweichungsprofile Männer und Frauen im Vergleich

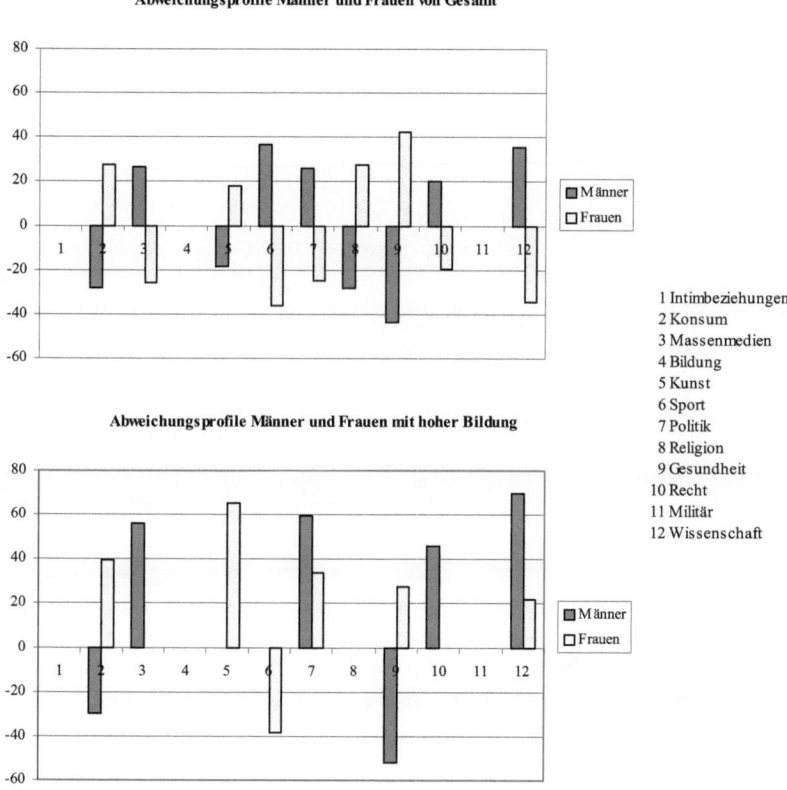

Insgesamt zeigt sich, dass Männer und Frauen dann ähnliche Inklusionsprofile aufweisen, wenn beide Geschlechter hohe Bildungsabschlüsse haben und angeben, mehr als 50 Stunden in der Woche zu arbeiten. Eine hohe Bildung und eine intensive zeitliche Einbindung in den Beruf sind also diejenigen Bedingungen, unter denen die Geschlechterunterschiede hinsichtlich der Inklusion in die verschiedenen Teilsysteme in den Hintergrund rücken. Dieses Ergebnis bestätigt die politische Intuition derer, die weibliche Chancengleichheit – in aller Ambivalenz, denkt man an die damit einhergehenden höheren Gesundheitsrisiken – an die Voraussetzungen höherer Bildung und einer entsprechend gehobenen Vollzeit-Berufstätigkeit gekoppelt sehen.

Bildung als Determinante von Inklusionsprofilen

Das zweite Lagemerkmal, welches hier als Determinante von Inklusionsprofilen vorgestellt werden soll, ist die Bildung, operationalisiert als Höhe der schulischen und beruflichen Bildungsabschlüsse. Als Strukturdimension sozialer Ungleichheit geriet Bildung spätestens in den 1960er Jahren mit der Wahrnehmung bildungsbezogener Benachteiligungen bestimmter Bevölkerungsgruppen wie Arbeiterfamilien, Landbevölkerung und Frauen in den Fokus gesellschaftlicher und wissenschaftlicher Diskurse. In der Ungleichheitsforschung wird das Lagemerkmal Bildung traditionell im Zusammenhang von Schichtmodellen diskutiert. Es zählt zu den so genannten „vertikalen" Lagemerkmalen, die soziale Ungleichheit anhand einer Besser- oder Schlechterstellung im gesellschaftlichen Statusgefüge definieren und beschreiben. Bildung wird dabei immer wieder als Voraussetzung sozialer Aufstiegschancen diskutiert. Zwar gibt es abgesicherte Befunde zur Verbesserung der Chancen bei hoher Bildung, ob sich auch der Zusammenhang zwischen sozialer Herkunft und Bildungsbeteiligung verringert hat oder sich im Gegenteil eher verschärft, wird dagegen kontrovers diskutiert (Friebel et al. 2000: 12; Geißler 2006: 282-288). Gegenwärtig erfährt diese Debatte im Zuge der PISA-Studien, aber auch im Kontext der Diskussionen um die Einführung von Studiengebühren, eine neue Aktualität und Brisanz.

Das generelle Verfahren der Datenanalyse zur Wirkung des Bildungsniveaus auf das Inklusionsprofil erfolgt analog der zum Lagemerkmal Geschlecht beschriebenen Systematik. Mit Hilfe bivariater Zusammenhangsanalysen gehen wir zunächst der Frage nach, wo ein Einfluss des Bildungsniveaus auf die Stärke der Inklusion in ein bestimmtes Teilsystem erkennbar ist (Tabelle 9).

Es wird deutlich, dass dem Bildungsniveau je nach Teilsystem eine unterschiedliche Bedeutung für die Stärke der Inklusion zukommt. Zusammenhänge mit einer Stärke ab .10 zeigen sich zwischen dem Bildungsniveau einer Person und ihren Inklusionen in Politik, Wissenschaft, Bildung, Massenmedien, Kunst und Recht. Es zeichnet sich ab, dass Personen mit hohen Bildungsabschlüssen tendenziell in eine Vielzahl von Teilsystemen intensiver eingebunden sind als Personen mit niedrigeren Bildungsabschlüssen. Lediglich für die Inklusion in das Teilsystem Gesundheit ist ein gegenläufiger Zusammenhang festzustellen: Personen mit niedrigeren Bildungsabschlüssen sind hier etwas stärker inkludiert. Unter anderem ist dieses Ergebnis auf einen Geschlechter- und einen Alterseffekt zurückzuführen – zur Erinnerung: Das Teilsystem Gesundheit gehört zu den „frauentypischen" Teilsystemen. Der Effekt könnte daher rühren, dass die Frauen als Gesamtgruppe ein geringeres Bildungsniveau aufweisen als Männer, was wiederum auf das geringe Bildungsniveau insbesondere der älteren weiblichen Befragten zurückzuführen ist.[90]

Tabelle 9:   Zusammenhänge zwischen Teilsysteminklusionen und Bildungstiteln

Teilsystem	ρ
Intimbeziehungen	–
Konsum (Wirtschaft)	.07
Massenmedien	.19
Bildung	.19
Kunst	.18
Sport	.06
Politik	.25
Religion	–
Gesundheit	-.08
Recht	.16
Militär	–
Wissenschaft	.21

Damit lässt sich bisher festhalten: Hohe schulische und berufliche Bildung führt zu einer aktiven und intensiveren Teilhabe an den teilsystemischen Inklusionsverhältnissen. Personengruppen mit niedrigen Bildungsabschlüssen sind in viele Gesellschaftsbereiche tendenziell weniger stark eingebunden. Für weitere Analysen zum Lagemerkmal Bildung bietet sich wiederum die Entscheidungsbaumanalyse an (Bühl/Zöfel 2002: 13-84),[91] die allerdings zunächst zu Ergebnissen für die Inklusion in einzelne Teilsysteme führt. Erst die Gesamtschau dieser Auswertungen lässt dann Rückschlüsse auf Inklusionsprofile zu.

Die Entscheidungsbaumanalyse wird für alle zwölf Teilsysteme durchgeführt. Dabei werden jeweils alle fünf hier betrachteten Lagemerkmale gemeinsam hinsichtlich ihrer Wirkung auf die Inklusion in das jeweilige Teilsystem über-

---

[90]   Die Korrelation zwischen Bildungstiteln und Inklusion in die Gesundheit ist nicht mehr signifikant, wenn man das Geschlecht kontrolliert. Im multiplen Regressionsmodell ebenfalls nicht mehr signifikant ist der Zusammenhang von Bildungstiteln mit der Inklusion in den Sport (siehe auch Tabelle 5).

[91]   Mittelwertvergleiche in der Weise, wie wir sie zum Lagemerkmal Geschlecht durchgeführt haben, sind weniger überschaubar, weil das Merkmal Bildungstitel drei Ausprägungen hat.

prüft. Das Ergebnis dieser Berechnungen sind zwölf Entscheidungsbäume, die jeweils die Gesamtstichprobe (n = 2110) in einzelne Gruppen sozialer Lage teilen. Abbildung 11 zeigt beispielhaft die Ergebnisse der Entscheidungsbaumanalyse zur Inklusion in die Wissenschaft. Einen signifikanten Einfluss auf diese Inklusion haben demnach, in der Reihenfolge der Stärke ihres Einflusses, die Lagemerkmale Geschlecht, Bildung und Alter.

Abbildung 11:   Entscheidungsbaumanalyse zur Inklusion in die Wissenschaft[92]

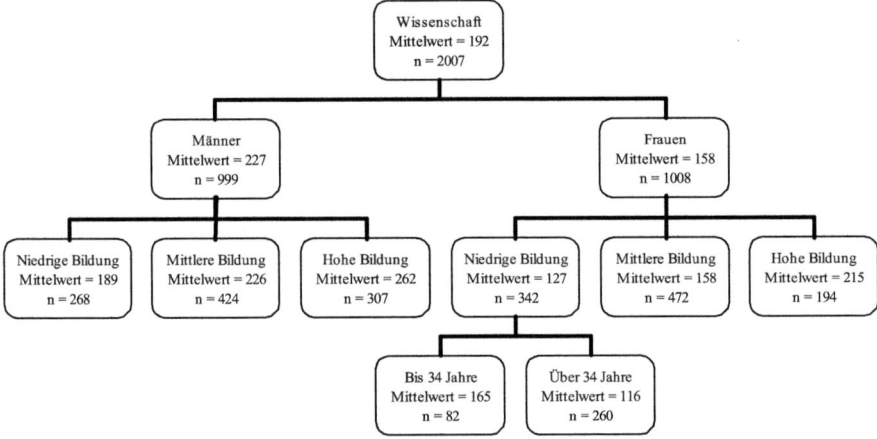

Für das Lagemerkmal Bildung zeigt sich nach der Entscheidungsbaumanalyse kein nennenswerter Einfluss auf die Stärke der Inklusion in die Teilsysteme Intimbeziehungen, Religion, Gesundheit, Sport und Militär. Prägende Einflüsse gibt es bei den anderen Teilsystemen:

▪ Wirtschaft: Für die Ausprägung der Inklusion in dieses Teilsystem sind die Lagemerkmale Geschlecht und Alter von Bedeutung (was die Befunde aus Kapitel 4 zu diesem Teilsystem weiter fundiert). Lediglich für die Gruppe der Frauen zwischen 23 und 53 Jahren spielen die Bildungstitel eine zusätzliche Rolle. Diejenigen Frauen dieser Gruppe, die mittlere oder niedrige Bildungsabschlüsse aufweisen, sind tendenziell stärker in den Konsumbereich

---

92   Die Abweichungen zur Gesamtstichprobe ergeben sich dadurch, dass missing values nicht berücksichtigt wurden.

inkludiert.[93] Die nahe liegende Vermutung, dass diese Zusammenhänge zwischen eher niedriger Bildung und hoher Einbindung in den Konsum bei Frauen zwischen 23 und 53 Jahren eine Gruppe nicht oder nur Teilzeit berufstätiger Frauen betreffen, bestätigt sich durch weitere Analysen: 60% dieser Frauen befinden sich in Teilzeit-Arbeitsverhältnissen oder sind nicht berufstätig.

- Massenmedien: Für die Ausprägung der Inklusion in dieses Teilsystem und die Zuordnung zu verschiedenen Gruppen sind die Lagemerkmale Geschlecht und Einkommen relevant. In der Gruppe der Männer mit mittlerem Haushaltseinkommen (bis 3000 €) führen die unterschiedlichen Bildungsniveaus zu einer weiteren Differenzierung. Männer mittlerer Einkommenskategorien mit mittlerer oder hoher Bildung sind überdurchschnittlich stark in die Medien inkludiert.[94]

- Bildung: Für die Unterscheidung verschiedener Gruppen von Inkludierten in das Bildungssystem ist vor allem die Zugehörigkeit zu Alterskohorten von Bedeutung. Je nach Altersgruppe haben weiterhin die Arbeitsstunden pro Woche, das Einkommen oder eben auch das Bildungsniveau eine differenzierende Wirkung. Das Bildungsniveau kommt hinsichtlich der Inklusion in das Bildungssystem für die Gruppen der 30-47jährigen und der 53-60jährigen zum Tragen. Es gilt, dass diejenigen, die hohe Bildungstitel haben, auch stärker über die Publikumsrolle, sei es über private oder institutionelle Fort- oder Weiterbildung, in das Teilsystem Bildung inkludiert sind. Abgesehen von den Schülern oder Studenten, die aufgrund eben dieses Status stark ins Bildungssystem inkludiert sind, ist es die Gruppe der 30-47jährigen, die die stärksten Werte der Inklusion aufweist. Dass es sich hierbei, wie man vermuten könnte, vor allen Dingen um Berufstätige handelt, die an ihrer persönlichen Weiterqualifikation arbeiten, wird durch entsprechende weiterführende Analysen jedoch nicht bestätigt.

- Kunst: Die Inklusion in dieses Teilsystem stellt sich als ein komplexes Bild differenzierter Gruppen dar (siehe auch Kapitel 4). Grundsätzlich steht dabei das Alter als Prägefaktor an erster Stelle. Davon abgesehen ist es aber das Bildungsniveau, welches die Ausprägung der Stärke der Inklusion am meis-

---

[93] Mittelwerte der Inklusion in den Konsum (in Punkten): Gesamtstichprobe der Befragten 548; Frauen zwischen 23 und 53 Jahren mit niedrigen oder mittleren Bildungsabschlüssen 616.

[94] Mittelwerte der Inklusion in die Massenmedien: Gesamtstichprobe der Befragten 665; Männer mittlerer Einkommenskategorien mit niedriger Bildung 649; Männer mittlerer Einkommenskategorien mit mittlerer oder hoher Bildung 698.

ten beeinflusst. Die vorrangige Wirkung des Alters ist besonders auf die jüngeren Befragten zurückzuführen, die innerhalb der Gesamtstichprobe von allen Merkmalsgruppen den höchsten Mittelwert der Inklusion in dieses Teilsystem aufweisen. In anderen Gruppen gilt, dass hohe Bildungstitel den Alterseffekt auf die Stärke der Inklusion in den Kunstbereich ausschalten können. Tendenziell gilt: Je älter die Befragten, desto niedriger die Inklusion in das Kunstsystem, und je gebildeter, desto stärker die Inklusion. Frauen sind tendenziell stärker in dieses Teilsystem eingebunden als Männer.

- Politik und Wissenschaft: Beide Teilsysteme gehören zu den von Männern dominierten Teilsystemen. Allerdings haben die obigen Analysen gezeigt, dass unter der Bedingung hoher Bildung und intensiver Einbindung in den Beruf diese Geschlechterunterschiede relativiert werden. Diese Befunde kann die Entscheidungsbaumanalyse bestätigen. Weiterhin kann nun gezeigt werden, dass der Bildung für die Nivellierung der Geschlechterunterschiede gegenüber der beruflichen Einbindung die größere Bedeutung zukommt. Diejenige Befragtengruppe, die der Entscheidungsbaumanalyse zufolge den höchsten Mittelwert der Inklusion in die Politik aufzuweisen hat, sind Frauen mit hohen Bildungstiteln, die über 53 Jahre alt sind.[95] Für die Inklusion in die Wissenschaft gilt: Es sind die hoch gebildeten Frauen, die als einzige Gruppe der weiblichen Befragten eine überdurchschnittlich hohe Inklusion in dieses Teilsystem zeigen.

- Recht: Wie die Wissenschaft und die Politik gehört auch das Recht zu denjenigen Gesellschaftsbereichen, in die Männer stärker eingebunden sind. Es gibt hier, ähnlich wie beim Wissenschaftssystem, nur eine einzige Gruppe unter den weiblichen Befragten, die überdurchschnittlich stark in die Publikumsrollen dieses Teilsystems eingebunden ist: Frauen zwischen 23 und 60 Jahren mit mindestens mittleren Bildungsabschlüssen.

In einer abschließenden Einschätzung zur Rolle der Bildung als Determinante von Inklusionsprofilen kann herausgestellt werden, dass dem Bildungsniveau bei keinem der zwölf teilsystemischen Inklusionsverhältnisse eine vorrangige Prägekraft vor allen anderen Lagemerkmalen zukommt. Dennoch spielt das Bildungsniveau unter bestimmten Bedingungen und bei spezifischen Befragtengruppen

---

[95]   Mittelwerte der Inklusion in die Politik: Gesamtstichprobe der Befragten 396; höchster Mittelwert von 493 bei Frauen mit hohen Bildungstiteln, die über 53 Jahre alt sind; Männer mit hohen Bildungstiteln 454; schwächste Inklusion mit einem Mittelwert von 281 bei Frauen mit niedrigem Bildungsniveau, die jünger als 34 Jahre alt sind.

eine Rolle. So können sich in einigen Fällen Personen innerhalb einer nach Geschlecht oder Alter differenzierten Befragtengruppe durch ein mittleres oder hohes Bildungsniveau von den übrigen Personen dieser Gruppe abgrenzen. Allein ihr Bildungsniveau bewirkt in diesen Fällen, dass anstelle einer generellen unterdurchschnittlichen Inklusion, beispielsweise der Frauen in das Teilsystem Wissenschaft, eine überdurchschnittlich starke Einbindung in dieses Teilsystem vorzufinden ist. Insbesondere für die Nivellierung ansonsten prägnanter Geschlechterunterschiede zu Gunsten einer stärkeren teilsystemischen Einbindung der Frauen kommt dem Bildungsniveau Bedeutung zu. Besonders hervorzuheben ist hier das teilsystemübergreifende Muster der Inklusion in Politik, Recht und Wissenschaft. Die Publikumsrollen in diesen Teilsystemen nehmen typischerweise vorrangig Männer ein. Sofern Frauen ein ähnliches Inklusionsprofil aufweisen, handelt es sich vor allem um Frauen mit einem höheren Bildungsniveau.

Die mit der Entscheidungsbaumanalyse mögliche unmittelbare analytische Integration aller fünf Lagemerkmale erlaubt also eine Präzisierung ihrer jeweiligen Relevanz. In einigen Teilsystemen hat das Bildungsniveau, würde man eine Rangfolge der Prägekraft von Lagemerkmalen auf die Inklusion bilden, den zweit- oder drittstärksten Effekt hinter den askriptiven Lagemerkmalen Alter und Geschlecht. Diese Aussage, dass innerhalb alters- oder geschlechtshomogener Gruppen vor allem das Lagemerkmal Bildung dasjenige ist, welches die Inklusionsprofile der Befragten beeinflusst, hat für die Teilsysteme Wirtschaft, Kunst, Politik und Wissenschaft für alle Befragtengruppen Gültigkeit; für die Inklusion in das Teilsystem Wissenschaft trifft diese Aussage nur auf die Gruppe der weiblichen Befragten und für die Inklusion in das Bildungssystem nur auf die Alterskohorten der 30-47jährigen und der 53-60jährigen Befragten zu. Generell inkludieren mittlere und hohe Bildungsniveaus tendenziell stärker in eine Vielzahl von Teilsystemen.

Inklusionsprofile in peripheren ländlichen Regionen[96]
Mit der Untersuchung von Geschlecht und Bildung sowie von Alter, Einkommen und wöchentlicher Arbeitszeit als möglichen Prägefaktoren von Inklusionsprofilen haben wir uns bislang mit Merkmalen befasst, die sich in der Ungleichheitsforschung durchgängig als relevant herausgestellt haben. Damit erschöpfen sich Ungleichheitsdimensionen allerdings nicht, man könnte z.B. auch die Nationalität oder die Form des Zusammenlebens, etwa kinderlos oder mit Kindern, berück-

---

[96]   Diese Teilanalyse beruht auf Burzan/Schöneck (2006).

sichtigen. Hier können nun nicht all diese Merkmale auf ihre Prägekraft untersucht werden. Stattdessen greifen wir exemplarisch ein Merkmal heraus, das neuerdings wieder etwas häufiger thematisiert wird, und zwar die räumliche Dimension (Kronauer 2002; Barlösius/Neu 2002; Schroer 2006). Noch genauer: Unterscheidet sich das Inklusionsprofil von Menschen, die in peripheren ländlichen Regionen leben, von dem anderer Gesellschaftsmitglieder? Sind die Bewohner peripherer ländlicher Regionen – möglicherweise aufgrund schlechterer Gelegenheitsstrukturen – überwiegend schwächer in die einzelnen Teilsysteme eingebunden?

Vor einer empirisch fundierten Antwort auf diese Frage soll zunächst kurz erläutert werden, welchen gesellschaftspolitischen und ungleichheitstheoretischen Stellenwert die Fragestellung hat und was unter peripheren ländlichen Räumen hier verstanden wird. Aus dem politisch vermittelten Verständnis sozialer Gerechtigkeit lässt sich unter anderem die Leitvorstellung einer Gleichwertigkeit der Lebensverhältnisse im Bundesgebiet ableiten, die in die Gesetzgebung, neben dem Grundgesetz (Artikel 20 und 72, Absatz 2) unter anderem in das Raumordnungsgesetz, eingegangen ist.[97] Das politische Ziel besteht darin, dass alle in Deutschland lebenden Bürgerinnen und Bürger über uneingeschränkte gesellschaftliche Teilhabechancen verfügen – und zwar unabhängig davon, in welcher Region sie leben. Jahrzehntelang strebte die Politik danach, räumliche Disparitäten zu beseitigen und den Bewohnern großer Städte und kleiner Dörfer möglichst gleiche Lebensbedingungen zu bieten (Funke 1987: 51). Solche Lebensbedingungen konkretisieren sich – neben dem Zugang zu Arbeitsplätzen – in starkem Maße im Zugang zu den Publikumsrollen der verschiedenen gesellschaftlichen Teilsysteme; diese Zugänge sind räumlich nicht a priori gleichverteilt, wenn man sich nur einmal die Arztdichte in der Großstadt und auf dem Land vor Augen führt.

Mit der Forderung nach einer Gleichwertigkeit der Lebensverhältnisse kann allerdings keine völlige Ergebnisgleichheit gemeint sein, denn eine „flächendeckende Einebnung räumlicher Differenzierungen, bei der jeder Ort des Bundesgebietes mit den gleichen Einrichtungen und Möglichkeiten ausgestattet wird, ist schon theoretisch nicht möglich." (Funke 1987: 137) Gewisse Unterschiede werden also akzeptiert, sie dürfen aber nicht zu groß werden beziehungsweise bleiben. Eine Gerechtigkeitsvorstellungen genügende Verteilung kann dabei auch

---

[97]   1994 wurden im Artikel 72 GG aus „einheitlichen" – weniger anspruchsvoll – „gleichwertige" Lebensverhältnisse, denn es hatte sich gezeigt, dass das Ziel der Einheitlichkeit ein für den Staat zu teurer Anspruch war (Bucher/Gatzweiler 2004).

nicht darin bestehen, dass unbefriedigende Verhältnisse in einem Teilbereich der Lebensbedingungen beliebig und unbeschränkt durch besonders günstige Bedingungen in anderen Teilbereichen ausgeglichen werden (Mager 1985: 294/295; Funke 1987: 138). So reicht es zur Bedürfnisbefriedigung wohl kaum aus, in einer für viele Breitensportarten bestens geeigneten ländlichen Region zu leben, die jedoch über eine unzureichende Infrastruktur an kulturellen Einrichtungen und Angeboten verfügt. Gewisse Mindeststandards müssen in allen Lebensbereichen erfüllt sein, um der Verfassungsaufgabe zu entsprechen.[98]

Als problematisch im Hinblick auf die Gleichwertigkeit der Lebensverhältnisse galten und gelten insbesondere viele ländliche Räume. Zwar war noch in den 1980er Jahren zu lesen, ländliche Räume seien „im Zeitalter einer allgemeinen Angleichung industriegesellschaftlicher Lebensformen nur noch unscharf abzugrenzen und zu definieren" (Gatzweiler 1986: 21), doch erfuhr die Region als Dimension sozialer Ungleichheit dann vor dem Hintergrund der deutschen Vereinigung seit den 1990er Jahren eine Rethematisierung. So sind gerade im Ost/West-Vergleich regionale Disparitäten in Deutschland so deutlich vor Augen getreten, dass manche Beobachter vom „alten Konsens der Angleichung der Lebensverhältnisse und -chancen als Verwirklichung territorialer Gerechtigkeit" abrücken und empfehlen, die „grundsätzliche Verschiedenheit zwischen städtischen Zentren und entfernten Räumen" zu akzeptieren (Barlösius 2004a: 256). Dies gilt nicht nur für Ungleichheitsforscher, sondern auch für manche Politiker. Ein prominentes Beispiel für diesen Meinungswandel stellt eine Rede des Bundespräsidenten Horst Köhler dar, der im September 2004 für eine Akzeptanz dauerhaft unterschiedlicher Lebensverhältnisse in Ost und West plädierte. Er zog damit heftige Kritik auf sich; das Thema ist politisch nach wie vor stark tabuisiert.

Uns interessiert nun die Gleichwertigkeit der Lebensverhältnisse mit Blick auf die sich in den Inklusionsprofilen widerspiegelnden Aktivitätsmuster in Publikumsrollen: Sind die Bewohner peripherer ländlicher Gebiete tatsächlich durch typischerweise schwächere Inklusionen in viele Teilsysteme benachteiligt?[99] Zwei soziologische Argumentationsstränge stützen die Annahme einer solchen schwächeren Inklusion in ländlichen Regionen. Der eine bezieht sich – in Anlehnung an

---

[98]   Zur Illustration der niedersächsische Landtagsabgeordnete Dieter Steinecke (SPD): „Werden Briefkästen, besonders auf dem Land, weiter ausgedünnt, wäre dies ein Verstoß gegen das Gebot der wohnortnahen Versorgung mit postalischen Basisangeboten." (Niedersächsischer Landtag 2003: 933).

[99]   Zu dieser Frage geben bisherige Forschungen zu Stadt/Land-Unterschieden der Lebensstile und sozialen Netzwerken nicht viel her – siehe z.B. Schneider/Spellerberg (1999) und Hainz (1999).

Emile Durkheim (1893: 256-283) – auf direkte und indirekte Effekte unterschiedlicher sozialer Dichte.[100] So könnte man vermuten, dass bestimmte Aktivitäten in Regionen mit höherer sozialer Dichte eher betrieben werden können, weil dort zum einen eine größere Chance besteht, gleichgesinnte Andere wie z.B. politisch Engagierte mit einer bestimmten Parteipräferenz oder Interessenten an moderner Kammermusik zu finden, und zum anderen die erforderliche wirtschaftliche oder öffentliche Infrastruktur etwa in Form von Buchhandlungen oder Opernhäusern zur Verfügung steht.

Eine zweite Überlegung könnte regionale Unterschiede von Inklusionsprofilen auch darauf zurückführen, dass unterschiedliche Personengruppen in der Großstadt und auf dem peripheren Land leben. Dann stünden hinter der Variable des Wohnorts, genau besehen, andere Merkmale sozialer Lage, die sich auf die Inklusionsprofile auswirken – vorrangig die fünf auch bislang von uns ins Zentrum gerückten Lagemerkmale. Wenn etwa auf dem Lande überdurchschnittlich viele ältere Menschen lebten, kämen dort auch diejenigen Prägungen des Inklusionsprofils häufiger vor, die vom Lebensalter ausgehen. Dann könnte der – hier zunächst fiktiv zur Illustration angenommene – Tatbestand, dass man in peripheren ländlichen Regionen weniger in den Konsum inkludiert ist, nicht nur oder überhaupt nicht an mangelnder Infrastruktur, sondern daran liegen, dass ältere Menschen seltener einkaufen.

Natürlich sind beide Argumentationsstränge keine einander ausschließenden Alternativen, sondern können einander ergänzen. Um das Beispiel fortzuspinnen: Wenn erstens auf dem Lande mehr ältere Menschen lebten und diese seltener einkaufen gingen, wäre zweitens ein geringerer Bedarf an Einkaufsmöglichkeiten gegeben, weshalb drittens auch weniger Geschäfte existierten, was viertens wiederum weniger Konsumverlockungen vor Ort auch für andere Bevölkerungsgruppen bedeutete, wodurch fünftens auch diese weniger in die Wirtschaft inkludiert sein könnten. Hier zeigen sich im übrigen beispielhaft die mehrgliedrigen Kausalketten, die bestimmten Inklusionsverhältnissen und -profilen zugrunde liegen.

Was genau kennzeichnet nun periphere ländliche Räume?[101] Diese sind neben ihrer Lage fern von Oberzentren durch das Zusammentreffen einer Vielzahl ungünstiger Faktoren in ihrer Entwicklung benachteiligt: Dazu gehört die – für

---

[100]   Siehe dazu auch die Urbanitätstheorie von Claude Fischer (1995).

[101]   Periphere ländliche Räume entsprechen im Wesentlichen den vom Bundesamt für Bauwesen und Raumordnung (BBR) als „strukturschwache ländliche Räume mit starken Entwicklungsproblemen" bezeichneten Regionen (BBR 2000).

mitteleuropäische Verhältnisse – zum Teil extrem niedrige Bevölkerungsdichte, die zudem durch anhaltende Binnenwanderungsverluste, vor allem durch Abwanderung junger Menschen, verschärft wird. Beide Aspekte deuten auf „eine regelrechte Bevölkerungs-Implosion" (Kröhnert et al. 2005: 4) hin, die schließlich durch zusätzlich geringe Geburtenzahlen zu einer zunehmenden Überalterung dieser Räume führt. Weiterhin liegen häufig technische und soziale Infrastrukturdefizite vor; so ist oft das Angebot an öffentlichen Verkehrsmitteln stark eingeschränkt. Fehlende Arbeitsplätze im sekundären und tertiären Sektor führen dazu, dass die im Zuge des agrarstrukturellen Wandels arbeitslos gewordenen Erwerbstätigen kaum andere Beschäftigungsmöglichkeiten in der Region finden. Schließlich zieht, einer Abwärtsspirale folgend, die allgemein ungünstige Wirtschaftsstruktur eine geringe Investitionstätigkeit nach sich. Eindrucksvolle Beispiele für diese strukturschwachen ländlichen Räume sind weite Teile des Mecklenburg-Vorpommerschen Binnenlandes – das „wichtigste Kapital sind die Leere und die Landschaft" (Kröhnert et al. 2005: 36) – sowie Nordbrandenburgs.

An diese Charakterisierung anknüpfend, betrachten wir im Weiteren unter unseren Befragten diejenigen Personen, die in peripheren ländlichen Räumen leben. Auf der Basis unserer Daten zum Wohnort aller Befragten – mit Rückgriff auf Telefonvorwahlen und Postleitzahlen – setzen wir dafür folgende Kriterien fest:[102]

- Die Wohnorte der Befragten haben maximal 10000 Einwohner.[103]
- Die Bevölkerungsdichte des Landkreises, in dem diese Orte liegen, ist niedrig und beträgt maximal 120 Einwohner/km².[104]
- Für die Landkreise gilt, dass sie einen negativen Wanderungssaldo (das heißt maximal 0‰) aufweisen.[105]
- Daraus ergibt sich ein prognostizierter Bevölkerungsrückgang.

---

[102] Die Informationen zu den Orten und Kreisen stammen aus: http://de.freepedia.org/Liste_der_Land kreise_in_Deutschland.html. Daten, die eine wirtschaftliche Strukturschwäche indizieren, gingen nicht in die Auswahlkriterien ein.

[103] Zum Vergleich: 47% der Deutschen wohnen in Städten mit mindestens 100000 Einwohnern; 24% wohnen in Kleinstädten mit 5000 - 20000 Einwohnern (Schäfers 1998: 17).

[104] Die durchschnittliche Bevölkerungsdichte Deutschlands lag im Jahr 2005 bei 231 Einwohnern/km² (Institut der deutschen Wirtschaft Köln 2006: 118). Die Dichte variiert dabei zwischen 3883 Einwohnern/km² in München und 41 Einwohnern/km² im Kreis Müritz, Mecklenburg-Vorpommern (Wehling/Sattler 2001: 54).

[105] Auf Bundesländerebene betrachtet, trifft dies vor allem auf die ostdeutschen Bundesländer zu; von diesen weist lediglich Brandenburg ein positives Wanderungssaldo auf (Schäfers 1998: 23).

- Die Wohnorte der Befragten liegen nicht in unmittelbarer Nähe zu einer größeren Stadt beziehungsweise sind zumindest nicht verkehrsgünstig gelegen (z.B. in der Nähe einer Autobahn).

Die so gebildete Personengruppe vergleichen wir zum einen mit der Gesamtheit aller Befragten, zum anderen als Kontrast auch mit den Bewohnern der drei größten deutschen Städte (Berlin, Hamburg und München). In unserer Stichprobe befinden sich nach den genannten strengen Auswahlkriterien 87 Befragte, die in eindeutig peripher gelegenen ländlichen Räumen leben. Als Kontrastgruppe wählen wir die in unserer Stichprobe ebenfalls enthaltenen 164 Großstädter aus Berlin, Hamburg und München.[106]

Tabelle 10: Soziale Lagemerkmale der drei Befragtengruppen

	periphere Landbevölkerung (n = 87)	Gesamtstichprobe (n = 2110)	Großstädter (n = 164)
Geschlecht			
Frauen	51.7%	50.7%	55.5%
Männer	48.3%	49.3%	44.5%
Alter			
18 bis 29	20.9%	19.0%	22.7%
30 bis 44	27.9%	33.4%	28.2%
45 bis 59	27.9%	25.9%	24.5%
ab 60	23.3%	21.7%	24.5%
Altersdurchschnitt	44.7 Jahre	44.7 Jahre	45.1 Jahre
Bildung			
niedrig	30.4%	30.5%	26.4%
mittel	49.4%	44.6%	44.0%
hoch	20.3%	24.9%	29.6%
Ein-Personen-Haushalt	20.7%	23.0%	31.7%
Erwerbstätigkeit			
ja	57.0%	63.4%	56.7%
nein	43.0%	36.6%	43.3%
Arbeitsstunden/Woche	22.9 Stunden	24.7 Stunden	22.2 Stunden

---

[106] Als Signifikanzniveau legen wir in diesem Abschnitt aufgrund der geringen Fallzahl der Teilgruppen 10% (zweiseitig) fest.

	periphere Landbevölkerung (n = 87)	Gesamtstichprobe (n = 2110)	Großstädter (n = 164)
Haushaltseinkommen unter 1300 €	30.6%	18.4%	20.6%
1300 bis unter 2300 €	33.3%	29.4%	31.2%
2300 bis unter 3000 €	16.7%	22.4%	18.4%
ab 3000 €	19.4%	29.9%	29.8%

Bei der Betrachtung der Merkmale sozialer Lage zeigt sich nur im Hinblick auf das monatliche Haushaltseinkommen ein signifikanter Unterschied zwischen den Anteilswerten der Landbevölkerung und denen der Gesamtstichprobe. Auf dem entlegenen Land ist die niedrigste Einkommensklasse signifikant stärker und die höchste signifikant schwächer besetzt. Alle anderen vielleicht vermuteten Unterschiede existieren nicht. Weder wohnen in peripheren ländlichen Regionen mehr Ältere noch weniger Gebildete, weder mehr Singles noch mehr Menschen, die vergleichsweise weniger Stunden pro Woche arbeiten. Das bedeutet dann auch: Wenn es Unterschiede der Inklusionsprofile geben sollte, würden diese eher auf Effekte sozialer Dichte und – abgesehen vom Einkommen – kaum auf Einflüsse der sozialen Lage hindeuten. Von den beiden oben angesprochenen hypothetischen Argumentationen wird also die zweite bereits durch diese Datenlage stark relativiert.

Abbildung 12 zeigt, wie vor diesem Hintergrund die Inklusionsprofile der drei untersuchten Befragtengruppen aussehen:

Abbildung 12:   Inklusionsprofile der drei Befragtengruppen

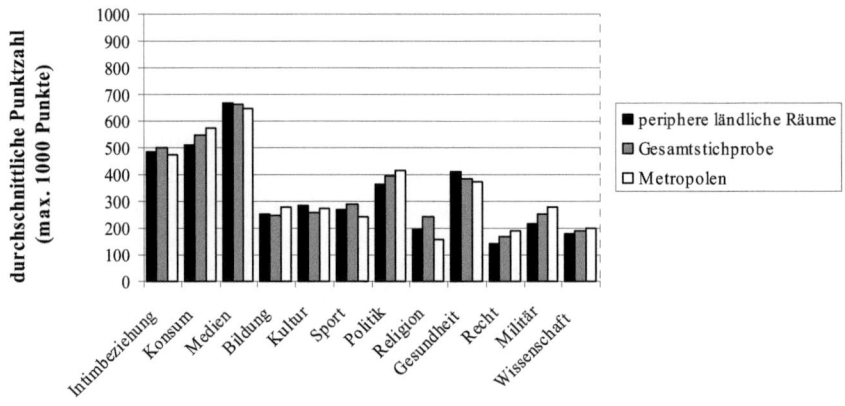

Nicht alle in der Grafik erkennbaren Abweichungen sind allerdings statistisch signifikant, daher sind im Folgenden allein die signifikanten Mittelwertdifferenzen dargestellt.[107]

---

[107]   Auf die Abbildung der Unterschiede zwischen den Metropolen und der Gesamtstichprobe haben wir aufgrund der Schwerpunktsetzung der Fragestellung auf die peripheren Räume hier verzichtet.

Abbildung 13: Signifikante Mittelwertabweichungen der peripheren ländlichen Räume von der Gesamtstichprobe in Punkten

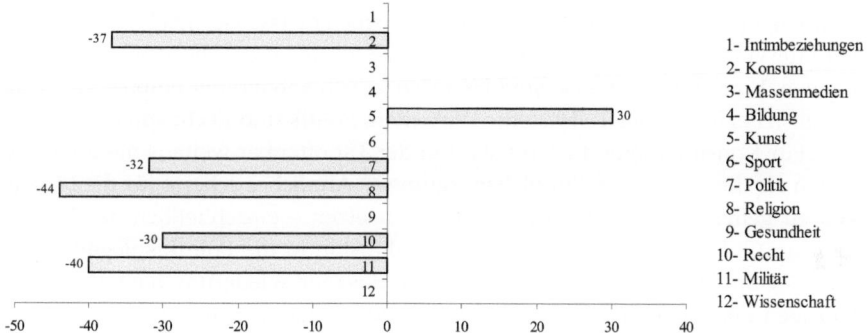

Abbildung 14: Signifikante Mittelwertabweichungen der peripheren ländlichen Räume von den Metropolen in Punkten

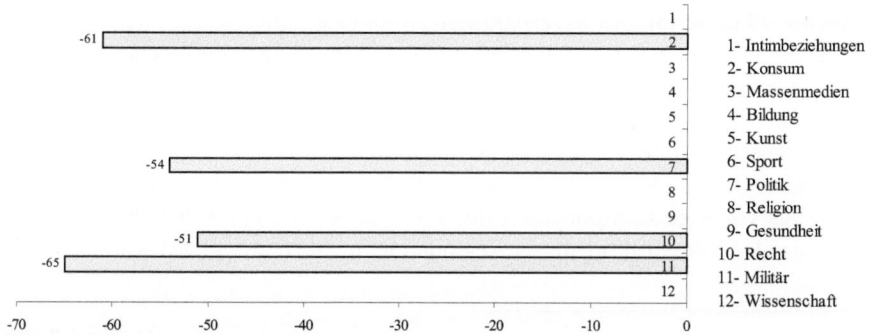

Wir konzentrieren uns auf den Vergleich der peripheren ländlichen Räume mit der Gesamtstichprobe (Abbildung 13). Die Assoziation eines Inklusionsrückstandes – durchaus mit der anklingenden negativen Konnotation – könnte man ja theoretisch erst einmal für die Teilsysteme Wirtschaft, Kunst, Sport, Gesundheit, Bildung, Wissenschaft, Politik und Recht hegen. Die intensivere Inklusion in diese Teilsysteme setzt – so könnte man meinen – eine gewisse Gelegenheits- und Infrastruktur voraus, die die peripheren ländlichen Räume möglicherweise nicht bieten können. Von Inklusionsrückstand lässt sich jedoch anhand der empirischen Daten lediglich bezüglich der Teilsysteme Wirtschaft, Politik und Recht sprechen.

Für Konsum bietet die Großstadt in der Tat offenbar weitaus mehr Gelegenheiten als die peripheren ländlichen Räume.[108] Ähnliches scheint für die Möglichkeit zu gelten, sich rechtlich auseinanderzusetzen – einschließlich der Möglichkeit, straffällig zu werden. Im Falle der Inklusion in die Politik spiegelt sich ein Interesse am öffentlichen Geschehen wider, das man wiederum in einen gewissen kausalen Zusammenhang mit auf dem Lande weniger gegebenen infrastrukturellen Gelegenheiten sowie Weiterbildungsmöglichkeiten bringen kann. Ein Blick auf die Ebene der teilsystemischen Einzelfragen zeigt aber auch, dass nicht allein die Infrastruktur für geringere Inklusionsgrade verantwortlich ist. So sprechen z.B. die Landbewohner statistisch signifikant seltener mit anderen über Politik – und dabei handelt es sich um eine Aktivität, die keiner institutionalisierten Angebote bedarf.[109]

Keinen Inklusionsrückstand der Bewohner peripherer ländlicher Räume gibt es bei den Teilsystemen Sport, Kunst, Bildung, Wissenschaft und Gesundheit, obwohl all diese Inklusionsverhältnisse zumindest teilweise auf öffentliche Infrastruktur angewiesen sind. Oft wird, auch auf Grundlage empirischer Daten, darüber geklagt, dass die gesundheitliche Versorgung der Menschen in peripheren ländlichen Regionen Lücken aufweise, jedenfalls klar schlechter sei als im Bundesdurchschnitt und vor allem in Großstädten. Doch in der Inklusionsintensität spiegelt sich das nicht wider, obwohl wir Arztbesuche und Krankenhausaufenthalte als wichtige Komponenten des Inklusionsindex gewählt haben. Auch die „kulturelle" Infrastruktur dieser Regionen ist nicht so ausgebaut wie im Bundes-

---

[108]   Dies etwas relativierend, lässt sich anmerken, dass die Bewohner peripherer ländlicher Regionen häufiger über Versandhäuser, Internet oder Teleshopping einkaufen als die beiden anderen Untersuchungsgruppen.

[109]   12.6% der entlegen lebenden Landbewohner sprechen mit anderen „nie" über Politik; in der Gesamtstichprobe sind dies lediglich 5.4% und in den von uns ausgewählten drei Großstädten sogar nur 3.0%.

durchschnitt; doch die Inklusion der Befragten in Kunst, Bildung und Wissenschaft ist nicht geringer als in der Gesamtgruppe. Hier könnte man prüfen, ob in peripheren ländlichen Regionen eher diejenigen Formen von künstlerischen Aktivitäten und Kunstrezeption, von Fort- und Weiterbildung sowie von Auseinandersetzungen mit Wissenschaft betrieben werden, die weniger Infrastruktur voraussetzen. Entsprechendes könnte auch beim Sport der Fall sein.

Bei den übrigen drei Teilsystemen, bei denen man nicht von vornherein auf einen Inklusionsrückstand der peripheren ländlichen Regionen getippt hätte, bestätigt sich diese Einschätzung.[110] Die Inklusion in die Massenmedien unterscheidet sich bei allen drei Befragtengruppen ebenso wenig wie die Inklusion in die Intimbeziehungen und in die Religion. Bei der Inklusion in die Religion hätte man ja vielleicht sogar einen Inklusionsvorsprung des Landes erwartet, den es aber so nicht gibt.[111]

Insgesamt können wir die These vom Inklusionsrückstand peripherer ländlicher Regionen nur für wenige Inklusionsverhältnisse bestätigen. Mehr noch: Es gibt überhaupt nur wenige signifikante Unterschiede des Inklusionsprofils der in diesen Regionen Lebenden sowohl gegenüber der Gesamtbevölkerung als auch gegenüber den in metropolitanen Räumen Lebenden. Dieses Ergebnis können wir als Fazit ziehen, ohne damit von einer vollständigen Einebnung regionaler Unterschiede zu sprechen; denn in sechs Teilsystemen unterscheiden sich die Bewohner peripherer Regionen von der Gesamtbevölkerung. Die unerwartet geringen Abweichungen des peripheren Landes harmonieren mit den – abgesehen vom monatlichen Haushaltseinkommen – eher marginalen Unterschieden in den Merkmalen sozialer Lage. Diese Befunde deuten darauf hin, dass der Faktor Region als Dimension sozialer Ungleichheit mit Bezug auf Inklusion wenig erklärungskräftig ist. Was die hier betrachteten Aktivitätsmuster anbetrifft, kann also zur Debatte der ungleichen Lebensverhältnisse in verschiedenen Regionen Deutschlands Entwarnung signalisiert werden. Zwei Vorbehalte müssen freilich festgehalten werden. Zum einen handelt es sich nur um explorative Ergebnisse. Eine Untersuchung, die auf der Basis größerer Fallzahlen verlässlichere Befunde

---

[110] Für die für Aspekte alltäglicher Lebensführung eher unerhebliche, gleichwohl signifikant schwächere Inklusion der Befragten in peripheren ländlichen Regionen in das Teilsystem Militär finden wir bislang keine plausible Erklärung.

[111] Die schwächere Inklusion der Befragten in peripheren ländlichen Regionen in die Religion geht auf einen ausgeprägten Ost/West-Unterschied zurück, hat also nichts mit Stadt/Land-Differenzen zu tun: Die 38 auf dem peripheren westdeutschen Land lebenden Befragten weisen einen teilsystemischen Mittelwert von 310 Punkten, die 49 auf dem peripheren ostdeutschen Land lebenden Befragten hingegen lediglich von 107 Punkten auf.

liefert, steht noch aus. Zum anderen beziehen sich alle Aussagen, die hier getroffen werden, auf Inklusion – nicht auf andere Aspekte ungleicher Lebensverhältnisse, die in ungleichheitstheoretischen Herangehensweisen thematisiert werden.

Ungleichheitstheoretisches Fazit
Was lässt sich allgemein zum Einfluss von Lagemerkmalen auf die Inklusionsprofile der Erwachsenenbevölkerung schlussfolgern? Man kann zunächst fragen:
Wird die Inklusion des Publikums in die verschiedenen Teilsysteme eher durch
„vertikale" oder durch „horizontale" Merkmale sozialer Ungleichheit geprägt?
Mit dieser Frage knüpfen wir an eine Debatte der Ungleichheitsforschung an, die
mit den Zweifeln an der Gültigkeit herkömmlicher Klassen- und Schichtmodelle
vor dem Hintergrund steigender Bildungschancen, steigenden Wohlstands und
einer Expansion wohlfahrtsstaatlicher Leistungen begonnen hat (Hradil 1987;
2004). Entgegengestellt werden den Klassen- und Schichtmodellen unter anderem
die Individualisierungsthese (Beck 1983; 1986) und Ergebnisse aus Lebensstil-
und Milieustudien (z.b. Schulze 1992; Vester et al. 2001), die, oft vorrangig de-
skriptiv, eine zunehmende Heterogenisierung entlang „horizontaler" Merkmale
wie Wohnformen und Lebensstile auch innerhalb gesellschaftlicher Gruppierun-
gen mit vergleichbarem sozio-ökonomischem Status aufzeigen können. Dass
derartige Individualisierungs- und Heterogenisierungsphänomene nicht zwingend bedeuten, dass „vertikale" Ungleichheitsdimensionen wie Erwerbstätigkeit,
Berufsprestige, Einkommen und Bildung bedeutungslos geworden sind, wurde
schon frühzeitig vermerkt (Geißler 1987; Noll/Habich 1990; Wahl 2003: 22-44).

Die Kategorisierung und Wirksamkeit von Lagemerkmalen unterschiedlicher
Bevölkerungsgruppen ist ein sehr vielschichtiges Thema (Barlösius 2004b). Ob ein
Merkmal lediglich „horizontal" im Sinne von Verschiedenartigkeiten wirksam ist,
wie beispielsweise verschiedene Lebensstildimensionen, oder ob es, und sei es nur
indirekt, auch „vertikale" Ungleichheiten schafft, wie in vielen Fällen die zunächst
nicht „vertikal" assoziierten Merkmale Alter und Geschlecht, kann vielfach nur im
konkreten Forschungskontext geklärt werden (Barlösius 2004a: 29, 89-91). Im vorliegenden Zusammenhang ist dazu zu bedenken, dass wir Inklusion wertneutral
fassen. Ein Mehr oder Weniger an Inklusion in eine spezifische Rolle oder ein
Teilsystem bedeutet nicht zwangsläufig eine Verbesserung oder Verschlechterung
von Lebenschancen. Im Zweifelsfall müsste dies fallweise und für jedes Inklusionsverhältnis einzeln geklärt werden. Für unsere Analysen von Inklusionsverhältnissen und Inklusionsprofilen stufen wir die Lagemerkmale Bildung und Einkommen als Schichtungsmerkmale, also als „vertikale" Faktoren, ein und rechnen

hierzu auch die zeitliche berufliche Einbindung.[112] Davon abgesetzt betrachten wir die askriptiven beziehungsweise „horizontalen" Merkmale Alter und Geschlecht.

Auch unter Berücksichtigung methodischer Vorbehalte lassen unsere Analysen zusammenfassend die Aussage zu, dass bei der überwiegenden Zahl der Teilsysteme entweder das Geschlecht oder das Alter diejenige Variable ist, der für die Stärke der Inklusion gegenüber den vertikalen Lagemerkmalen Bildung, Einkommen und berufliche Einbindung die größere Bedeutung zukommt. Je nach verwendetem Analyseverfahren – Entscheidungsbaumanalyse oder multiple Regression – lässt sich für elf beziehungsweise acht Teilsysteme eine vorrangige Erklärungskraft der Lagemerkmale Alter oder Geschlecht für die Stärke der Inklusion diagnostizieren.[113] Eindeutig sind die Ergebnisse für die Teilsysteme Wirtschaft, Bildung, Sport, Politik, Religion, Gesundheit, Militär und Wissenschaft. Die Stärke der Einbindung in die Publikumsrollen dieser Teilsysteme wird in besonderem Maße durch die Lagemerkmale Geschlecht oder Alter geprägt; erst an zweiter oder dritter Stelle und für bestimmte Teilgruppen der Erwachsenenbevölkerung treten „vertikale" Lagemerkmale wie Bildungsniveau oder Einkommen hinzu. Am ehesten relevant ist dann noch Bildung, was nicht die oftmals behauptete primäre Relevanz dieser Ungleichheitsdimension in der Wissens- und Informationsgesellschaft (Hradil 2004: 100-161), aber immerhin deren Primat unter den insgesamt sekundären „vertikalen" Lagemerkmalen bestätigt.

Prüft man nun grundsätzlicher die Determinationskraft von Lagemerkmalen insgesamt auf Inklusionsprofile, hatte bereits der Überblick gezeigt, dass die herangezogenen Lagemerkmale nicht als markante Erklärungsfaktoren für die Ausprägung eines Inklusionsprofils dienen können und dass kein teilsystemübergreifendes Muster der Prägung durch die fünf betrachteten Lagemerkmale existiert, das gegebenenfalls soziale Gemeinschaften mit einem ähnlichen Inklusionsprofil produzieren würde. Die Analysen zu den herausgegriffenen einzelnen Lagemerkmalen haben diesen generellen Befund bestätigt und weiter spezifiziert. Es ist nicht zu erwarten, dass Betrachtungen anderer Lagemerkmale gänzlich andersartige Ergebnisse zeitigen würden.

---

[112] Diese drei Merkmale bilden die berufliche Inklusion im weitesten Sinne ab. Üblicherweise wird das Berufsprestige erhoben.

[113] Für komplexe Datenanalyseverfahren gilt, dass sich die Ergebnisse verschiedener statistischer Verfahren – bei uns: multiple Regression und Entscheidungsbaumanalyse – auch bei gleicher Fragestellung und identischen Variablen mehr in gewissem Maße unterscheiden können. Das rührt zum einen daher, dass die Verfahren im Einzelnen voneinander abweichende Analysekriterien zugrunde legen. Zum anderen liegt es an der unterschiedlichen Eignung der Verfahren für die gleichzeitige Analyse verschiedener Variablen mit unterschiedlichen Ausprägungen und Skalenniveaus.

Insgesamt läuft dies auf eine doppelte Randständigkeit „vertikaler" Lagemerkmale bei der Erklärung der Ausprägungen von Inklusionsprofilen hinaus: Generell erklären Lagemerkmale zwar nicht gar nichts, aber doch nicht sehr viel – und was sie erklären, geht hauptsächlich auf die askriptiven Merkmale Geschlecht und Alter zurück. Das bedeutet aber nichts anderes, als dass die spezifisch modernen Lagemerkmale des Bildungsniveaus, des Erwerbsstatus und der Einkommenshöhe die Art und Weise der spezifisch modernen multiplen Partialinklusion in die funktional differenzierte Gesellschaft nur wenig prägen.

5.3 Die differenzierungstheoretische Perspektive: zeitliche und sachliche Determinanten von Inklusionsprofilen

Wir wollen nun prüfen, inwieweit zeitliche und sachliche Faktoren, auf die man aus differenzierungstheoretischer Perspektive stößt, Ausprägungen von Inklusionsprofilen erklären können. Hier geht es um eine mögliche Eigen-Determination von Inklusionsprofilen: Welche starken sachlichen Affinitäten beziehungsweise Inkompatibilitäten und zeitlichen Nullsummenkonkurrenzen zwischen verschiedenen Inklusionsverhältnissen gibt es nicht nur bei je einzelnen Gesellschaftsmitgliedern, sondern als übergreifende Muster in der Erwachsenenbevölkerung Deutschlands?

Zusammenhänge zwischen Teilsysteminklusionen
Hinsichtlich der sachlichen und zeitlichen Eigen-Determination von Inklusionsprofilen geben die Korrelationen zwischen je zwei Inklusionsverhältnissen Aufschlüsse, wobei die Lagemerkmale Geschlecht, Alter, Bildung, Haushaltseinkommen und wöchentliche Erwerbsarbeitsstunden herauspartialisiert wurden, sich ihr Einfluss also in den partiellen Korrelationswerten nicht mehr spiegelt (Tabelle 11).
Von 66 möglichen Korrelationen sind 30 dann signifikant, wenn man den Einfluss der Lagemerkmale kontrolliert. In fast allen, nämlich 29 Fällen handelt es sich um gleichgerichtete Korrelationen; die Ausnahme stellt der Zusammenhang zwischen den Inklusionen in die Teilsysteme Religion und Recht dar. Die teilsystemischen Inklusionen verstärken einander also in der Regel wechselseitig; allerdings ist die Prägekraft selten besonders stark: Nur vier der Koeffizienten haben über .20 liegende Werte, fünfzehn Koeffizienten liegen zwischen .10 und .20. Bei den vergleichsweise stärksten Zusammenhängen handelt es sich um die Kombinationen Politik-Medien, Politik-Bildung, Politik-Wissenschaft und Bildung-Wissenschaft. Das nahezu vollständige Fehlen von Inkompatibilitäten zwischen teil-

systemischen Inklusionen deutet darauf hin, dass es auf der Ebene von Inklusion keine systematischen Zeitkonkurrenzen zu geben scheint. Einschränkend ist zu diesem Befund jedoch zu sagen, dass Inklusion nicht mit einem Zeitbudget oder zwingend der – zeitlich und sachlich – wünschenswerten Inklusion gleichzusetzen ist. Gegen „zeitharmonische" Inklusionsprofile spricht etwa, dass sich 43% der Befragten oft unter Zeitdruck und getrieben fühlen – unter den mindestens 30 Wochenstunden erwerbstätigen Müttern sind es sogar fast zwei Drittel. Insbesondere für die Teilsysteme Intimbeziehungen, Kunst, Sport und Bildung möchten die Befragten insgesamt auch gern mehr Zeit haben.[114]

Tabelle 11: Partielle Korrelationen zwischen teilsystemischen Inklusionsverhältnissen

Teilsysteme		1	2	3	4	5	6	7	8	9	10	11	12
Intimbezie-hungen	1						.07		.15				
Konsum	2			.17			.12	.14			.15		
Massen-medien	3				.11	.10	.16	.22			.09		
Bildung	4					.19		.20			.08		.23
Kunst	5							.18	.15				.14
Sport	6							.07				.09	
Politik	7								.08		.15	.21	.15
Religion	8										-.07		
Gesundheit	9										.08		.07
Recht	10											.09	.11
Militär	11												.08
Wissenschaft	12												

Signifikanzniveau 1% zweiseitig; herauspartialisiert sind Geschlecht, Alter, Bildung, Haushaltseinkommen, wöchentliche Arbeitsstunden

Betrachtet man nochmals die gleichgerichteten Zusammenhänge, dann zeigt sich, dass die Inklusion in die Politik vergleichsweise mit den meisten anderen Inklusionsverhältnissen korreliert, und zwar bei neun anderen Teilsystemen, auch sind drei der höchsten Korrelationswerte hier zu finden. Dies ist durchaus plausibel, z.B. gewinnt man Informationen zur Politik (ebenso wie übrigens zum Sport)

---

[114] Es wurde danach gefragt, ob man für den jeweiligen Lebensbereich gern mehr oder weniger Zeit aufwenden würde oder ob der Zeitaufwand gerade richtig sei.

häufig durch die Massenmedien. Interesse und Engagement in verschiedenen Lebensbereichen sind mit politischer Inklusion in gewissem Maße sachlich verknüpft, z.b. in der Weiterbildung, der Kunst, der Wissenschaft oder im Recht. Auch besteht beispielsweise zwischen der Stärke der Inklusion in die Politik und in die Religion ein recht schwacher, aber immerhin signifikanter Zusammenhang, der nicht, darauf ist nochmals hinzuweisen, durch das Alter oder andere Lagemerkmale bedingt ist.

Die wenigsten Korrelationen hingegen findet man für die Teilsysteme Intimbeziehungen und Gesundheit. Inklusion in Partnerschaft und Familie könnte zeitliche Restriktionen für andere Tätigkeiten, z.b. eine Weiterbildung, mit sich bringen. Genauso hätte man aber auch vermuten können, dass z.B. Partner und Kinder erst zu bestimmten Inklusionen führen, z.B. zum gemeinsamen Kinobesuch. Empirisch lassen sich jedoch beide Tendenzen nicht nachweisen – oder möglicherweise heben sie einander gegenseitig auf. Die bivariat signifikanten Korrelationen z.B. mit der Inklusion in Weiterbildung und in Kunst verschwinden, wenn man das Alter berücksichtigt. Hier ist also eher eine typische Lebensphase als eine sachliche Affinität für einen gleichgerichteten Zusammenhang der Inklusionen in diese Teilsysteme verantwortlich. Gleichgerichtete Korrelationen unter Kontrolle der Lagemerkmale gibt es schließlich noch zur Inklusion in den Sport und die Religion, wobei der Zusammenhang beim Sport stärker auf Freunde und Verwandte zurückgeht, bei der Religion auf Kinder (möglicherweise in einem Alter, in denen sie zur Erstkommunion oder Konfirmation gehen) und Verwandte.

Im Gesundheitssystem hätte man – etwa für chronisch Kranke – sogar recht starke Inkompatibilitäten zu anderen Inklusionsverhältnissen vermuten können. Das empirische Ergebnis lautet dagegen: Starke (schwache) Inklusion in die Gesundheit – die allerdings, z.B. im Falle regelmäßiger Vorsorgeuntersuchungen, nicht gleichbedeutend mit Krank- oder Gesundsein ist – geht nicht typischerweise einher mit schwacher (stärkerer) Inklusion in andere Teilsysteme.[115] Zu den Inklusionen in die Teilsysteme Recht und Wissenschaft (die teilweise zu Hause erfolgen können, z.B. schriftlich Einspruch einlegen oder wissenschaftliche Publikationen lesen) gibt es sogar, wenngleich schwache, gleichgerichtete Zusammenhänge.

Bisher haben wir Zusammenhänge zwischen jeweils zwei Inklusionsverhältnissen betrachtet und dabei den Einfluss verschiedener Lagemerkmale kon-

---

[115] Das Ergebnis wird bestätigt, wenn man anstelle des Index der Inklusion in Gesundheit lediglich die Häufigkeit des Arztbesuchs im letzten Jahr zugrunde legt.

trolliert. Um von diesen einzelnen Zusammenhängen den Blick noch stärker auf das Inklusionsprofil als Ganzes zu richten, bedienen wir uns im Weiteren solcher multivariater Methoden, die auf der Basis der empirischen Daten übergreifende Muster der Ausprägungen aller zwölf teilsystemischen Inklusionsverhältnisse erkennen können: der Faktoren- und Clusteranalyse (Backhaus et al. 2003: 260-307, 481-524).

Tabelle 12: Faktorenanalyse über alle zwölf Teilsystemindizes

Rotierte Komponentenmatrix[a]

	Komponente			
	1	2	3	4
Intimbeziehungen	-.157	.499	.420	
Konsum	.224	.454	-.174	.250
Massenmedien	.310	.578		-.100
Bildung	.255	.112	.348	-.610
Kultur	.244		.652	-.143
Sport		.703		-.133
Politik	.670	.103	.150	.181
Religion	-.125		.642	.454
Gesundheit			.115	.706
Recht	.566	.225	-.236	
Militär	.381			-.101
Wissenschaft	.646	-.164	.205	-,175

Extraktionsmethode: Hauptkomponentenanalyse.
Rotationsmethode: Varimax mit Kaiser-Normalisierung.
a. Die Rotation ist in 7 Iterationen konvergiert. Werte unter einem Betrag von .10 sind nicht angezeigt.

Die Faktorenanalyse extrahiert vier Faktoren, deren Varianzaufklärung zusammen 47% beträgt (Tabelle 12):

▪ Diejenigen Teilsystemindizes, die auf Faktor 1 die höchste Faktorladung aufweisen, sind Politik, Wissenschaft und Recht. Die Intensitäten der Inklusion in diese Teilsysteme gehen systematisch miteinander einher. Es handelt sich dabei um Inklusionsverhältnisse, bei denen die Varianzaufklärung durch die Inklusion in die jeweils anderen elf Teilsysteme höher ist als durch die fünf betrachteten Lagemerkmale (siehe Abschnitt 5.4).

- Für den Faktor 2 sind es die Indizes für Sport, Massenmedien, Intimbeziehungen und Konsum, die die höchsten Faktorladungen aufweisen, bei denen die Ausprägungen der Inklusionsintensitäten also miteinander einhergehen.
- Auf Faktor 3 laden die Indizes für Kunst, Religion und ebenfalls für Intimbeziehungen hoch.
- Bei Faktor 4 sind es Gesundheit und Bildung (Letztere mit gegenläufigem Vorzeichen) sowie ebenfalls Religion.

Dies sind Zusammenhangsmuster, die man mit Blick auf die Inklusionsprofile der betreffenden Personen inhaltlich noch etwas weiter umschreiben kann. Faktor 1 verweist auf Personen, in deren Inklusionsprofil entweder ein ausgeprägtes Interesse an öffentlichen Angelegenheiten besteht, oder umgekehrt ein ausgeprägtes Desinteresse. Dem steht Faktor 2 gegenüber, der eine eher privatistische Grundhaltung – als vorhanden oder gerade nicht vorhanden – ausdrückt. Wer sich zugleich stark für Politik und Wissenschaft interessiert, ist damit in Sinnhorizonte inkludiert, die über die eigenen, ganz persönlichen Belange hinausreichen; das Zusammengehen mit einer starken Inklusion ins Recht passt allerdings nicht ohne weiteres in dieses Bild.[116] Wer demgegenüber stark in Intimbeziehungen und die Massenmedien, die auch einen Teil seiner Sportinteressen bedienen, eingebunden ist, lebt eher „häuslich" und beteiligt sich an der Haushaltsführung, was entsprechende Konsumaktivitäten mit sich bringt. Faktor 3 ist zwiespältig: Die Kombination von starker Inklusion in Kunst und Religion – beziehungsweise deren bestimmte Negation – deutet auf ausgeprägte kulturelle Interessen hin, wozu allerdings die ebenfalls starke Inklusion in die Intimbeziehungen in keiner evidenten Beziehung steht; hingegen könnte die Kombination von starker Inklusion in Intimbeziehungen und Religion auf eine eher traditionale Lebensführung hindeuten, was dann wiederum ungeklärt neben dem starken Interesse an Kunst steht. Für beide Deutungen dieses Faktors ließen sich plausible Erklärungen des jeweils dritten Inklusionsverhältnisses benennen, die in weiteren Analysen zu

---

[116] Wie immer bei solchen Aussagen über Aggregate lassen sich nur Tendenzen konstatieren, denen nicht jeder Einzelfall entspricht. So lässt sich natürlich auch derjenige Aktivist einer Bürgerinitiative denken, der sich nur zeitweise wegen höchst partikularer Eigeninteressen politisch engagiert – und vielleicht dann auch deswegen stärker ins Rechtssystem inkludiert ist, weil er Klagen gegen die Kommune laufen hat. Solche Gegenbeispiele finden sich zu allen im Weiteren vorgenommenen generellen Charakterisierungen der vier Faktoren.

prüfen wären: Bei vermutlich eher jüngeren Personen könnten die kulturellen Interessen an Kunst und Religion in Verbindung mit einer Betonung der Intimbeziehungen auf eine übergreifende Haltung der Sinnsuche hindeuten; und in einer traditionalen Lebensführung können bestimmte Kunstinteressen eine weitere Komponente neben Familie und Religion darstellen. Faktor 4 schließlich stellt durch die Betonung der – gegebenen oder gerade nicht gegebenen – starken Inklusion ins Gesundheitssystem den Bezug auf die körperliche Verfassung heraus. In Verbindung mit einer ebenfalls ausgeprägten Inklusion ins Religionssystem sowie einer damit einhergehenden schwachen Inklusion ins Bildungssystem denkt man an ältere Menschen.

Es zeigt sich, dass die Faktoren plausible Muster miteinander einhergehender Intensitäten von Inklusion herausarbeiten. Man hätte – und das auch noch auf der Basis einzelner bivariater Zusammenhänge – teilweise andere Zusammenhänge vermuten können. Beispielsweise hätte man sich einen Faktor vorstellen können, auf dem verschiedene typische Freizeitbereiche hoch laden. Die Inklusionsintensitäten in Kunst und Sport etwa gehen jedoch auch nach dieser analytischen Herangehensweise nicht zusammen. Hier zeigt sich nochmals besonders deutlich der Erkenntnisgewinn einer Herangehensweise, die nicht nur ein oder zwei, sondern alle in der differenzierungstheoretischen Herangehensweise relevanten Inklusionsverhältnisse gleichzeitig betrachtet; erst diese Perspektive ermöglicht den Blick auf die vorgestellten Muster.

Die angesprochene Verknüpfung der vorgefundenen Inklusionsprofile zu sozialen Lagen soll nun noch etwas genauer in den Blick genommen werden: Insbesondere Männer, Personen mit hohem Bildungsabschluss, vielen wöchentlichen Arbeitsstunden und höherem Haushaltseinkommen haben hohe Werte bei Faktor 1. Plakativ zugespitzt: stark beruflich eingespannte Männer der oberen Mittelschicht. Die soziale Lage in Faktor 2 ist im Fall hoher Faktorwerte durch ein mittleres Alter – vor allem die Gruppe der 30- bis 44-Jährigen – in Kombination mit insbesondere mittlerer Bildung, vielen Arbeitsstunden und höherem Haushaltseinkommen gekennzeichnet. Eine Geschlechtsspezifik zeigt sich hingegen nicht. Wiederum zugespitzt: Männer und Frauen mittleren Alters, die in Partnerschaften oder Familien leben. In Faktor 3 haben eher Frauen, jüngere Menschen und Personen mit wenigen Arbeitsstunden tendenziell höhere Faktorwerte. Das passt sowohl zu einer traditionalen Lebensweise als auch zu einer kulturellen Sinnsuche. Zugespitzt gegenübergestellt: die jüngere Frau, die familienzentriert für Kinder und Haushalt lebt, oder der noch mit seinem Leben experimentierende jüngere Mensch, vorzugsweise wiederum weiblich. Faktor 4 schließlich geht deutlich in die schon angesprochene Richtung, insofern hier höhere Werte vor allem bei Älteren, Frauen sowie Personen mit wenigen Arbeitsstunden oder nicht Erwerbstätigen zu finden sind – zugespitzt: Rentnerinnen.

Daraus, dass die Faktoranalyse signifikante Zusammenhänge zwischen bestimmten teilsystemischen Inklusionsverhältnissen zeigt, kann man somit einerseits auf eine gewisse Wirkungskraft sachlicher und zeitlicher Determinanten von Inklusionsprofilen, also deren Eigen-Determination schließen. Andererseits sind diese Zusammenhänge offensichtlich ihrerseits in bestimmten sozialen Lagen verankert – ohne dass man von einer starken Determination sprechen kann. Das Bild klärt sich weiter, zieht man nun noch die Clusteranalyse heran. Sie fasst Fälle aufgrund ihrer relativen Ähnlichkeiten hinsichtlich bestimmter Merkmalsausprägungen zu Gruppen zusammen. Den Clustern lässt sich also jeweils eine bestimmte Anzahl von Fällen innerhalb des Gesamtsamples zuordnen.

Wählt man eine Variante, in der drei Cluster herausgearbeitet werden, so zeigt sich folgender Befund (Tabelle 13):

Tabelle 13:   Clusterzentrenanalyse der Inklusion in zwölf Teilsysteme
                (3-Cluster-Lösung)

Clusterzentren der endgültigen Lösung

	Cluster		
	1	2	3
Intimbeziehungen	803	331	488
Konsum	551	546	551
Massenmedien	683	638	705
Bildung	201	143	605
Kunst	269	227	316
Sport	308	234	396
Politik	393	392	409
Religion	313	225	169
Gesundheit	392	400	323
Recht	174	160	190
Militär	253	238	305
Wissenschaft	190	170	248

angezeigt sind Inklusionsmittelwerte; C1: n = 623; C2: n = 1079; C3: n = 408

Die Clusterzentrenanalyse zeigt für jedes Cluster die Mittelwerte der Inklusionsintensität in den verschiedenen Teilsystemen an. Graphisch dargestellt, fallen die Clusterunterschiede, insbesondere in den Teilsystemen Intimbeziehungen und Bildung, aber auch Sport und Religion, stärker ins Auge (Abbildung 15):

Abbildung 15: Clusteranalyse der Inklusion in zwölf Teilsysteme (graphisch)

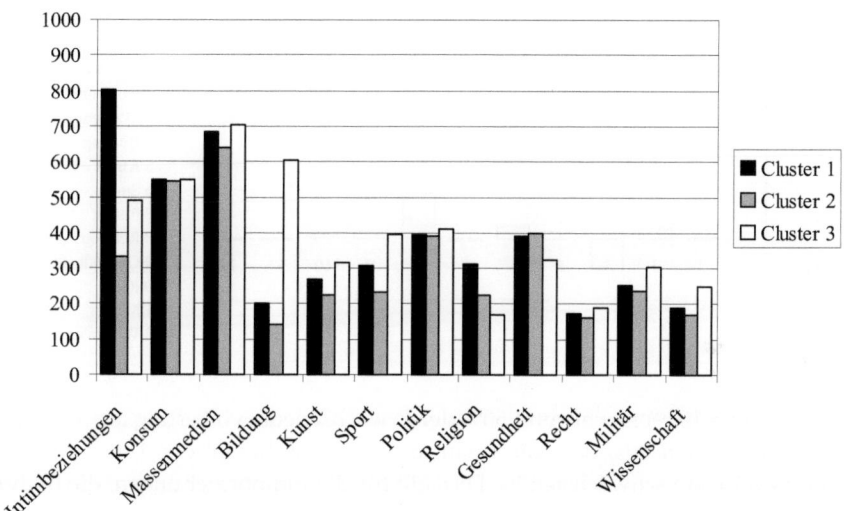

Bevor man sich die Cluster je für sich genauer anschaut, lässt sich bereits festhalten, dass sie sich hinsichtlich dreier Inklusionsverhältnisse kaum unterscheiden, und zwar hinsichtlich der Inklusion als Konsument in die Wirtschaft, in die Politik und ins Rechtssystem. Diese drei Inklusionsverhältnisse sind bei den drei Gruppen von Gesellschaftsmitgliedern, die sich ansonsten deutlich voneinander unterscheiden, sehr ähnlich.

Cluster 1 (n = 623) macht knapp 30% der Erwachsenenbevölkerung aus und weist als zentrales Merkmal eine starke Inklusion in die Intimbeziehungen auf. Überdurchschnittlich ist ebenfalls die Inklusion dieser auf Privatheit und oft noch enger auf Partnerschaft und Familie zentrierten Menschen in die Religion. Ansonsten zeichnet sich dieses Cluster durch eher durchschnittliche Werte aus, ähnelt somit dem Bild der Inklusionsverhältnisse, wie es für die Gesamtheit der Erwachsenenbevölkerung als Durchschnitt vorliegt. Es handelt sich also um *in Intimbeziehungen stark inkludierte, auf breiter Front eher durchschnittlich inkludierte Personen.*

Abbildung 16:   Abweichungen Cluster 1 vom Gesamtsample
            (Mittelwerte in Punkten)

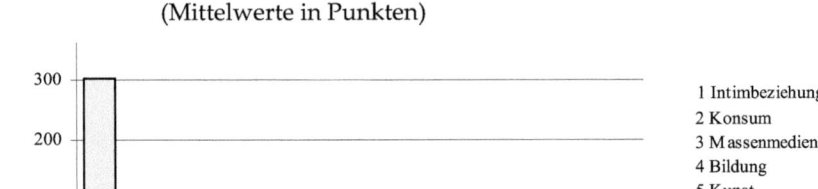

Cluster 2 (n = 1079) macht rund 50% der Erwachsenenbevölkerung aus und zeichnet sich dadurch aus, dass die Inklusion in der Mehrzahl der Teilsysteme vergleichsweise am schwächsten ist. Dies gilt für die Intimbeziehungen, die Bildung,
den Sport, die Kunst, die Massenmedien, die Wissenschaft und das Militär. Auch
die Inklusionswerte in den anderen Teilsystemen sind leicht unterdurchschnittlich mit Ausnahme des Teilsystems Gesundheit. Aufgrund der nur leicht über
dem Gesamtmittelwert liegenden Inklusion kann man jedoch nicht auf eine
Gruppe von aus Krankheitsgründen ansonsten von Teilhabe Ausgeschlossenen
sprechen. In diesem Cluster finden sich also die *auf breiter Front schwach, damit
insgesamt unterdurchschnittlich Inkludierten.*

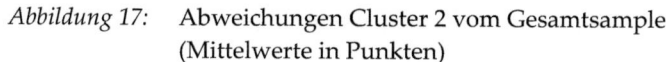

Abbildung 17: Abweichungen Cluster 2 vom Gesamtsample
(Mittelwerte in Punkten)

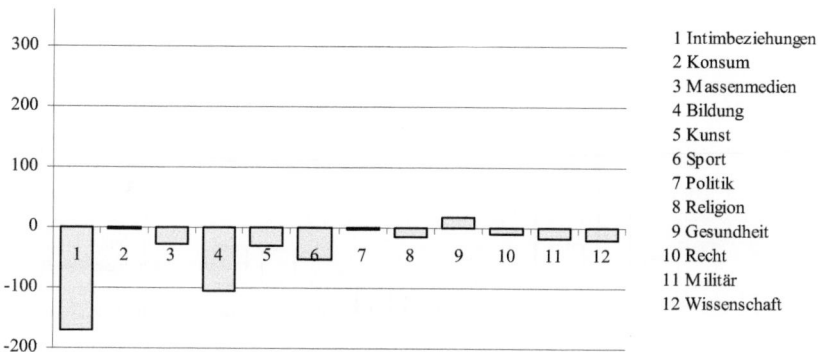

Cluster 3 (n = 408) macht knapp 20% der Erwachsenenbevölkerung aus. Angehörige dieses Clusters weisen bei acht Teilsystemen die durchschnittlich stärksten Inklusionswerte auf. Dies gilt insbesondere für die Bildung, dann aber auch für den Sport, die Kunst, die Wissenschaft, das Militär und die Massenmedien. Auch beim Recht und der Politik, das heißt bei zweien der Teilsysteme, in denen sich kaum Unterschiede zwischen allen drei Clustern zeigen, liegt dieses Cluster knapp vorn. Damit gilt die überdurchschnittliche Inklusion sowohl für klassische Freizeitbereiche als auch für über den Privatbereich im engeren Sinne hinausreichende Interessen. Lediglich bei den Inklusionen in Religion und Gesundheit weisen Personen aus Cluster 3 den niedrigsten Mittelwert aller drei Cluster auf. Dies ist das Cluster mit dem ausgeprägtesten eigenen, das heißt vom Gesamtsample abweichenden Profil (Abbildung 18). Es wird durch *auf breiter Front stark, also insgesamt überdurchschnittlich Inkludierte* gebildet.

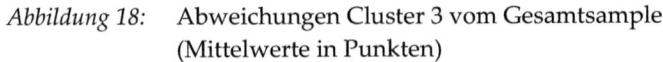

Abbildung 18:   Abweichungen Cluster 3 vom Gesamtsample
                   (Mittelwerte in Punkten)

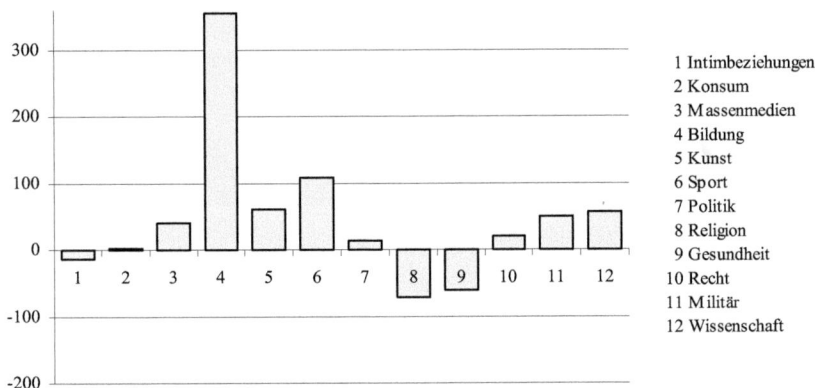

Mit diesen drei Clustern kristallisieren sich somit weniger spezifische Bezüge zu
bestimmten Inklusionsverhältnissen (wenngleich Cluster 1 einen Schwerpunkt in
den Bereichen Intimbeziehungen und Religion, Cluster 3 insbesondere in den
Teilsystemen Bildung und Sport hat) heraus. Es sind vielmehr Gesamtbilder der
über-, der unter- und der durchschnittlichen Inklusion über die gesellschaftlichen
Teilsysteme hinweg. Welche sozialstrukturellen Gruppen finden sich nun in
welchem Cluster – mit welchen Lagemerkmalen geht die relative Gesamtintensität des Inklusionsprofils einher?

    Cluster 1 (die durchschnittlich Inkludierten) weist einen leicht erhöhten
Frauenanteil auf; die mittleren Altersgruppen überwiegen sowie eine tendenziell
schwächere Einbindung in Erwerbsarbeit (unter 30 Stunden pro Woche). Solche
Personen leben vorrangig in Paarbeziehungen, dann überwiegend mit Kind; kein
einziger Single findet sich in Cluster 1 – was den geringen Anteilswert in der
niedrigsten Einkommensgruppe erklärt. Berechnet man ein Äquivalenzeinkom-
men, sind für Cluster 1 mittlere Haushaltseinkommen charakteristisch.[117]

---

[117]   Das Äquivalenzeinkommen wurde (hier klassifiziert mit sechs Ausprägungen) nach der in den
         1990er Jahren modifizierten OECD-Skala berechnet. Es weist jedoch eine Unschärfe auf, die bei In-
         terpretationen zu berücksichtigen ist: Als Berechnungsbasis musste die Mitte der abgefragten Ein-
         kommensklassen (inklusive Schätzung eines Wertes bei der letzten, nach oben offenen Klasse) ge-
         wählt werden. Ein Vorteil gegenüber der Variable „Haushaltseinkommen" besteht hingegen in der

Cluster 2 (die unterdurchschnittlich Inkludierten) zeichnet sich durch mittle-re bis höhere Altersgruppen aus, beide Geschlechter sind gleich vertreten, bei der Bildung liegen die Personen leicht unterdurchschnittlich. Hier geht ein hoher Anteil von Singles – insbesondere, aber nicht nur in der Altersgruppe ab 60 Jah-ren – mit einem eher geringen bis mittleren Haushaltseinkommen in der Hälfte der Fälle einher. Die Betrachtung des Äquivalenzeinkommens relativiert dies insofern, als im Clustervergleich durchaus mittlere und höhere Einkommen ver-gleichsweise häufig vorkommen. Nach 37% Singles in diesem Cluster folgen hinsichtlich der Häufigkeit der Formen des Zusammenlebens 30% Paare ohne Kinder und 26% Eltern.

In Cluster 3 (die überdurchschnittlich Inkludierten) ist der höchste Anteil junger Menschen zu finden (55% unter 30 Jahre, nur 4% 60 Jahre oder älter), zu-dem etwas mehr Männer (55%) sowie ein gegenüber dem Gesamtsample leicht erhöhter Anteil von Personen mittlerer Bildung. Die Verteilung der Arbeitsstun-den ist durchschnittlich, das Haushaltseinkommen – bei dem mit 13% ein hoher Anteil von „weiß nicht"-Antworten auffällt – weist sowohl im niedrigen als auch im höheren Bereich leicht überdurchschnittliche Werte auf. Auch hier zeigen sich wiederum Zusammenhänge der Clusterzugehörigkeit mit dem Alter und den Haushaltsformen. In Cluster 3 findet sich der höchste Anteil von Personen in sonstigen Wohnformen, das heißt für die unter 30jährigen zumeist, dass sie noch bei ihren Eltern leben und dass ihr relativ hohes Haushaltseinkommen nicht unbedingt aus eigenem Erwerbseinkommen resultiert – das Äquivalenzeinkom-men liegt entsprechend eher im niedrigen bis mittleren Bereich. Unter denjenigen mittleren Alters (30-59 Jahre) lebt über die Hälfte mit Kindern im Haushalt.

Insgesamt zeigt sich, dass sich zwei horizontale Lagemerkmale – die Form des Zusammenlebens (C = .52) und die Altersgruppe (C = .45) – als besonders erklärungskräftig für die Clusterzugehörigkeit, also für die relative Gesamtinten-sität des Inklusionsprofils, erweisen. Das Geschlecht prägt allerdings nicht die relative Gesamtintensität des Inklusionsprofils einer Person. Auf Seiten der „ver-tikalen" Ungleichheitsmerkmale haben das Haushaltseinkommen (C = .29 bezie-hungsweise C = .24 beim Äquivalenzeinkommen) und die Arbeitsstunden (C = .14)[118] für sich genommen eine etwas höhere Bedeutung als in unseren bishe-

---

Berücksichtigung der Anzahl und des Alters (unter/ab 14 Jahre) der Haushaltsmitglieder. Bei beiden Variablen ist zu berücksichtigen, dass insgesamt 356 Personen keine statistisch verwertbare Angabe zu ihrem Einkommen gemacht haben („weiß nicht" beziehungsweise „Antwort verweigert").

[118] Die korrigierten C-Werte nach Berücksichtigung der unterschiedlichen Tabellengrößen (je nach An-zahl der Ausprägungen des Lagemerkmals) liegen sogar jeweils noch etwas höher.

rigen Analyseschritten erkennbar, während sich hinsichtlich der Bildung keine deutlichen Clusterunterschiede zeigen. Weiter gehende Analysen geben jedoch Hinweise darauf, dass auch diesen Zusammenhängen mit „vertikalen" Lagemerkmalen teilweise die „horizontalen" Merkmale Alter und Haushaltsform zugrunde liegen, wenn etwa in Cluster 2 viele Ältere nicht erwerbstätig sind oder in Cluster 1 das vollständige Fehlen von Ein-Personen-Haushalten einen geringen Anteil in den niedrigen Einkommensgruppen plausibilisiert.

Zugespitzt lässt sich zum Zusammenhang zwischen der relativen Gesamtintensität eines Inklusionsprofils und sozialer Lage sagen, dass die Lebensphase, in der man sich befindet, den größten Einfluss darauf hat, wie das Inklusionsprofil aussieht. Es lassen sich folgende Tendenzen formulieren:

- Eine durchschnittliche Gesamtintensität des Inklusionsprofils (Cluster 1) findet sich häufig bei Paaren mittleren Alters, oft mit Kindern.
- Eine unterdurchschnittliche Gesamtintensität des Inklusionsprofils (Cluster 2) geht mit höherem Alter und/oder dem Single-Dasein einher.
- Einer überdurchschnittlichen Gesamtintensität des Inklusionsprofils (Cluster 3) schließlich liegt teils die Kombination von „jung" und „ungebunden" zugrunde, aber auch familiale Lebensformen können mit diesem Inklusionsmuster verknüpft sein.

Die Clusteranalyse zeigt nochmals, dass sich hinter dem am Anfang dieses Kapitels gezeichneten Gesamtbild des Inklusionsprofils der deutschen Erwachsenenbevölkerung eine hochgradige Variationsbreite verbirgt, und dass dies auch dann gilt, wenn man eine Stufe tiefer scheinbar homogene Untergruppen näher betrachtet. Am Beispiel der über 60-jährigen Menschen lässt sich dieser Sachverhalt noch etwas weiter vertiefen.

Betrachtet man zunächst das Inklusionsprofil dieser Gruppe im Vergleich zur Gesamtheit, zeigt sich im Wesentlichen Erwartbares: Sie sind häufig schwächer inkludiert, insbesondere in die Teilsysteme Bildung, Intimbeziehungen, Sport sowie – mit geringeren Abweichungen – auch in die Teilsysteme Medien, Wirtschaft, Kunst, Recht und Militär. Stärker inkludiert sind die Älteren hingegen in Gesundheit, Religion und auch Politik; bei der Inklusion in die Wissenschaft gibt es keinen signifikanten Unterschied zur Gesamtheit. Bei der Untersuchung von Clustern innerhalb der Gruppe der Älteren (n = 454) ergeben sich dann allerdings – in diesem Gesamtbild nicht erkennbare – Differenzierungen. Die Kombination einer überdurchschnittlichen Inklusion in Gesundheit und Religion und zugleich unterdurchschnittlicher Inklusion in Intimbeziehungen, Bildung und

Sport trifft gerade einmal auf 18% der Älteren zu. Knapp ein Drittel der Älteren (Cluster 1 der Altergruppe 60+, n = 141) weist in elf der Teilsystemen – außer im Bildungssystem – eine im Vergleich zur Gesamtheit mindestens durchschnittliche Inklusion auf, in den Teilsystemen Religion und Politik liegt sie über dem Durchschnitt. Eine weitere Gruppe (Cluster 2 der Altergruppe 60+, n = 162) ist zwar durch oft vergleichsweise niedrige Inklusionswerte gekennzeichnet, dies betrifft allerdings auch die Teilsysteme Gesundheit und Religion. In einer dritten Gruppe (Cluster 3 der Altergruppe 60+, n = 151) schließlich geht eine hohe Inklusion in das Teilsystem Gesundheit zwar mit mittleren bis niedrigen Inklusionen in die anderen Teilsystemen einher – auch hier schließt das eine unterdurchschnittliche Inklusion in das Religionssystem ein. Jedoch werden in den Teilsystemen Sport und Kunst zumindest höhere Werte als in Cluster 2 erreicht. Eine Teilhabe an außerhäuslich orientierten Aktivitäten wird damit durch die hohe Inklusion ins Gesundheitssystem nicht unmöglich gemacht.

Das Beispiel zeigt im Übrigen nochmals auf, welche Muster im Aktivitätshaushalt einer Gruppe erst sichtbar werden, wenn man das teilsystemübergreifende Inklusionsprofil und nicht bloß einzelne teilsystemspezifische Inklusionsverhältnisse isoliert in den Blick nimmt. Die Ausprägungen der Profile lassen sich zu durchaus prägnanten Charakterisierungen zuspitzen. Damit sind Faktoren beziehungsweise Cluster auch ein möglicher Ausgangspunkt, wenn Inklusionsprofile im Kontext weiterführender Fragestellungen die Rolle erklärender Merkmale einnehmen sollen.

Beispiel: Multiinklusion
Mit der Clusteranalyse sind wir induktiv bereits auf Typen von Inklusionsprofilen gestoßen, die sich nicht so sehr aus bestimmten inhaltlichen Gemeinsamkeiten, also spezifischen Kombinationen von stark beziehungsweise schwach ausgeprägten Inklusionsverhältnissen ergeben, sondern aus Form-Merkmalen. Aus theoretischen Überlegungen, wie wir sie in Kapitel 2 angestellt haben, lassen sich weitere Typen wie die Hyperinklusion, die Maximal- und die Minimalinklusion bilden, die man dann wieder empirisch näher untersuchen kann. Exemplarisch wollen wir nun eine solche differenzierungstheoretische Analyse am Beispiel der Multiinklusion vorführen.

Das Konzept der Multiinklusion bezieht sich auf das Ausmaß der Zentriertheit beziehungsweise Dezentriertheit eines Inklusionsprofils.[119] Ausgangspunkt der Überlegungen ist die Feststellung, dass es in der funktional differenzierten Gesellschaft nicht möglich ist, dass ein Individuum lediglich einem einzigen gesellschaftlichen Teilsystem angehört und in diesem dann vollständig aufgehoben ist (siehe Kapitel 1). Selbst extreme Fälle der Inklusion in ein einzelnes Teilsystem über die Eingebundenheit in eine totale Institution, beispielsweise als Strafgefangener in das Rechtssystem oder als stationär betreuter Patient in das Gesundheitssystem, beinhalten wenigstens episodisch parallel dazu verlaufende Inklusionen in andere Teilsysteme. Sowohl Gefängnisinsassen als auch Langzeitpatienten im Krankenhaus werden – sofern es ihr Gesundheitszustand zulässt – hin und wieder als Konsumenten oder Rezipienten der Teilsysteme Sport, Massenmedien oder Kunst Leistungsangebote anderer Teilsysteme in Anspruch nehmen. Im Gegensatz zu solchen Sonderfällen gehört die Multiinklusion in eine Vielzahl verschiedener Teilsysteme zu den konstitutiven Merkmalen der Moderne.

Stichweh (1988) geht davon aus, dass der Prozess der fortschreitenden rechtmäßig zugesicherten Inanspruchnahme von immer mehr teilsystemischen Leistungen durch immer mehr gesellschaftliche Gruppen, wie Parsons seinen evolutionären Inklusionsbegriff fasst, abgeschlossen ist. Inklusion ist demnach als analytische Beschreibungskategorie für die Teilhabe von Individuen an prinzipiell allen Teilsystemen der modernen Gesellschaft zu verstehen. Multiinklusion, also die Inklusion in eine Vielzahl gesellschaftlicher Teilsysteme (Nassehi 1997: 123, 127), ist somit heutzutage als Normalfall zu begreifen. Wie stark ausgeprägt sich allerdings Multiinklusion als ein in sachlicher Hinsicht dezentriertes Inklusionsprofil empirisch darstellt, ob also ein breites Spektrum an nennenswert starken Rolleneinbindungen in möglichst viele Teilsysteme von einem Großteil der in Deutschland lebenden Erwachsenen realisiert wird, ist eine offene, nur empirisch zu klärende Frage.

Multiinklusion lässt sich analytisch als ein Kontinuum operationalisieren. Endpunkt dieses Kontinuums ist auf der einen Seite die Vollinklusion, die als idealisiertes Inklusionspostulat der Moderne angesehen werden kann (Luhmann 1997: 630). Operationalisieren lässt sich diese Vollinklusion als mindestens mittelstarke Inklusion einer Person in alle Teilsysteme. Die andere Seite des Kontinuums bildet die uniplexe Inklusion in nur ein einziges Teilsystem (Abbildung 19).

---

[119]   Das hier vorgestellte Konzept und die operationale Definition der Extremgruppen der Multiinklusion zur Bestimmung der Breite oder Dezentriertheit von Inklusionsprofilen sind im Rahmen des Dissertationsvorhabens von Brigitta Lökenhoff entwickelt worden.

Abbildung 19:   Multiinklusion als Kontinuum

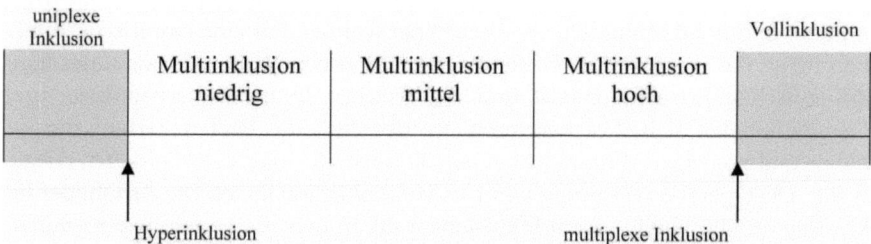

Beide Pole des Kontinuums kommen empirisch nicht vor. Innerhalb unserer Stichprobe lassen sich Inklusionsprofile mit maximal sieben Nullinklusionen (n = 2)[120] auf der einen und maximal zehn mindestens mittelstarken Inklusionen (n = 18) auf der anderen Seite auffinden. Für die Gesamtstichprobe der Befragten beträgt der Modus (häufigster Wert) für die Anzahl der Nullinklusionen je Inklusionsprofil 1 und der für die Anzahl der mindestens mittelstarken Inklusionswerte 6. Diese empirischen Befunde stärken das theoretische Rahmenkonzept in zwei Hinsichten: Einerseits ist eine uniplexe Inklusion in nur ein einziges Teilsystem der funktional differenzierten Gesellschaft nicht praktizierbar, sondern lediglich als logische Möglichkeit denkbar; und andererseits ist eine Vollinklusion im hier verstandenen Sinne aufgrund zeitlicher und sachlicher Restriktionen der Lebensführung ebenso wenig praktikabel. Die empirisch vorfindlichen Endpunkte sind vielmehr die Hyperinklusion auf der einen und die multiplexe, also breit dezentrierte Inklusion auf der anderen Seite.

Die in Richtung des Endpunktes uniplexer Inklusion angesiedelte Ausprägung der Hyperinklusion (Göbel/Schmidt 1998: 111-113) zeichnet sich dadurch aus, dass ein einziges Inklusionsverhältnis alle anderen vergleichsweise stark in den Hintergrund drängt, das Inklusionsprofil also hochgradig zentriert ist. Hyperinklusion ist dadurch charakterisiert, dass ein Individuum seine Identität mehr oder weniger aus einem einzigen gesellschaftlichen Teilsystem heraus konstituiert, einschließlich seiner Einbindung in entsprechende persönliche Netzwerke. Wie weit das gehen kann, zeigen Studien über Spitzensportler (Bette et al. 2002).

---

[120]   Nullinklusion bezeichnet den Sachverhalt, dass in einem Teilsystem überhaupt keine nennenswerte Rolleneinbindung vorkommt.

Bei der Multiinklusion können modellhaft drei Grade der Dezentriertheit von Inklusionsprofilen unterschieden werden, die im Folgenden als niedrige, mittlere und hohe Multiinklusion bezeichnet werden. Für eine empirische Annäherung an die Frage, wie verbreitet welcher Grad von Multiinklusion unter bundesdeutschen Erwachsenen ist und mit welchen Inklusionsverhältnissen und Lagemerkmalen sich dies verbindet, werden hier die beiden Extremgruppen hoher und niedriger Multiinklusion aus dem Sample aller 2110 Befragten ausgewählt. Die Operationalisierung *niedriger* Multiinklusion lautet: Die Anzahl der Inklusionsverhältnisse in einem Inklusionsprofil, in denen eine mindestens mittelstarke Inklusion erreicht wird, beträgt maximal drei. Für Inklusionsprofile *hoher* Multiinklusion gilt: Die Anzahl der Inklusionsverhältnisse in einem Inklusionsprofil, bei denen eine mindestens mittelstarke Inklusion vorliegt, beträgt acht oder mehr, und es kommt maximal eine Nullinklusion vor. Die Fallzahl der Gruppe mit hoher Multiinklusion beträgt n = 228, die der Gruppe mit niedriger Multiinklusion n = 225. Die so definierten Befragtengruppen sollen im Folgenden näher betrachtet werden.

Im ersten Schritt wird dabei die Aussagekraft der Lagemerkmale für die Zuordnung der Befragten zu den beiden Extremgruppen der Multiinklusion ermittelt. Durch welche Charakteristika sozialer Lagen lassen sich die beiden Extremgruppen der Personen mit niedriger und hoher Multiinklusion beschreiben? Zur Beantwortung dieser Frage werden zunächst bivariate Zusammenhänge der Lagemerkmale Geschlecht, Alter, Bildungstitel, Einkommen und wöchentliche Arbeitsstunden mit dem Merkmal niedriger beziehungsweise hoher Multiinklusion betrachtet. Das Resultat: Es können keinerlei signifikante Zusammenhänge zwischen den Graden der Multiinklusion und den Ausprägungen sozialer Lagemerkmale festgestellt werden. Auch die etwas allgemeiner gefasste Frage nach Zusammenhängen zwischen der Anzahl mindestens mittelstarker Inklusionsverhältnisse der Befragten mit den Lagemerkmalen zeigt keinerlei signifikante Zusammenhänge. Genauso wenig sagen die Merkmale der sozialen Lage etwas darüber aus, wie groß die Anzahl derjenigen Teilsysteme ist, in die eine Person gar nicht inkludiert ist. Ausprägungen sozialer Lagemerkmale bestimmen also nicht, wie multiplex oder dezentriert ein Individuum in sachlicher Hinsicht inkludiert ist (Tabelle 14).

Tabelle 14: Mittelwerte der Lagemerkmale für die Extremgruppen hoher und
niedriger Multiinklusion im Vergleich zur Gesamtstichprobe

	Gesamt (n = 2110)	Multiinklusion hoch (n = 228)	Multiinklusion niedrig (n = 225)
Geschlecht	49.3% Männer 50.7% Frauen	51.8% Männer 48.2% Frauen	47.1% Männer 52.9% Frauen
Altersdurchschnitt	45.0 Jahre	43.6 Jahre	44.0 Jahre
Bildungsniveau	mittleres Bildungs- niveau	mittleres Bildungs- niveau	mittleres Bildungs- niveau
Haushaltseinkommen	2300-3000 €	2300-3000 €	2300-3000 €
Arbeitsstunden/ Woche	24.7	24.7	26.3

Diese Ergebnisse überraschen insofern, als sie der Alltagsvorstellung widerspre-
chen, eine breite und intensive Inklusion in möglichst viele Gesellschaftsbereiche
käme bei Personengruppen vor, die sich insgesamt durch einen besonders enga-
gierten Lebensstil auszeichnen – also etwa bei jüngeren Personen mit einer intensiven Berufseinbindung und möglicherweise einem höheren Bildungsniveau. Die
Anzahl der Gesellschaftsbereiche, in die ein Individuum inkludiert ist, ist also
von den betrachteten Lagemerkmalen relativ entkoppelt.

Wie stellen sich die hier betrachteten Profile niedriger beziehungsweise hoher Multiinklusion nun hinsichtlich der konkreten teilsystemspezifischen Inklusionsverhältnisse empirisch dar? Gibt es Teilsysteme, in die Personen mit hoher
Multiinklusion besonders häufig und besonders intensiv eingebunden sind? Und
gibt es möglicherweise bestimmte Teilsysteme, auf deren Leistungen Personen
mit niedriger Multiinklusion besonders häufig verzichten? Mit diesen Fragen
geht es wieder um die Eigen-Determination von Inklusionsprofilen.

Als Vorgehensweise bieten sich wiederum Mittelwertvergleiche an. Als Vergleichsmaßstab für die eventuelle Abweichung von Mittelwerten dient auch hier
die Gesamtstichprobe. Im Ergebnis gibt es auch hier nur wenige signifikante Abweichungen. Lediglich zu den Rolleneinbindungen in die Teilsysteme Massenmedien, Bildung und Sport lassen sich nennenswert starke und signifikante Abweichungen der gemittelten Inklusionsstärke beider Extremgruppen gegenüber
der Gesamtstichprobe feststellen (Abbildung 20). Die Gruppe der Personen mit
niedriger Multiinklusion ist, das mag überraschen, überdurchschnittlich stark (15

Punkte Differenz) in das Teilsystem Massenmedien inkludiert; die Gruppe der
Personen mit hoher Multiinklusion ist überdurchschnittlich intensiv in die Teilsysteme Bildung (34 Punkte Differenz) und Sport (44 Punkte Differenz) eingebunden. Eine unterdurchschnittliche Inklusion ist für die Gruppe der wenig multiplex Inkludierten für das Teilsystem Sport zu verzeichnen (-23 Punkte Differenz).

Abbildung 20:   Abweichungsprofile der Extremgruppen hoher und niedriger
                   Multiinklusion von Gesamt (in Punkten)

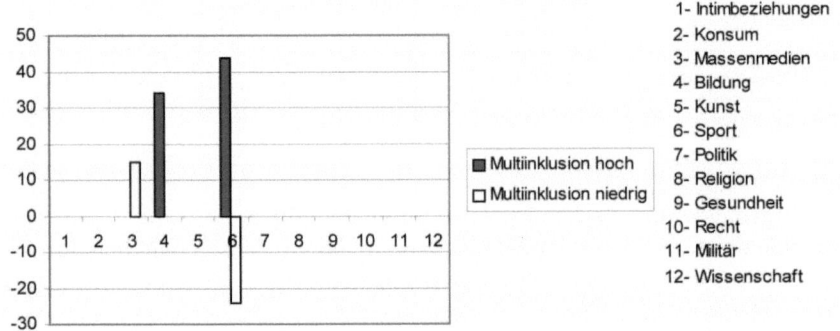

Die Inklusionsverhältnisse in den Teilsystemen Massenmedien, Sport und Bildung werden im Folgenden für die jeweils relevante Extremgruppe mittels Ent-
scheidungsbaumanalysen näher beleuchtet:

▪   Massenmedien: Dass Personen mit niedriger Multiinklusion in die Massen-
    medien stärker als die Gesamtstichprobe inkludiert sind, liegt an der auffäl-
    lig hohen Inklusionsstärke einer Untergruppe der niedrig Multiinkludierten,
    und zwar der ab 40jährigen.

Tabelle 15:   Mittelwerte der Inklusion in das Teilsystem Massenmedien für
Personen mit niedriger Multiinklusion im Vergleich zur
Gesamtstichprobe

	Gesamt (n = 2110)	Multiinklusion niedrig (n = 225)	Multiinklusion niedrig und Alter ≤39 (n = 133)	Multiinklusion niedrig und Alter >39 (n = 92)
Inklusion Massenmedien (Mittelwerte in Punkten)	664.65	679.39	645.09	728.97

- Sport: An dieser Inklusion scheiden sich, den Mittelwertvergleichen zufolge, die niedrig und hoch Multiinkludierten. Bei den niedrig Multiinkludierten sind es vor allem Personen, die nicht berufstätig sind, welche die schwachen Inklusionswerte in den Sport ausmachen. Bei der Untergruppe derjenigen niedrig Multiinkludierten, die intensiv beruflich eingebunden sind (ab 40 Wochenstunden), liegt der Wert für die Inklusion in den Sport sogar über dem Durchschnitt der Gesamtgruppe aller Befragten.

Tabelle 16:   Mittelwerte der Inklusion in das Teilsystem Sport für Personen mit
niedriger Multiinklusion im Vergleich zur Gesamtstichprobe

	Gesamt (n = 2110)	Multiinklu- sion niedrig (n = 225)	Multiinklu- sion niedrig und Arbeits- stunden = 0 (n = 71)	Multiinklu- sion niedrig und Arbeits- stunden bis 39 (>0) (n = 62)	Multiinklu- sion niedrig und Arbeits- stunden ab 40 (n = 92)
Inklusion Sport (Mit- telwerte in Punkten)	287.13	264.02	201.70	263.81	312.11

- Sport: Die durchschnittliche Inklusionsstärke der hoch Multiinkludierten ergibt sich im Wesentlichen aus den stark voneinander abweichenden Mittelwerten zweier Alterskohorten. Die Gruppe der bis 38jährigen Personen dieser Gruppe weist einen deutlich über dem Durchschnitt der Gesamtstichprobe liegenden Mittelwert auf – im Unterschied zu den über 38jährigen, die

sogar einen etwas unterhalb des Gesamtmittelwerts liegenden Inklusions-
wert zu verzeichnen haben.

Tabelle 17:   Mittelwerte der Inklusion in das Teilsystem Sport für Personen mit
hoher Multiinklusion im Vergleich zur Gesamtstichprobe

	Gesamt (n = 2110)	Multiinklusion hoch (n = 228)	Multiinklusion hoch und Alter bis 38 (n = 93)	Multiinklusion hoch und Alter ab 39 (n = 135)
Inklusion Sport (Mittelwerte in Punkten)	287.13	331.31	401.19	283.17

- Bildung: Die überdurchschnittlich in dieses Teilsystem inkludierten Personen mit hoher Multiinklusion differenzieren sich nach dem Haushaltseinkommen weiter aus. Die Entscheidungsbaumanalyse unterscheidet dabei
drei Gruppen, deren durchschnittliche Inklusionsstärke jeweils über dem
Mittelwert der Gesamtstichprobe liegt. Da es allerdings bei den Zuordnungen zu den Untergruppen teilweise Überschneidungen der Einkommenskategorien gibt, sind diese Ergebnisse zum Teilsystem Bildung im Einzelnen
nur schwer zu interpretieren. Auf eine Tendenzaussage derart, dass ein höheres Haushaltseinkommen mit einer intensiveren Einbindung in das Bildungssystem einhergeht oder umgekehrt, lassen sich die Befunde jedenfalls
nicht reduzieren.

Ähnliche empirische Betrachtungen ließen sich zu anderen der genannten und
weiteren Form-Typen von Inklusionsprofilen anstellen. Hier müssen wir es bei
dieser Skizze einer solchen Analysestrategie belassen. Denn mangels Vorarbeiten
stellen sich für jeden dieser Typen zunächst einmal noch viele Fragen der theoretischen Konzeptualisierung und empirischen Operationalisierung, bevor an die
Analyse der empirischen Befunde, wie wir sie gerade für die Multiinklusion vor-
geführt haben, zu denken ist. Sollte sich für die anderen so konstruierbaren Typen von Inklusionsprofilen erweisen, was wir hier ansatzweise für die Multiinklusion gesehen haben – dass nämlich nur wenige Zusammenhänge mit Lagemerkmalen oder den Ausprägungen bestimmter Inklusionsverhältnisse vorliegen, wäre das ein weiterer Befund, der uns zu der nun abschließend zu formulie-
renden These bringt: Offenbar ist das Publikum der Teilsysteme der modernen

Gesellschaft heutzutage stark individualisiert; es stellt sich, mit anderen Worten, aus Sicht der teilsystemischen Leistungsanbieter als hochgradig heterogen dar.

5.4 Die Individualisiertheit des Publikums

Stellt man zusammenfassend gegenüber, wie stark die abhängige Variable der Intensität der Inklusion in ein bestimmtes Teilsystem zum einen mit den fünf Lagemerkmalen, zum anderen mit den jeweils anderen elf Inklusionsverhältnissen zusammenhängt, zeigt sich (Tabelle 18):

Tabelle 18:   Gegenüberstellung der Varianzaufklärung durch Inklusion in Teilsysteme und durch Lagemerkmale

Abhängige Variable	Multiple Determinationskoeffizienten = Varianzaufklärung (R^2)	
	durch die Inklusionsstärke in alle anderen Teilsysteme	durch Lagemerkmale
Inklusionsstärke in:		
Intimbeziehungen	.09	.21
Konsum	.06	.08
Massenmedien	.17	.15
Bildung	.21	.22
Kultur	.10	.07
Sport	.08	.07
Politik	.18	.17
Religion	.08	.05
Gesundheit	.03	.16
Recht	.13	.07
Militär	.05	.01
Wissenschaft	.14	.09

- Die Varianzaufklärung rangiert zwischen .01 und .22, also zwischen einem praktisch nicht vorhandenen Zusammenhang und einem Zusammenhang von nennenswerter Stärke.
- Bei acht Teilsystemen ist die Varianzaufklärung durch die jeweils anderen elf Inklusionsverhältnisse größer als die Varianzaufklärung durch Lagemerkmale – nur bei den Intimbeziehungen, bei Bildung, Wirtschaft und Ge-

sundheit haben die Lagemerkmale die höheren Werte. Damit ist die Eigen-Determination des Inklusionsprofils insgesamt größer als dessen Prägung durch die soziale Lage der Person. Die Unterschiede in der Varianzaufklärung sind allerdings nicht in jedem Fall groß, z.B. beträgt die Differenz in den Teilsystemen Bildung, Sport und Politik jeweils nur .01.

- Der wichtigste Befund ist indessen, dass auch beide Arten von unabhängigen Variablen zusammengenommen bei der Mehrzahl der Inklusionsverhältnisse nur eine eher bescheidene Varianzaufklärung leisten. Der Determinationskoeffizient R^2 liegt für die elf anderen Inklusionsverhältnisse und die fünf Lagemerkmale zusammen bei der Inklusion ins Bildungssystem mit .33 am höchsten; auch die Inklusion in die Politik (.30), in die Intimbeziehungen (.23) und in die Massenmedien (.22) ragen noch heraus, während diese sechzehn unabhängigen Variablen zusammen bei allen anderen Inklusionsverhältnisse zwischen .11 und .17 Varianzaufklärung leisten – beim Militär sogar nur .08.

Man kann also insgesamt konstatieren, dass der Ausprägung des Inklusionsprofils einer Person, das heißt ihrem Aktivitätsmuster in den Publikumsrollen der verschiedenen gesellschaftlichen Teilsysteme, nur wenig soziale Strukturen in diesem Sinne zugrunde liegen. Pointiert formuliert: Aus der Kenntnis der sozialen Lage einer Person; und aus der Kenntnis der je anderen Inklusionsverhältnisse lässt sich nicht sehr viel über ein bestimmtes Inklusionsverhältnis schließen. sowie aus der Kenntnis ihrer Inklusionsverhältnisse lässt sich nicht sehr viel über ihr Inklusionsprofil schließen. Was zunächst nach einem Nicht-Ergebnis aussieht, lässt sich positiv als Befund einer deutlichen *Individualisiertheit* des Publikums der modernen Gesellschaft formulieren.

Dieser Interpretation liegt ein Verständnis von Individualität zugrunde, das dieses Merkmal von Personen in der modernen Gesellschaft als Gegenpol zu einem durch die gesellschaftlichen Ungleichheits- und Differenzierungsstrukturen geformten Sozialcharakter fasst – wobei klar ist, dass sich zwischen diesen beiden Polen ein Kontinuum aufspannt. Eine Person kann mehr oder weniger individualisiert sein; sie kann individualisierter sein als eine andere; und die Gesellschaftsmitglieder insgesamt können zu einem bestimmten Zeitpunkt individualisierter sein als früher.[121]

---

[121]   Den Prozess der Individualisierung der Gesellschaftsmitglieder insgesamt oder einzelner gesellschaftlicher Gruppen wie etwa der Frauen, der zumeist in der soziologischen Diskussion von Indi-

Die Individualisiertheit einer Person ergibt sich aus zwei Komponenten: dem Grad ihrer Einzigartigkeit und dem Grad ihrer Selbstbestimmtheit. Als Kurzformel: Individualität ist selbstbestimmte Einzigartigkeit (Schimank 2000c).[122] Beides ist in erheblichem Maße auf Fiktionen und Zurechnungen gegründet, wird dann aber auch zur sich selbst erfüllenden Prophezeiung. Wem Individualität zuerkannt wird beziehungsweise wer sich selbst Individualität zuerkennt, der hat die Chance, aber auch die Pflicht, als Individuum aufzutreten. Das äußert sich im Handeln darin, dass jemand – vom Kunstgeschmack bis zur Berufswahl – für sich Entscheidungen trifft und darin eigene Präferenzen ausbildet, anstatt sich einfach nur gemäß sozialen Vorgaben zu verhalten und zu entwickeln. Hier haben wir uns allerdings mit einer anderen Manifestation von Individualisiertheit beschäftigt: den Publikumsrollen einer Person in den verschiedenen Teilsystemen der modernen Gesellschaft und den von der Person in diesen Rollen gezeigten Aktivitätsmustern. Nur in Bezug darauf können wir auf der Grundlage unserer empirischen Daten von der Individualisiertheit des Publikums der heutigen Gesellschaft sprechen.

Individualität wird – um es zu wiederholen – Personen zugesprochen, nicht Rollenträgern. Dementsprechend lässt sich die Individualisiertheit des Publikums erst anhand der Inklusionsprofile, nicht schon mit Blick auf einzelne Inklusionsverhältnisse festmachen. Man kann dies zunächst für die Individualitätskomponente der *Einzigartigkeit* einer Person betrachten. Einzigartigkeit zeigt sich im Inklusionsprofil einer Person in dem Maße, in dem ihre Kombination von Inklusionsverhältnissen selten ist. Dies ist ein Lebensbereiche übergreifendes Bild von Einzigartigkeit, das sehr komplex ausfallen kann. Um die beiden Extrempositionen zu markieren: Wenn alle Erwachsenen in allen Teilsystemen genau die gleichen Publikumsrollen innehätten und darin mit gleichem Zeitaufwand die gleichen Aktivitäten ausübten, wären sie in dieser Hinsicht vollkommen ohne Individualität; wenn umgekehrt kein Inklusionsprofil irgendeinem anderen auch nur ähnelte, läge eine völlige Individualisiertheit mit Bezug auf Einzigartigkeit vor. Die Realität, die wir vorfinden, liegt zwischen diesen beiden nur denkmöglichen Extremen. Der Tatbestand, dass größtenteils nur relativ schwache Korrelationen zwischen den Ausprägungen verschiedener Inklusionsverhältnisse vorliegen,

---

vidualisierung bis hin zu Ulrich Becks (1986) bekannten Thesen im Vordergrund steht, blenden wir hier allerdings völlig aus, weil unsere Datenbasis nur einen einzigen Zeitpunkt abbildet.

[122] Manchmal werden mit Individualisiertheit auch ausschließlich negative Konnotationen wie Bindungs- und Orientierungslosigkeit oder andere Erscheinungsformen von Anomie assoziiert. Darum geht es hier nicht.

weist allerdings darauf hin, dass das Publikum der heutigen Gesellschaft hinsichtlich der Komponente der Einzigartigkeit und mit Blick auf sein Inklusionsprofil in beträchtlichem Maße individualisiert ist. Zu den wenigen Zonen geringerer Individualisiertheit des Inklusionsprofils gehören dann etwa die Zusammenhänge von Medienrezeption und politischer Partizipation. Hier gilt, dass
jemand, der sich stärker für Zeitungen, Rundfunk und Fernsehen interessiert, mit
einer gewissen Wahrscheinlichkeit auch stärker politisch aktiv ist und umgekehrt
($r = .25$). Diese Zone vergleichsweise geringerer Einzigartigkeit kann etwas sein,
was nur der soziologische Beobachter ausmacht, was also für die Gesellschaftsmitglieder selbst latent bleibt; es kann aber auch deren kollektiver Selbstbeobach-
tung auffallen und dann in den geteilten Wissensfundus des Alltags eingehen.
Dann weiß man beispielsweise und geht in der Interaktion davon aus, dass jemand, der in politischen Parteien, Interessenverbänden oder Bürgerinitiativen
engagiert ist, häufiger politische Veranstaltungen besucht und auf Demonstratio-
nen geht, ein regelmäßiger Zeitungsleser – oft sogar einer überregionalen Tages-
zeitung – ist und Nachrichtensendungen und politische Berichte im Fernsehen
sieht. Vor diesem Hintergrund einer vergleichsweise hohen Tendenz zur Einzigartigkeit von Inklusionsprofilen lässt sich zugespitzt formulieren: Nicht isolierte
Aktivitäten Einzelner sind ein Prüfkriterium dafür, wie individualisiert das Publikum der Gesellschaft ist. Ein Prüfkriterium besteht vielmehr darin, in welchem
Maße die teilsystemübergreifenden Inklusionsprofile – im Aggregat betrachtet –
heterogen ausfallen.

Einzigartigkeit ist eine Kategorie für die Beschreibung einer Verteilung von
Merkmalen und dementsprechend analytisch an der vergleichenden Beschreibung der Inklusionsprofile der in Deutschland lebenden Erwachsenen ablesbar.
Selbstbestimmtheit – die zweite Komponente von Individualität – ist hingegen eine
Kategorie, die einen kausalen Zusammenhang zweier Größen beschreibt: des
Handelns einer Person als etwas durch ihre soziale Umwelt Bewirktes.[123] Je geringer dieser kausale Zusammenhang ausfällt, desto höher die Selbstbestimmtheit. Das hier relevante Handeln drückt sich in der Ausprägung von Inklusionsverhältnissen und Inklusionsprofilen aus; und diese Ausprägung wird daraufhin
befragt, wie stark sie sozialstrukturell determiniert ist.

Auch in Bezug auf Selbstbestimmtheit zeigen die empirischen Befunde einen
beträchtlichen Grad an Individualisiertheit der Erwachsenen. Dies gilt sowohl
hinsichtlich der sozialen Lage einer Person als Determinante ihres Inklusionspro-

---

[123]   Von allen Arten nicht-sozialer Handlungsdeterminanten sei hier abgesehen.

fils als auch hinsichtlich der Inklusionsverhältnisse als wechselseitig aufeinander wirkender Determinationsfaktoren. Völlige Individualisiertheit bedeutete in dieser Hinsicht, dass es keinerlei nennenswerte Korrelation der Ausprägung des Inklusionsprofils einer Person mit irgendeiner dieser Determinanten gibt; umgekehrt hieße völlige Strukturdeterminiertheit, dass ein bestimmtes Lagemerkmal beziehungsweise ein bestimmtes Inklusionsverhältnis oder eine spezifische Kombination solcher Merkmale sehr hoch mit einer bestimmten Ausprägung des Inklusionsprofils korreliert. Zwar gibt es Zonen geringerer Selbstbestimmtheit, also Inklusionsverhältnisse, die in vergleichsweise stärkerem Maße sozialstrukturell determiniert sind; doch im Gesamtbild herrscht eine eher schwache Determiniertheit vor.

Unsere empirischen Befunde bestätigen und explizieren damit ein Bild der modernen Gesellschaft, das bereits Georg Simmel (1908: 305-344) auf der Basis differenzierungstheoretischer Extrapolationen der Alltagserfahrung in seinem Modell der „Kreuzung sozialer Kreise" skizziert hat. Dieses auf der Rollenebene formulierte Modell multipler Partialinklusion nimmt seinen Ausgangspunkt bei folgender Beobachtung: „Wenn der moderne Mensch zunächst der elterlichen Familie angehört, dann der von ihm selbst gegründeten und damit auch der seiner Frau, dann seinem Berufe, der ihn schon für sich oft in mehrere Interessenkreise eingliedern wird (z.B. in jedem Beruf, der über- und untergeordnete Personen enthält, steht jeder in dem Kreise seines besonderen Geschäfts, Amtes, Bureaus usw., der jedesmal Hohe und Niedere zusammenschließt, und außerdem in dem Kreise, der sich aus den Gleichgestellten in den verschiedenen Geschäften usw. bildet); wenn er sich seines Staatsbürgertums und der Zugehörigkeit zu einem bestimmten sozialen Stande bewußt ist, außerdem Reserveoffizier ist, ein paar Vereinen angehört und einen die verschiedensten Kreise berührenden geselligen Verkehr besitzt: so ist dies schon eine sehr große Mannigfaltigkeit von Gruppen." (Simmel 1908: 311)

Diese Liste ließe sich leicht fortsetzen, und man kann sich die entsprechenden Rollen für einen zeitgenössischen Menschen vorstellen. Wichtig ist, dass Simmel – ganz abgesehen von den hier nicht interessierenden beruflichen Leistungsrollen – teilsystemische Inklusionen wie auch Lagemerkmale einer Person in den Blick nimmt. Die zunehmende Rollendifferenzierung in der modernen Gesellschaft hat also dazu geführt, dass sowohl die Anzahl als auch die Verschiedenartigkeit unterschiedlicher Rollen immer größer geworden ist.

Während in vormodernen Gesellschaften eher diffuse, kaum getrennte Gemengelagen unterschiedlichster Betätigungen in wenigen Rollen konzentriert waren, tendieren moderne Gesellschaften zu immer spezialisierteren Rollen. Jede dieser Rollen gehört zu einem bestimmten sozialen „Kreis" – die Rolle des Vaters beispielsweise zur Familie und damit zum Teilsystem der Intimbeziehungen, die Rolle des künstlerisch ambitionierten Amateurfotografen zum Kreis derer, die im Kunstsystem demselben Hobby frönen. Betrachtet man die einzelne Person, lässt sich feststellen: „Die Gruppen, zu denen der Einzelne gehört, bilden gleichsam ein Koordinatensystem, derart, daß jede neu hinzukommende ihn genauer und unzweideutiger bestimmt. ... je mehr es werden, desto unwahrscheinlicher ist es, daß noch andere Personen die gleiche Gruppenkombination aufweisen werden, daß diese vielen Kreise sich noch einmal in einem Punkte schneiden." (Simmel 1908: 312)

So ergibt sich die Einzigartigkeit der Person. Denn „das Spezifische der Individualität" wird durch nichts anderes als „durch die Kombination der Kreise gewahrt" (Simmel 1908: 325). Dabei ist zu bedenken, dass mit zunehmender Anzahl von in der Gesellschaft vorhandenen Rollen die Anzahl möglicher Rollenkombinationen exponentiell steigt. Gesellschaftliche Differenzierung sorgt durch Rollenspezialisierung für eine Zunahme unterschiedlicher Rollen. Entsprechend sinkt die Wahrscheinlichkeit einer auch nur annähernd gleichen Rollenkombination zweier Menschen gegen Null.

Wichtig dabei ist, dass es – wie Simmel ebenfalls betont – immer weniger soziale Vorgaben für bestimmte Rollenkombinationen gibt. Tendenziell läuft das darauf hinaus, dass jede Rolle mit beinahe jeder anderen kombiniert werden kann. Das schließt weder aus, dass es häufigere und seltenere Kombinationen gibt, noch, dass auch weiterhin manche Kombinationen ausnahmsweise ausgeschlossen bleiben, ein katholischer Priester beispielsweise kein Ehemann und Familienvater werden kann – bei einem evangelischen sieht das aber schon anders aus. Generell gilt jedenfalls: „je weniger das Teilhaben an dem einen Kreise von selbst Anweisung gibt auf das Teilhaben an einem anderen" (Simmel 1908: 318), desto stärker kann sich nicht bloß die Einzigartigkeit, sondern auch die Selbstbestimmung der Person entfalten.[124]

Für die hier betrachteten Aspekte der Publikumsrollen der Person in der heutigen Gesellschaft lässt sich also festhalten, dass die Individualisiertheit sowohl als Einzigartigkeit als auch als Selbstbestimmtheit der Aktivitätsmuster deutlich ausgeprägt ist. Ob dahinter eine flächendeckende Individualisierungs-

---

[124] Logisch können Einzigartigkeit und Selbstbestimmtheit unabhängig voneinander variieren. Einzigkeit könnte durch Fremdbestimmtheit erzeugt werden, und Selbstbestimmtheit könnte sich auch im Verzicht auf Einzigartigkeit äußern. Individualität stellt also eine prinzipiell kontingente wechselseitige Steigerung beider Komponenten dar.

dynamik steht, lässt sich auf der Grundlage unserer Daten nicht beantworten. Wir haben nur eine Momentaufnahme, keine Zeitreihe der Inklusionsprofile der Erwachsenenbevölkerung Deutschlands. Freilich finden sich verstreut zu vielen Inklusionsverhältnissen empirische Daten, die eine Zunahme der Individualisiertheit zeigen. Um nur zwei Inklusionsverhältnisse anzuführen: Die seit den 1950er Jahren laufende politische Kampagne des „Sport für Alle" hat bewirkt, dass sich die Heterogenität derjenigen, die Breitensport betreiben, deutlich erhöht hat (Hartmann-Tews 1996); und ähnlich hat sich mit der quantitativen Zunahme derjenigen, die irgendeine Art von Fort- und Weiterbildung betreiben, die Individualisiertheit des Publikums des Bildungssystems erhöht.[125]

Zum Schluss kann man fragen, was diese Individualisiertheit des Publikums für die gesellschaftlichen Teilsysteme, also insbesondere für deren Leistungsrollenträger und Leistungsorganisationen bedeutet. Betrachtet man zunächst diejenigen Teilsysteme, bei denen die Inklusion eher optionalen Charakter hat, muss man von einer ausgeprägten Heterogenität des Wissensstandes, der Ressourcen, der Interessen und Ansprüche ausgehen. Dies gilt heutzutage für die Mitglieder in Sportvereinen wie für Museumsbesucher, für Fortbildungsinteressierte wie für engagierte Angehörige einer Kirchengemeinde. Teilweise sortiert sich diese Heterogenität nach entsprechend spezialisierten Leistungsanbietern – wenn z.B. Gesundheitssportler in anderen Vereinen oder Vereinsabteilungen aktiv sind als wettkampforientierte Sportler. Dies ist die eingespielte Reaktionsweise auch in denjenigen Teilsystemen gewesen, bei denen die Inklusion eher obligatorischen Charakter hat, die also immer schon für jeden etwas anbieten mussten – siehe die Anbietervielfalt im Wirtschaftssystem, wo es auch für hochgradig idiosynkratische Bedürfnisse Spezialanbieter gibt. Doch inzwischen hat es den Anschein, dass die Vielfalt der Leistungsanbieter sowohl in den Teilsystemen mit obligatorischer als auch in denen mit optionaler Inklusion mit der Heterogenität des Publikums bei weitem nicht mehr Schritt hält – und sei es, dass Leistungsangebote lokal gebunden sind, es aber lokal keine kritische Masse an Publikum gibt, um einen Leistungsanbieter tragen zu können.

Wenn somit ein teilsystemischer Leistungsanbieter mit einem individualisierten Publikum konfrontiert ist, hat das für ihn ambivalente Folgen. Auf der einen Seite büßt er an Erwartungssicherheit ein, weil sich die einzelnen Mitglieder des Publikums nicht über einen Kamm scheren lassen, eine Politik des „one

---

[125] Auch wenn weiterhin gilt, dass die Weiterbildungsbeteiligung stark durch das Bildungs- und Ausbildungsniveau sowie durch die Beschäftigungssituation geprägt ist (Meier/Rabe-Klebers 1993; Schiener 2006; Konsortium Bildungsberichterstattung 2006: 124-126).

size fits all" auf Unzufriedenheit und vielleicht gar Abwanderung stößt. Hierauf reagieren die teilweise verzweifelten Bemühungen keineswegs nur von Unternehmen, durch Marketingmaßnahmen Kundenbindung zu betreiben und vor allem erst einmal die Wünsche des Publikums zu eruieren, was dann etwa in phantasievoll benannten, aber rein deskriptiven, in ihrer inneren Logik unverstandenen Lebensstil-Milieus seinen pseudowissenschaftlichen Ausdruck finden kann.[126] Auf der anderen Seite hat die Individualisiertheit des Publikums aber für die Leistungsanbieter auch den Vorteil, dass sich die tendenziell allseitigen, aber heterogenen Unzufriedenheiten nicht so leicht zu einer Interessengruppe zusammenfinden. Denn jeder will, überspitzt gesagt, etwas ganz anderes von den Leistungsanbietern. Abstrakt einig ist man sich nur darin, dass man den Anzug von der Stange nicht mag – jeder will einen Maßanzug. Die Sonderwünsche sind also beträchtlich – doch dahinter steckt kein gebündeltes Einflusspotential.

Insgesamt ergibt sich so eine untergründige stabile Konstellation allseitiger latenter chronischer Unzufriedenheit. Jeder Angehörige des Publikums der Teilsysteme fände leicht viel Anlass für ein ständiges Monieren, in seinen je subjektiv plausiblen Ansprüchen von den teilsystemischen Leistungsanbietern nicht hinreichend ernst genommen zu werden – aber jeder bleibt mit seiner jeweiligen Unzufriedenheit allein, weshalb sich nichts ändert und sich ein entsprechender Fatalismus einstellt. Die teilsystemischen Leistungsanbieter wiederum können es niemandem wirklich recht machen, was ebenfalls zu einem Fatalismus führt. Das Publikum verlangt in der Aggregation Unmögliches, merkt dies aber nicht, weil jeder einzelne Wunsch für sich genommen durchaus plausibel ist. Und die Leistungsanbieter dürfen diese Unmöglichkeit nicht thematisieren, weil ihnen dies als mangelnde Kundenorientierung übel genommen würde, was sie sich in den zumeist bestehenden Konkurrenzkonstellationen nicht leisten können.

Ralf Dahrendorf (1967) hat in einer allgemeinen sozialtheoretischen Betrachtung die Gesellschaft aus der Sicht ihrer je einzelnen Mitglieder als „ärgerliche Tatsache" charakterisiert. Die Personen nehmen als Gesellschaftsmitglieder das, was ihnen die gesellschaftliche Ordnung an Erwartungssicherheit und Unterstützung ihrer je individuellen Zielverfolgung bietet, als selbstverständlich hin, bemerken es nicht einmal, und stoßen sich nur ständig daran, dass gesellschaftliche Ordnung immer auch bedeutet, sich entgegen den eigenen Zielvorstellungen einfügen zu müssen (Schimank 1992b). So stellt sich offensichtlich auch die Ge-

---

[126] Es gibt freilich auch die gegenläufige Strategie der gezielten sozialen Schließung, etwa bei Sekten: Sie wollen gar nicht möglichst alle inkludieren, sondern beharren auf ihren anspruchsvollen Zutrittsbedingungen und sind dadurch für eine Minderheit des Publikums nur umso attraktiver.

sellschaft des Publikums dar: Dass uns die Moderne – was im Vergleich zum
Leben in der Vormoderne ein unglaublicher Zuwachs an Optionen ist – die Mitgliedschaft in Sportvereinen, den Museumsbesuch oder Volkshochschulkurse
anbietet, und alles in einer unglaublichen Themenvielfalt, halten wir für nicht
weiter der Rede wert; doch dass wir vor Ort immer noch keine im Zweifelsfall
ganz auf uns allein zugeschnittene Dauerausstellung von Piet Mondrians Spät-
werk vorfinden, sehen wir als einen beklagenswerten Zustand an. In dieser kari-
katurhaften Überspitzung erkennen wir uns natürlich als Publikum der Gesellschaft nicht wieder; doch vielleicht sind wir darin – um nicht zufällig den Jargon
der Kritischen Theorie zu adaptieren – zur Kenntlichkeit verzerrt.

6 Ein Zwischenfazit

Das Konzept der Inklusion ist in der differenzierungstheoretischen Diskussion nichts Neues. Als theoretisches Konzept ist es in den letzten zehn Jahren stärker diskutiert worden, und zu einigen teilsystemspezifischen Inklusionsverhältnissen hat es vereinzelte differenzierungstheoretisch angeleitete empirische Studien gegeben – ganz zu schweigen von empirischen Forschungen, die auf anderen theoretischen Grundlagen das untersucht haben, was differenzierungstheoretisch als Inklusion firmiert. Erstmalig legen wir allerdings mit dieser Arbeit eine flächendeckende empirische Beschreibung der Inklusion über Publikumsrollen in eine konkrete Nationalgesellschaft, das gegenwärtige Deutschland, vor. Schon für diese Beschreibungszwecke mussten wir die theoretische Fassung von Inklusion weiter vorantreiben; erst recht war dies erforderlich, um die vorfindlichen Ausprägungen von Inklusionsprofilen zu erklären. Damit haben wir insgesamt einen Beitrag sowohl zur empirischen als auch zur theoretischen Analyse der Inklusion von Personen in die moderne Gesellschaft geleistet.

Obwohl uns gerade auch die – noch immer nicht eben häufige – empirische Umsetzung differenzierungstheoretischer Überlegungen wichtig war, haben wir an verschiedenen Stellen betont, dass die hier präsentierten empirischen Analysen nur exemplarischen Charakter haben. Wir konnten an Ausschnitten des Gegenstandsbereichs vorführen, was man herausfindet, wenn man Inklusionsverhältnisse und Inklusionsprofile in den Blick nimmt; eine über alle Teilsysteme und Aspekte von Inklusion hinweg gleiche Aufmerksamkeit für relevante Phänomene wäre weit über unsere begrenzten Kapazitäten hinausgegangen.

Der Erkenntnisfortschritt, den unsere bisherigen Untersuchungen zum Publikum der Gesellschaft erbracht haben, lässt sich in acht Punkten resümieren:

1. Noch vor der empirischen Umsetzung stellt unsere theoretische Konzeption des *Empfangs teilsystemischer Leistungen durch Inklusion*, wenngleich wir an Vorarbeiten insbesondere von Rudolf Stichweh (1988) anknüpfen konnten, das erste Angebot dar, das sachlich flächendeckend sämtliche teilsystemischen Inklusionsverhältnisse hinsichtlich der relevanten Publikumsrollen sowie ihrer zeitlichen (Lebensphasenspezifik, Häufigkeit, Dauer) und sozialen Facetten (obligatorisch/optional, asymmetrisch zu Ungunsten/zu Gunsten des Leistungsempfängers, in-

teraktiv/nicht interaktiv, Formalisierungsgrad, kommerziell/nicht kommerziell, direkt/indirekt) betrachtet (Burzan/Schimank 2004). Die soziologische Frage nach den Lebenschancen und der Lebensführung des Personals der modernen Gesellschaft erhält so eine ausgearbeitete differenzierungstheoretische Fassung, die nicht nur andere Akzente setzt als die einschlägigen ungleichheitstheoretischen Forschungen, sondern als Inklusionsprofil eine ganzheitliche, Lebensbereiche übergreifende Sicht bietet, die ungleichheitstheoretisch bislang fehlt. Unser Verständnis von Inklusion ist ein differenzierungstheoretisches, ohne Inklusion auf binär codierte kommunikative Adressen des „Drin"- oder „Draußen"-Seins – wie in Niklas Luhmanns Lesart – zu reduzieren. Inklusion wird zudem, anders als bei Talcott Parsons oder in ungleichheitstheoretischer Perspektive, auch nicht einseitig positiv als Teilhabe oder Ähnliches konnotiert. Das hier entwickelte Verständnis von Inklusion ermöglicht vielmehr eine differenzierte Beschreibung der graduellen Stärke und der Ausprägung der Facetten von Inklusion. Die spezifische Fassung des Inklusionsbegriffs durch Rollen und Facetten, die Trennung von Teilhaberechten einerseits und Inklusionsprofilen als Aktivitätsmuster andererseits sowie außerdem die Hinweise zu Zusammenhängen, z.B. zwischen heterogenen Inklusionsprofilen und Individualisierung, sind somit Bestandteile einer auch theoretischen Reflexion des differenzierungstheoretischen Inklusionsbegriffs.

2. Durch die Operationalisierung unseres theoretischen Konzepts mit seinen drei Dimensionen der Teilsysteme, der Rollen und der Facetten im Fragebogen sowie durch die anschließende analytische Bündelung der empirischen Daten in Form der Indizes für die Intensität der teilsystemischen Inklusionsverhältnisse haben wir zugleich ein *umfassendes und differenziertes standardisiertes Messinstrument für Inklusionsprofile* konstruiert. Dieses Messinstrument hat sich in seiner Anwendung als praktikabel erwiesen: Personen lassen sich ohne inakzeptable Raten von Befragungs- und Antwortverweigerungen befragen; es werden reliable und valide Daten erhoben; und es lassen sich große Zahlen von Befragten mit entsprechend großen Datenmengen verarbeiten. Was wir für die in Deutschland lebenden Erwachsenen im Jahr 2003 erhoben haben, könnte 2010 wiederholt werden – oder die gleiche Befragung könnte in Frankreich oder Südkorea durchgeführt werden, oder man könnte Jugendliche zwischen 14 und 18 Jahren befragen. Dies alles wären interessante Vergleichshorizonte.

3. Die von uns durchgeführte Befragung liefert eine erstmalige empirisch repräsentative Beschreibung der Inklusionsverhältnisse und Inklusionsprofile der erwachsenen Bevölkerung Deutschlands. Durch die an teilsystembezogenen Aktivi-

tätsmustern orientierte Betrachtung werden mit einer Fülle von Einzelergebnissen zu jedem Inklusionsverhältnis in deskriptiver Hinsicht die Kenntnisse über die Teilhabe der Individuen an der modernen Gesellschaft gegenüber denjenigen Aspekten erweitert, die die ungleichheitstheoretisch angelegte Sozialstrukturanalyse in den Blick nimmt. Insbesondere wird für jede einzelne Person der Gesamtzusammenhang ihrer Inklusionsverhältnisse ermittelt, und für die Gesamtheit der erwachsenen Bevölkerung kann die derzeitige Verteilung von Inklusionsprofilen dargestellt werden, wobei sich auch bestimmte besonders ausgeprägte Profiltypen herausarbeiten lassen.

4. Im *Durchschnitt der erwachsenen Bevölkerung* lässt sich sagen, dass drei Inklusionsverhältnisse an Intensität herausragen, also für die Lebensführung besonders bedeutsam sind: Intimbeziehungen, Massenmedien und Wirtschaft – Letzteres über Konsum. Zwei Inklusionsverhältnisse sind umgekehrt, als sporadische beziehungsweise wenig verbreitete, von deutlich geringerer Intensität als alle anderen: Recht und Wissenschaft. Die übrigen sieben Inklusionsverhältnisse (Politik, Gesundheit, Sport, Kunst, Militär, Bildung, Religion) bilden ein, in sich durchaus gestuftes, intersubjektiv variables Mittelfeld.

5. Jenseits eines Durchschnitts-Inklusionsprofils ist der – als solcher nicht überraschende – Gesamteindruck, den die empirische Deskription vermittelt, der einer großen interpersonellen Variationsbreite der Ausprägungen von Inklusionsverhältnissen und Inklusionsprofilen. Für die hieran anschließende Suche nach Determinanten von unterschiedlichen Ausprägungen der Inklusionsverhältnisse und -profile sieht unsere theoretische Konzeption zunächst eine ungleichheitstheoretische Herangehensweise vor. Diese prüft Merkmale sozialer Lage als Determinanten von Inklusionsverhältnissen und -profilen, wobei wir vor allem fünf Lagemerkmale, die sich in anderen Studien immer wieder als besonders wichtig erwiesen haben, in den Blickpunkt gerückt haben. Ein eingehender Vergleich aller statistischen Zusammenhänge – einschließlich der nicht vorhandenen – ergibt differenzierte Befunde darüber, welche Inklusionsverhältnisse in welchem Maße von welchen Lagemerkmalen geprägt werden. Das beantwortet dann unter anderem die Frage, welche Bereiche der Lebensführung oder – differenzierungstheoretisch gesagt – welche gesellschaftlichen Teilsysteme und Rollen wie stark, und welche kaum, durch soziale Ungleichheiten bestimmt werden. Hierbei handelt es sich um Resultate, die in üblichen ungleichheitstheoretischen Untersuchungen, die jeweils nur ein Teilsystem oder höchstens zwei oder drei Teilsysteme im Blick haben, nicht erzielt werden können.

Generell – und zugespitzt – zeigt sich, dass die „vertikalen" Lagemerkmale (Bildung, Einkommen, zeitliche berufliche Einbindung) zumeist eine geringere Determinationskraft als die Merkmale Geschlecht und Alter auf die Inklusionsverhältnisse und -profile haben. Weiterhin gilt, dass die *Determination der Inklusionsverhältnisse durch die Lagemerkmale keinem durchgängigen Muster folgt*: Immer wieder andere Merkmale und Merkmalskombinationen erweisen sich als besonders prägend, so dass es keine teilsystemübergreifenden Gruppen von ähnlich inkludierten Personen gibt. Weder das Alter noch das Geschlecht noch das Bildungsniveau – dies sind die drei insgesamt am stärksten wirkenden Lagemerkmale – konstituieren „Schicksalsgemeinschaften" der Inklusion, die sich in allen Teilsystemen wiederfinden.

6. Anders als ungleichheitstheoretische Untersuchungen beschränken wir uns nicht auf Merkmale sozialer Lage, um unterschiedliche Ausprägungen von Inklusionsverhältnissen und -profilen zu erklären. Aus der differenzierungstheoretischen Herangehensweise lassen sich vielmehr ergänzend *zeitliche und sachliche Determinanten von Inklusionsverhältnissen und -profilen* herleiten, denen wir dann auch empirisch nachgegangen sind. Es finden sich in der Tat signifikante, wenngleich meist nicht sehr starke Zusammenhänge zwischen den Ausprägungen der Intensität bestimmter Inklusionsverhältnisse, woraus man auf eine gewisse Wirkungskraft sachlicher und zeitlicher Determinanten von Inklusionsprofilen schließen kann. Diese Zusammenhänge sind in den meisten Fällen gleichgerichtet, womit man zeitliche Nullsummenkonkurrenzen und sachliche Inkompatibilitäten als prägende Faktoren ausschließen kann, während es offenbar eine Reihe von sachlichen Affinitäten verschiedener Inklusionsverhältnisse gibt.

Allerdings könnten diese sachlichen „Wahlverwandtschaften" in bestimmten sozialen Lagen besonders häufig vorkommen, also ihrerseits mehr oder weniger durch soziale Faktoren determiniert sein. In dieser wichtigen Frage danach, ob und inwieweit es aus der teilsystemischen Differenzierung heraus eigenständig wirkende Prägungen von Inklusionsprofilen gibt, besteht weiterer Forschungsbedarf. Gleiches gilt für die daran anschließende Frage nach dem relativen Gewicht der sozialen gegenüber sachlichen und zeitlichen Determinanten von Inklusionsprofilen. Kommt die Erklärung der Ausprägung von Inklusionsprofilen im Wesentlichen mit der ungleichheitstheoretischen Herangehensweise aus – muss die differenzierungstheoretische Herangehensweise zusätzlich herangezogen werden – oder ist Letztere sogar die erklärungskräftigere? Kapitel 5 hat hierzu erste Hinweise geliefert – wobei man wohl gut daran täte, keine eindeutige Entscheidung zu Gunsten eines überall geltenden Primats von Lagemerkmalen oder Inklusionsverhältnissen als Determinanten von Inklusionsprofilen zu erwarten.

7. Bis zu diesem Punkt ist unsere Fragerichtung so gewesen, dass wir die faktisch vorfindliche Unterschiedlichkeit der Inklusionsprofile verschiedener Personen erklären wollten und analytisch gesetzte soziale, sachliche und zeitliche Determinanten daraufhin geprüft haben, welche der Unterschiede dadurch wie stark bestimmt sein können. Es hat uns also der Erklärungsbeitrag interessiert, den die Ausprägung eines bestimmten Lagemerkmals oder eines bestimmten Inklusionsverhältnisses für die Ausprägung von Inklusionsverhältnissen oder Inklusionsprofilen hat. Wir haben aber auch umgekehrt gefragt, also bestimmte *Typen von Inklusionsprofilen* wie z.B. die Multiinklusion analytisch gesetzt und geprüft, ob dahinter bestimmte Muster von Determinanten – Lagemerkmale oder sachliche oder zeitliche Prägungen – stehen. Auf diese Fragerichtung kommt man überhaupt nur, wenn man sich vom theoretischen Konzept der Inklusionsprofile leiten lässt. Mehr als erste, exemplarische Illustrationen können wir hierzu derzeit allerdings noch nicht vorlegen. Diese zeigen zumindest, dass sich die Fragerichtung zu verfolgen lohnt.

8. Weder die ungleichheitstheoretisch begründeten Lagemerkmale noch die differenzierungstheoretisch begründete Eigen-Determination des Inklusionsprofils haben sich als starke Prägungen erwiesen. Das bedeutet, andersherum betrachtet, dass das *Publikum der Teilsysteme hochgradig individualisiert* ist. Die teilsystemischen Leistungsrollenträger und Leistungsorganisationen sehen sich also einem sehr heterogenen Publikum gegenüber – und das läuft darauf hinaus, dass stets nur eine partielle, viele Wünsche offen lassende Passung zwischen Leistungsangebot und Leistungsansprüchen realisiert ist. Obwohl also die funktional differenzierte Gesellschaft ihrem Publikum ein diversifizierteres Leistungsangebot als jede andere Gesellschaftsform macht, ist die – strukturell begründete! – Unzufriedenheit des Publikums größer als jemals zuvor.

Die letzten drei Punkte machen explizit, was aber auch für die anderen Aspekte unseres Zwischenfazits gilt: Further research is needed. Viele Fragen zu Inklusionsverhältnissen und Inklusionsprofilen, zu ihrer Beschaffenheit wie zu ihren Determinanten, sind noch offen geblieben. Wie sich Inklusionsverhältnisse und darüber dann Inklusionsprofile zwischen Nationalgesellschaften unterscheiden, im Zeitverlauf oder im Lebenslauf[127] verändern, wissen wir noch gar nicht, weil wir mit unserer Untersuchung einen ersten empirischen Messpunkt haben – mehr nicht! Ebenso wenig sind wir bislang die Frage angegangen, auf welches Handeln Ausprägungen von Inklusionsverhältnissen und Inklusionsprofilen eine wie starke prägende Wirkung entfalten.

Diese Frage überschreitet dezidiert den Horizont der hier vorliegenden Untersuchung. In ihr haben wir die Inklusionsverhältnisse und -profile stets nur als abhängige Variablen behandelt, die es zu beschreiben und zu erklären gilt. Wenn nun jemand fragt, warum die Beschreibung der unterschiedlichen Ausprägungen von Inklusionsverhältnissen und -profilen soziologisch überhaupt wichtig ist, kann die Antwort nur lauten: weil diese Unterschiede für andere soziologisch bedeutsame Phänomene einen Unterschied machen. Wir haben in der Einleitung deutlich zu machen versucht, welche Arten von Phänomen das sind. Um es noch einmal zu wiederholen: Es ist eine offene, nämlich noch nie gestellte Frage, ob Wahlverhalten, sexuelle Präferenzen oder Bildungsaspirationen von Personen – um nur drei von vielen Handlungssphären herauszugreifen – stärker durch die sattsam bekannten Lagemerkmale oder durch die Inklusionsverhältnisse und -profile von Personen geprägt werden. Genauso unbeantwortet ist die Frage, welche Auswirkungen bestimmte Ausprägungen von Inklusionsverhältnissen und -profilen – über die Prägung des je individuellen Handelns – auf das Operieren von Teilsystemen und auf deren Autonomie, damit letztlich auf funktionale Differenzierung als Form der modernen Gesellschaft, haben. Trägt das Publikum die funktional differenzierte Gesellschaft, oder gefährdet es sie – und damit sich selbst – durch sein Agieren?

Dies sind weitreichende Fragen, und wir sind weit von Antworten darauf entfernt. Aber wenn das Aufwerfen dieser Fragen plausibel gemacht hätte, dass es lohnenswert ist, sich theoretisch und empirisch für Inklusionsverhältnisse und -profile zu interessieren, hätten die hier vorgelegten Untersuchungen vorerst ihren Zweck erfüllt.

---

[127] Man müsste etwa Inklusionsprofil-Pfade verfolgen, um zu untersuchen, ob bestimmte Inklusionsausprägungen typischerweise zu solchen in anderen Teilsystemen führen, z.B. ein erfolgreiches Durchlaufen des Bildungssystems zu starker Kunstinklusion oder umgekehrt der Verlust des Arbeitsplatzes zu geringer Inklusion in den Konsum.

Literatur

ALLBUScompact 2004. Im Internet: http://www.gesis.org/Datenservice/ALLBUS/Bestellen/download.htm (letzter Abruf: 05.11.2007).

Backhaus, Klaus et al., 2003: Multivariate Analysemethoden. Eine anwendungsorientierte Einführung. Berlin/Heidelberg/New York: Springer (10. Auflage).

Baecker, Dirk, 1994: Soziale Hilfe als Funktionssystem der Gesellschaft. In: Zeitschrift für Soziologie 23, 93-110.

Barlösius, Eva, 2004a: Soziale Ungleichheit: Neuere Fragen und Perspektiven. Studienbrief der FernUniversität in Hagen Nr. 03711.

Barlösius, Eva, 2004b: Kämpfe um soziale Ungleichheit. Machttheoretische Perspektiven. Wiesbaden: VS Verlag für Sozialwissenschaften.

Barlösius, Eva/Wolfgang Ludwig-Mayerhofer (Hrsg.), 2001: Die Armut der Gesellschaft. Opladen: Leske + Budrich.

Barlösius, Eva/Claudia Neu, 2002: Totgesagte leben länger oder die Rückkehr der sozialen Ungleichheit zwischen Stadt und Land? Vortragsmanuskript für die Tagung „Welche Gleichheit, welche Ungleichheit?" der DGS-Sektion Soziale Ungleichheit und Sozialstrukturanalyse (10./11.05.2002).

Bauch, Jost, 1996: Gesundheit als sozialer Code. Von der Vergesellschaftung des Gesundheitswesens zur Medikalisierung der Gesellschaft. München: Juventa.

Baur, Jürgen/Jochen Beck, 1999: Vereinsorganisierter Frauensport. Aachen: Meyer & Meyer.

Beck, Ulrich, 1983: Jenseits von Klasse und Stand? Soziale Ungleichheiten, gesellschaftliche Individualisierungsprozesse und die Entstehung neuer Formationen und Identitäten. In: Reinhard Kreckel (Hrsg.), Soziale Ungleichheiten. Soziale Welt, Sonderband 2. Göttingen: Schwartz, 35-74.

Beck, Ulrich, 1986: Risikogesellschaft. Auf dem Weg in eine andere Moderne. Frankfurt a. M.: Suhrkamp.

Becker, Simone/Sven Schneider, 2005: Analysen zur Sportbeteiligung auf der Basis des repräsentativen Bundes-Gesundheitssurveys 1998. Ausmaß und Korrelate sportlicher Betätigung bei bundesdeutschen Erwerbstätigen. In: Sport und Gesellschaft 2, 173-204.

Berger, Peter et al., 1973: The Homeless Mind. Harmondsworth: Penguin.

Bergmann, Eckardt/Panagiotis Kamtsiuris, 1999: Inanspruchnahme medizinischer Leistungen. In: Das Gesundheitswesen 61 (Sonderheft 2), 138-144.

Bette, Karl-Heinrich/Uwe Schimank, 1995: Doping im Hochleistungssport. Frankfurt a. M.: Suhrkamp.

Bette, Karl-Heinrich et al., 2002: Biographische Dynamiken im Leistungssport. Köln: Verlag Sport und Buch Strauß.

Blanke, Karin et al., 1996: Zeit im Blickfeld. Ergebnisse einer repräsentativen Zeitbudgeterhebung. Stuttgart: Kohlhammer.

Bourdieu, Pierre, 1974: Elemente zu einer soziologischen Theorie der Kunstwahrnehmung. In: Pierre Bourdieu, Zur Soziologie der symbolischen Formen. Frankfurt a. M., 1983: Suhrkamp (2. Auflage).

Bourdieu, Pierre, 1979: Die feinen Unterschiede. Kritik der gesellschaftlichen Urteilskraft. Frankfurt a. M., 1997: Suhrkamp.

Bourdieu, Pierre, 1983: Ökonomisches Kapital, kulturelles Kapital, soziales Kapital. In: Reinhard Kreckel (Hrsg.), Soziale Ungleichheiten. Soziale Welt, Sonderband 2. Göttingen: Schwartz, 183-198.

Braun, Dietmar/Uwe Schimank, 1992: Organisatorische Koexistenzen des Forschungssystems mit anderen gesellschaftlichen Teilsystemen: Die prekäre Autonomie wissenschaftlicher Forschung. In: Journal für Sozialforschung 32, 319-336.

Breuer, Christoph, 2004: Zur Dynamik der Sportnachfrage im Lebenslauf. In: Sport und Gesellschaft 1, 50-72.

Bucher, Hansjörg/Hans-Peter Gatzweiler, 2004: Raumordnungsprognose 2020. Regionen und Städte im demographischen Wandel. Bundesamt für Bauwesen und Raumordnung (BBR): Informationen zur Raumentwicklung, Heft 3/4 2004.

Bühl, Achim/Peter Zöfel, 2002: Erweiterte Datenanalyse mit SPSS. Wiesbaden: Westdeutscher Verlag.

Bundesamt für Bauwesen und Raumordnung (BBR), 2000: Informationen aus der Forschung des BBR Nr. 4. Im Internet: http://www.bbr.bund.de/cln_005/nn_23526/DE/ Veroeffentlichungen/BBRInfo/2000__2006/DL__4__2000,templateId=raw,property=pu blication File. pdf/DL_4_2000.pdf (letzter Abruf: 08.11.2007).

Bundesministerium für Jugend, Familie, Senioren und Frauen, 2000: Freiwilliges Engagement in Deutschland. Ergebnisse der Repräsentativerhebung 1999 zu Ehrenamt, Freiwilligenarbeit und bürgerschaftlichem Engagement. Band 3, Schriftenreihe des Bundesamtes 194.3. Stuttgart: Kohlhammer.

Bundesministerium für Jugend, Familie, Senioren und Frauen, 2005: Freiwilliges Engagement in Deutschland 1999 – 2004. Kurzfassung. Im Internet: http://www.bmfsfj.de/ Kategorien/Publikationen/Publikationen,did=73430.html (letzter Abruf: 05.11.2007).

Burrmann, Ulrike, 2005: Zur Vermittlung und intergenerationalen „Vererbung" des Sport(vereins)engagements in der Herkunftsfamilie. In: Sport und Gesellschaft 2, 125-154.

Burzan, Nicole, 2004: Soziale Ungleichheit. Eine Einführung in die zentralen Theorien. Wiesbaden, 2007: VS Verlag für Sozialwissenschaften (3. Auflage).

Burzan, Nicole, 2005: Quantitative Methoden der Kulturwissenschaften. Eine Einführung. Konstanz: UVK.

Burzan, Nicole/Uwe Schimank, 2004: Inklusionsprofile – Überlegungen zu einer differenzierungstheoretischen „Sozialstrukturanalyse". In: Thomas Schwinn (Hrsg.), Differenzierung und soziale Ungleichheit. Die zwei Soziologien und ihre Verknüpfung. Frankfurt a. M.: Humanities Online.

Burzan, Nicole/Nadine M. Schöneck, 2006: Gesellschaft mit beschränktem Zugang? Inklusionsprofile in peripheren ländlichen Räumen. In: Karl-Siegbert Rehberg (Hrsg.), Soziale Ungleichheit, kulturelle Unterschiede. Verhandlungen des 32. Kongresses der DGS in München 2004. Frankfurt a. M./New York: Campus, 828-838.

Castel, Robert, 2000: Die Fallstricke des Exklusionsbegriffs. In: Mittelweg 36, 11-25.

Dahrendorf, Ralf, 1967: Elemente der Soziologie. In: Ralf Dahrendorf, Pfade aus Utopia. München: Piper, 42-62.

Denk, Heinz/Dieter Pache, 1999: Die Bonner Alterssport-Studie: Eine Untersuchung der Motivation und Einstellung Älterer zu Sport- und Bewegungsaktivitäten. In: Sportwissenschaft 29, 324-342.

DGF-Jahrbuch (Deutsche Gesellschaft für Freizeit), 1998: Freizeit in Deutschland 1998. Aktuelle Daten und Grundinformation. Erkrath: Eigenverlag.

Durkheim, Emile, 1893: The Division of Labour in Society. New York, 1964: Free Press.

Farzin, Sina, 2006: Inklusion/Exklusion. Entwicklungen und Probleme einer systemtheoretischen Unterscheidung. Bielefeld: transcript.

Fischer, Claude S., 1995: The Subcultural Theory of Urbanism: A Twentieth-Year Assessment. In: American Journal of Sociology 101, 543-577.

Friebel, Harry et al., 2000: Bildungsbeteiligung: Chancen und Risiken. Eine Längsschnittstudie über Bildungs- und Weiterbildungskarrieren in der „Moderne". Opladen: Leske + Budrich.

Fuchs, Peter/Dietrich Schneider, 1995: Das Hauptmann-von-Köpenick-Syndrom. Überlegungen zur Zukunft funktionaler Differenzierung. In: Soziale Systeme 1, 203-224.

Fuchs-Heinritz, Werner, 2005: Biographische Forschung. Eine Einführung in Praxis und Methoden. Wiesbaden: VS Verlag für Sozialwissenschaften (3., überarbeitete Auflage).

Funke, Hans-Friedrich, 1987: Bund-Länder-Abstimmung am Beispiel der Raumordnung und Landesplanung. Münster/Westfalen: Selbstverlag des Instituts für Siedlungs- und Wohnungswesen und des Zentralinstituts für Raumplanung der Universität Münster.

Gabler, Siegfried/Sabine Häder (Hrsg.), 2002: Telefonstichproben. Methodische Innovationen und Anwendungen in Deutschland. Münster: Waxmann.

Gatzweiler, Hans Peter, 1986: Entwicklung des ländlichen Raumes im Bundesgebiet – Probleme, Ziele und Strategien aus raumordnungspolitischer Sicht. In: Klaus M. Schmals/ Rüdiger Voigt (Hrsg.), Krise ländlicher Lebenswelten. Analysen, Erklärungsansätze und Lösungsperspektiven. Frankfurt a. M./New York: Campus, 21-48.

Geißler, Karlheinz A., 2004: Alles. Gleichzeitig. Und zwar sofort. Unsere Suche nach dem pausenlosen Glück. Freiburg: Herder.

Geißler, Rainer, 1987: Soziale Schichtung und Lebenschancen in Deutschland. Stuttgart, 1994: Enke.

Geißler, Rainer, 2006: Die Sozialstruktur Deutschlands. Zur gesellschaftlichen Entwicklung mit einer Bilanz zur Vereinigung. VS Verlag für Sozialwissenschaften (4., überarbeitete und aktualisierte Auflage).

Georg, Werner, 1998: Soziale Lage und Lebensstil. Eine Typologie. Opladen: Leske + Budrich.

Gerhards, Jürgen (Hrsg.), 1997: Soziologie der Kunst. Produzenten, Vermittler und Rezipienten. Opladen: Westdeutscher Verlag.

Gerhards, Jürgen, 2001: Der Aufstand des Publikums. Eine systemtheoretische Interpretation des Kulturwandels in Deutschland zwischen 1960 und 1989. In: Zeitschrift für
Soziologie 30, 163-184.

Giddens, Anthony, 1984: The Constitution of Society. Cambridge: Polity Press.

Göbel, Markus/Johannes F.K. Schmidt, 1998: Inklusion/Exklusion: Karriere, Probleme und
Differenzierungen eines systemtheoretischen Begriffspaars. In: Soziale Systeme 4, 87-
118.

Göttlich, Udo/Gebhardt Winfried/Clemens Albrecht (Hrsg.), 2002: Populäre Kultur als
repräsentative Kultur. Die Herausforderungen der Cultural Studies. Köln: Halem.

Gross, Peter, 1994: Die Multioptionsgesellschaft. Frankfurt a. M.: Suhrkamp.

Häder, Sabine, 2000: Telefonstichproben. ZUMA How-to-Reihe Nr. 6, Mannheim.

Häder, Sabine/Axel Glemser, 2006: Stichprobenziehung für Telefonumfragen in Deutschland. In: Andreas Diekmann (Hrsg.), Methoden der Sozialforschung. Sonderheft der
KZfSS. Wiesbaden: VS Verlag für Sozialwissenschaften, 148-171.

Hainz, Michael, 1999: Dörfliches Sozialleben im Spannungsfeld der Individualisierung.
Bonn: Forschungsgesellschaft für Agrarpolitik und Agrarsoziologie.

Hartmann-Tews, Ilse, 1996: Sport für alle!? Strukturwandel europäischer Sportsysteme im
Vergleich: Bundesrepublik Deutschland, Frankreich, Großbritannien. Schorndorf:
Hofmann.

Hartmann-Tews, Ilse/Sascha Alexandra Luetkens, 2003. The inclusion of women into the
German sport system. In: Ilse Hartmann-Tews/Gertrud Pfister (Hrsg.), Sport and Women – Social Issues in International Perspective. London: Routledge, 53-69.

Hillebrandt, Frank, 1999: Exklusionsindividualität. Moderne Gesellschaftsstruktur und die
soziale Konstruktion des Menschen. Opladen: Leske + Budrich.

Hradil, Stefan, 1987: Sozialstrukturanalyse in einer fortgeschrittenen Gesellschaft. Von
Klassen und Schichten zu Lagen und Milieus. Opladen: Leske + Budrich.

Hradil, Stefan, 2004: Die Sozialstruktur Deutschlands im internationalen Vergleich. Wiesbaden: VS Verlag für Sozialwissenschaften.

Institut der deutschen Wirtschaft Köln, 2006: Deutschland in Zahlen. Köln: Deutscher Insti-
tuts-Verlag.

Joas, Hans, 1992: Die Kreativität des Handelns. Frankfurt a. M.: Suhrkamp.

Kohl, Tobias, 2006: Zum Militär der Gesellschaft. Eine systemtheoretische Untersuchung
organisierter Gewalt. Universität Bielefeld, Fakultät für Soziologie: Diplomarbeit.

Konsortium Bildungsberichterstattung (Hrsg.), 2006: Bildung in Deutschland. Ein indikato-
rengestützter Bericht mit einer Analyse zu Bildung und Migration. Bielefeld: Bertels-
mann.

Koppetsch, Cornelia/Günter Burkart, 1999: Die Illusion der Emanzipation. Zur Wirksamkeit
latenter Geschlechtsnormen im Milieuvergleich. Konstanz: UVK.

Kröhnert, Steffen/Nienke van Olst/Reiner Klingholz, 2005: Deutschland 2020. Die demogra-
fische Zukunft der Nation. Berlin: Berlin-Institut für Weltbevölkerung und globale
Entwicklung (3., überarbeitete Auflage). Im Internet: http://www.berlin-institut.org/
studien/deutschland_2020.html (letzter Abruf: 05.11.2007).

Kromrey, Helmut, 2002: Empirische Sozialforschung. Modelle und Methoden der standardisierten Datenerhebung und Datenauswertung. Opladen: Leske + Budrich (10., vollständig überarbeitete Auflage).

Kronauer, Martin, 1998: „Exklusion" in der Systemtheorie und in der Armutsforschung. Anmerkungen zu einer problematischen Beziehung. In: Zeitschrift für Sozialreform 44, 755-768.

Kronauer, Martin, 2002: Die Aktualität von „community studies" für die soziologische Ungleichheitsforschung. Göttingen: SOFI-Mitteilungen, Nr. 30.

Kudera, Werner/G. Günter Voß (Hrsg.), 2000: Lebensführung und Gesellschaft. Beiträge zu Konzept und Empirie alltäglicher Lebensführung. Opladen: Leske + Budrich.

Kühnel, Steffen-M./Dagmar Krebs, 2001: Statistik für die Sozialwissenschaften. Grundlagen, Methoden, Anwendungen. Reinbek: Rowohlt.

Lange, Stefan, 2003: Niklas Luhmanns Theorie der Politik. Eine Abklärung der Staatsgesellschaft. Wiesbaden: Westdeutscher Verlag.

Loubser, Jan, 1968: Calvinism, Equality, and Inclusion: The Case of Africaner Calvinism. In: Shmuel N. Eisenstadt (ed.), The Protestant Ethic and Modernization – A Comparative View. New York: Free Press, 363-383.

Luhmann, Niklas, 1969: Legitimation durch Verfahren. Darmstadt: Luchterhand.

Luhmann, Niklas, 1977: Funktion der Religion. Frankfurt a. M.: Suhrkamp.

Luhmann, Niklas, 1981: Politische Theorie im Wohlfahrtsstaat. München: Olzog.

Luhmann, Niklas, 1983: Anspruchsinflation im Krankheitssystem. Eine Stellungnahme aus gesellschaftstheoretischer Sicht. In: Philipp Herder-Dorneich/Alexander Schuller (Hrsg.), Die Anspruchsspirale. Schicksal oder Systemdefekt? Stuttgart: Kohlhammer, 28-49.

Luhmann, Niklas, 1986: „Distinctions directrices". Über Codierung von Semantiken und Systemen. In: Friedhelm Neidhardt/Rainer M. Lepsius/Johannes Weiß (Hrsg.), Kultur und Gesellschaft. Opladen: Westdeutscher Verlag, 145-161.

Luhmann, Niklas, 1994: Inklusion und Exklusion. In: Niklas Luhmann, Soziologische Aufklärung, Bd. 6: Die Soziologie und der Mensch. Opladen, 1995: Westdeutscher Verlag, 234-267.

Luhmann, Niklas, 1996: Die Realität der Massenmedien. Opladen: Westdeutscher Verlag (2., erweiterte Auflage).

Luhmann, Niklas, 1997: Die Gesellschaft der Gesellschaft. 2 Bde. Frankfurt a. M.: Suhrkamp.

Mager, Klaus-Dieter, 1985: Umwelt – Raum – Stadt. Zur Neuorientierung von Umwelt- und Raumordnungspolitik. Frankfurt a. M.: Lang.

Marshall, Thomas H., 1949: „Staatsbürgerrechte und soziale Klassen". In: Thomas H. Marshall, Bürgerrechte und soziale Klassen. Frankfurt a. M., 1992: Campus, 33-94.

Mayntz, Renate, 1987: Politische Steuerung und gesellschaftliche Steuerungsprobleme. Anmerkungen zu einem theoretischen Paradigma. In: Thomas Ellwein et al. (Hrsg.), Jahrbuch zur Staats- und Verwaltungswissenschaft. Bd. 1. Baden-Baden: Nomos, 89-110.

Meier, Artur/Ursula Rabe-Kleberg (Hrsg.), 1993: Weiterbildung, Lebenslauf, sozialer Wandel. Neuwied: Luchterhand.

Melchinger, Heiner/Christiane Wiegmann, 1995: Sport- und Freizeitverhalten der Berliner Bevölkerung 1994. Ergebnisse einer Repräsentativerhebung. Institut für Entwicklungsplanung und Strukturforschung Hannover: IES-Bericht 214.95.

Nagel, Siegfried, 2006: Sportvereine im Wandel. Akteurtheoretische Analysen zur Entwicklung von Sportvereinen. Schorndorf: Hofmann.

Nassehi, Armin, 1997: Inklusion, Exklusion – Integration, Desintegration. Die Theorie funktionaler Differenzierung und die Desintegrationsthese. In: Wilhelm Heitmeyer (Hrsg.), Bundesrepublik Deutschland: Auf dem Weg von der Konsens- zur Konfliktgesellschaft. Bd. 2: Was hält die Gesellschaft zusammen? Frankfurt a. M.: Suhrkamp, 113-148.

Niedersächsischer Landtag (Hrsg.), 2003: Stenografischer Bericht 11. Sitzung. Hannover, den 27. Juni 2003. Im Internet: http://www.landtag-niedersachsen.de/infothek/doku mente/dokumente_kurz_15.htm (letzter Abruf: 05.11.2007).

Noll, Heinz-Herbert/Roland Habich, 1990: Individuelle Wohlfahrt: Vertikale Ungleichheit oder horizontale Disparitäten. In: Peter A. Berger/Stefan Hradil (Hrsg.), Lebenslagen, Lebensläufe, Lebensstile. Soziale Welt, Sonderband 7. Göttingen: Schwartz, 153-188.

Offe, Claus, 1980: Konkurrenzpartei und kollektive politische Identität. In: Roland Roth (Hrsg.), Parlamentarisches Ritual und politische Alternativen. Frankfurt a. M./New York. Campus, 26-42.

Opaschowski, Horst W., 2004: Deutschland 2020. Wie wir morgen leben – Prognosen der Wissenschaft. Wiesbaden: VS Verlag für Sozialwissenschaften.

Otte, Gunnar, 2004: Sozialstrukturanalysen mit Lebensstilen. Eine Studie zur theoretischen und methodischen Neuorientierung der Lebensstilforschung. Wiesbaden: VS Verlag für Sozialwissenschaften.

Packard, Vance, 1957: Die geheimen Verführer. Stuttgart, 1958: Econ.

Parsons, Talcott, 1966: Full Citizenship for the American Negro? In: Talcott Parsons, Sociological Theory and Modern Society. New York, 1967: Free Press, 422-465.

Parsons, Talcott, 1971: Das System moderner Gesellschaften. München, 1972: Juventa.

Porst, Rolf 2000: Question Wording – Zur Formulierung von Fragebogen-Fragen. ZUMA How-to-Reihe Nr. 2, Mannheim.

Projektgruppe „Alltägliche Lebensführung" (Hrsg.), 1995: Alltägliche Lebensführung. Arrangements zwischen Traditionalität und Modernisierung. Opladen: Leske + Budrich.

Reddig, Melanie, 2005: Bürger jenseits des Staates? Unionsbürgerschaft als Mittel europäischer Integration. Baden-Baden: Nomos.

Rudolph, Ulrich, 2007: Die Visualität der Teilsysteme. Intersubjektivität der Wahrnehmung visueller Symbole am Beispiel einer TATORT-Filmreihe. Marburg: Tectum.

Sackmann, Reinold, 2007: Lebenslaufanalyse und Biografieforschung. Eine Einführung. Wiesbaden: VS Verlag für Sozialwissenschaften.

Schäfer, Thomas, 2004: Stichprobenverfahren. In: Werner Voß (Hrsg.), Taschenbuch der Statistik. Leipzig: Fachbuchverlag Leipzig, 47-112 (2. Auflage).

Schäfers, Bernhard, 1998: Politischer Atlas Deutschland. Gesellschaft, Wirtschaft, Staat. Bonn: Dietz (2., aktualisierte und verbesserte Auflage).

Scharpf, Fritz W., 1989: Politische Steuerung und politische Institutionen. In: Politische Vierteljahresschrift 30, 10-21.

Schiener, Jürgen, 2006: Bildungserträge in der Erwerbsgesellschaft. Analysen zur Karrieremobilität. Wiesbaden: VS Verlag für Sozialwissenschaften.

Schimank, Uwe, 1988: Die Entwicklung des Sports zum gesellschaftlichen Teilsystem. In: Renate Mayntz et al. (Hrsg.), Differenzierung und Verselbständigung – Zur Entwicklung gesellschaftlicher Teilsysteme. Frankfurt a. M.: Campus, 181-232.

Schimank, Uwe, 1992a: Spezifische Interessenkonsense trotz generellem Orientierungsdissens. Ein Integrationsmechanismus polyzentrischer Gesellschaften. In: Hans-Joachim Giegel (Hrsg.), Kommunikation und Konsens in modernen Gesellschaften. Frankfurt a. M.: Suhrkamp, 236-275.

Schimank, Uwe, 1992b: Erwartungssicherheit und Zielverfolgung. Sozialität zwischen Prisoner's Dilemma und Battle of the Sexes. In: Soziale Welt 43, 182-200.

Schimank, Uwe, 1996: Theorien gesellschaftlicher Differenzierung. Opladen: Leske + Budrich (UTB).

Schimank, Uwe, 2000a: Handeln und Strukturen. Einführung in die akteurtheoretische Soziologie. München: Juventa.

Schimank, Uwe, 2000b: Ökologische Gefährdungen, Anspruchsinflationen und Exklusionsverkettungen – Niklas Luhmanns Beobachtung der Folgeprobleme funktionaler Differenzierung. In: Uwe Schimank/Ute Volkmann (Hrsg.), Soziologische Gegenwartsdiagnosen II: Vergleichende Sekundäranalysen. Opladen: Leske + Budrich, 125-141.

Schimank, Uwe, 2000c: Die individualisierte Gesellschaft – differenzierungs- und akteurtheoretisch betrachtet. In: Thomas Kron (Hrsg.), Individualisierung und soziologische Theorie. Opladen: Leske + Budrich, 107-128.

Schimank, Uwe, 2001: Funktionale Differenzierung, Durchorganisierung und Integration der modernen Gesellschaft. In: Veronika Tacke (Hrsg.), Organisation und gesellschaftliche Differenzierung. Wiesbaden: Westdeutscher Verlag, 19-38.

Schimank, Uwe, 2002: Das zwiespältige Individuum. Zum Person-Gesellschaft-Arrangement der Moderne. Opladen: Leske + Budrich.

Schimank, Uwe, 2005: Gerechtigkeitslücken und Inklusionsdynamiken. In: Michael Corsten/Hartmut Rosa/Ralph Schrader (Hrsg.), Die Gerechtigkeit der Gesellschaft. Wiesbaden: VS Verlag für Sozialwissenschaften, 309-343.

Schimank, Uwe, 2006: Teilsystemische Autonomie und politische Gesellschaftssteuerung. Beiträge zur akteurzentrierten Differenzierungstheorie 2. Wiesbaden: VS Verlag für Sozialwissenschaften.

Schimank, Uwe/Nadine M. Schöneck, 2006: Sport im Inklusionsprofil der Bevölkerung Deutschlands – Ergebnisse einer differenzierungstheoretisch angelegten empirischen Untersuchung. In: Sport und Gesellschaft 3, 5-32.

Schimank, Uwe/Ute Volkmann, 1999: Gesellschaftliche Differenzierung. Bielefeld: transcript.

Schneider, Nicole/Annette Spellerberg, 1999: Lebensstile, Wohnbedürfnisse und räumliche Mobilität. Opladen: Leske + Budrich.

Schnell, Rainer/Paul B. Hill/Elke Esser, 1999: Methoden der empirischen Sozialforschung. München/Wien: Oldenbourg (6. Auflage).

Schroer, Markus, 2006: Jenseits funktionaler Differenzierung? Räumliche Ungleichheiten in der Weltgesellschaft. In: Karl-Siegbert Rehberg (Hrsg.), Soziale Ungleichheit, kulturelle Unterschiede. Verhandlungen des 32. Kongresses der DGS in München 2004. Frankfurt a. M./New York: Campus, 862-876.

Schubert, Volker, 2001: Militär als soziales System. Diplomarbeit: Universität der Bundeswehr München.

Schulze, Gerhard, 1992: Die Erlebnisgesellschaft: Kultursoziologie der Gegenwart. Frankfurt a. M./New York: Campus.

Schwinn, Thomas, 2004: Ständische Verhältnisse und Ordnungsbildung vom Mittelalter bis in die Neuzeit. In: Thomas Schwinn (Hrsg.), Differenzierung und soziale Ungleichheit. Die zwei Soziologien und ihre Verknüpfung. Frankfurt a. M.: Humanities Online, 71-102.

Simmel, Georg, 1908: Soziologie. Berlin, 1968: Duncker & Humblot.

Statistisches Bundesamt (Hrsg.), 2004: Alltag in Deutschland. Analysen zur Zeitverwendung. Beiträge zur Ergebniskonferenz der Zeitbudgeterhebung 2001/02 am 16./17. 02. 2004 in Wiesbaden. Forum der Bundesstatistik Bd. 43. Wiesbaden.

Statistisches Bundesamt (Hrsg.), 2006: Statistisches Jahrbuch 2006. Für die Bundesrepublik Deutschland. Wiesbaden.

Stichweh, Rudolf, 1988: Inklusion in Funktionssysteme der modernen Gesellschaft. In: Renate Mayntz et al. (Hrsg.), Differenzierung und Verselbständigung – Zur Entwicklung gesellschaftlicher Teilsysteme. Frankfurt a. M.: Campus, 261-293.

Stichweh, Rudolf, 1990: Sport – Ausdifferenzierung, Funktion, Code. In: Sportwissenschaft 20, 373-389.

Stichweh, Rudolf, 1997: Inklusion/Exklusion, funktionale Differenzierung und die Theorie der Weltgesellschaft. In: Soziale Systeme 3, 123-136.

Stürzer, Monika/Waltraud Cornelißen, 2005: Gesundheitsstatus und Gesundheitsrisiken von Frauen und Männern. In: Waltraud Cornelißen (Hrsg.), Gender-Datenreport. 1. Datenreport zur Gleichstellung von Frauen und Männern in der Bundesrepublik Deutschland. München: Deutsches Jugendinstitut. Im Internet: http://www.bmfsfj.de/ Publikationen/genderreport/root.html (letzter Abruf: 05.11.2007).

Terwey, Michael, 2000: Auf der Suche nach Besinnung, Sport und Spaß? Neue Daten zu Freizeitgestaltungen in Deutschland. In: ZA-Information 46, 115-142.

Türk, Klaus, 1995: „Die Organisation der Welt": Herrschaft durch Organisation in der modernen Gesellschaft. Opladen: Westdeutscher Verlag.

Tyrell, Hartmann, 1978: Anfragen an die Theorie der gesellschaftlichen Differenzierung. In: Zeitschrift für Soziologie 7, 175-193.

Tyrell, Hartmann, 1999: „Kampf der Götter" – „Polytheismus der Werte": Variationen zu einem Thema von Max Weber. In: Sociologia Internationalis 37, 157-187.

Vester, Michael et al., 2001: Soziale Milieus im gesellschaftlichen Strukturwandel. Zwischen Integration und Ausgrenzung. Frankfurt a. M.: Suhrkamp.

Vogel, Berthold, 2006: Soziale Verwundbarkeit und prekärer Wohlstand. Für ein verändertes Vokabular sozialer Ungleichheit. In: Heinz Bude/Andreas Willisch (Hrsg.), Das Problem der Exklusion. Ausgegrenzte, Entbehrliche, Überflüssige. Hamburg: Hamburger Edition, 342-355.

Voß, G. Günter/Margit Weihrich (Hrsg.), 2001: tagaus – tagein. Neue Beiträge zur Soziologie alltäglicher Lebensführung. München/Mering: Hampp.

VuMA, 2007: Verbrauchs- und Medienanalyse. Im Internet: http://www.vuma.de/pdf/2007_basisauswertung.pdf (letzter Abruf: 05.11.2007).

Wahl, Anke, 2003: Die Veränderung von Lebensstilen. Generationenfolge, Lebenslauf und sozialer Wandel. Frankfurt a. M./New York: Campus.

Weber, Max, 1919: Wissenschaft als Beruf. In: Max Weber, Gesammelte Aufsätze zur Wissenschaftslehre. Tübingen, 1968: Mohr, 582-613.

Wehling, Hans-Werner/Birgit Sattler, 2001: Der Fischer Atlas Deutschland. Umwelt – Politik – Wirtschaft – Kultur. Frankfurt a. M.: Fischer.

Weihrich, Margit/G. Günter Voß (Hrsg.), 2002: tag für tag. Alltag als Problem – Lebensführung als Lösung? Neue Beiträge zur Soziologie alltäglicher Lebensführung 2. München/Mering: Hampp.

Weiß, Otmar, 2000: Sport und Gesundheit. Eine sozio-ökonomische Analyse. Wien: Bundesministerium für soziale Sicherheit und Generationen.

Winkler, Joachim, 1995: Lebensstil und Sport. Der Sport als stilistische Möglichkeit in der Symbolisierung von Lebensführung. In: Joachim Winkler/Kurt Weis (Hrsg.), Soziologie des Sports. Theorieansätze, Forschungsergebnisse und Forschungsperspektiven. Opladen: Westdeutscher Verlag, 261-278.

Winter, Rainer, 1992: Filmsoziologie. Eine Einführung in das Verhältnis von Film, Kultur und Gesellschaft. München: Quintessenz.

http://de.freepedia.org/Liste_der_Landkreise_in_Deutschland.html (letzter Abruf: 05.11.2007).

http://www.gesis.org/Dauerbeobachtung/Sozialindikatoren/Daten/System_Sozialer_Indikatoren/index.htm (letzter Abruf: 05.11.2007).

http://www.lebensfuehrung-im-wandel.de (letzter Abruf: 05.11.2007).

http://www.sinus-sociovision.de (letzter Abruf: 05.11.2007)

Abbildungsverzeichnis

Tabellenverzeichnis

Neu im Programm Soziologie

Hans Paul Bahrdt

Die moderne Großstadt
Soziologische Überlegungen
zum Städtebau
Hrsg. von Ulfert Herlyn
2. Aufl. 2006. 248 S. Br. EUR 34,90
ISBN 978-3-531-14985-1

Werner Fuchs-Heinritz / Rüdiger
Lautmann / Otthein Rammstedt /
Hanns Wienold (Hrsg.)
Lexikon zur Soziologie
4., grundl. überarb. Aufl. 2007. 748 S.
Geb. EUR 39,90
ISBN 978-3-531-15573-9

Jürgen Gerhards
**Kulturelle Unterschiede
in der Europäischen Union**
Ein Vergleich zwischen Mitgliedsländern,
Beitrittskandidaten und der Türkei
2., durchges. Aufl. 2006. 316 S.
Br. EUR 27,90
ISBN 978-3-531-34321-1

Andreas Hadjar / Rolf Becker (Hrsg.)
Die Bildungsexpansion
Erwartete und unerwartete Folgen
2006. 362 S. Br. EUR 27,90
ISBN 978-3-531-14938-7

Ronald Hitzler /
Michaela Pfadenhauer (Hrsg.)
Gegenwärtige Zukünfte
Interpretative Beiträge zur sozialwissen-
schaftlichen Diagnose und Prognose
2005. 274 S. Br. EUR 19,90
ISBN 978-3-531-14582-2

Andrea Mennicken /
Hendrik Vollmer (Hrsg.)
Zahlenwerk
Kalkulation, Organisation
und Gesellschaft
2007. 274 S. (Organisation und
Gesellschaft) Br. EUR 29,90
ISBN 978-3-531-15167-0

Gunter Schmidt / Silja Matthiesen /
Arne Dekker / Kurt Starke
Spätmoderne Beziehungswelten
Report über Partnerschaft und Sexualität
in drei Generationen
2006. 159 S. Br. EUR 21,90
ISBN 978-3-531-14285-2

Georg Vobruba
**Entkoppelung von Arbeit
und Einkommen**
Das Grundeinkommen in der
Arbeitsgesellschaft
2., erw. Aufl. 2007. 227 S. Br. EUR 24,90
ISBN 978-3-531-15471-8

Erhältlich im Buchhandel oder beim Verlag.
Änderungen vorbehalten. Stand: Januar 2008.

www.vs-verlag.de

VS VERLAG FÜR SOZIALWISSENSCHAFTEN

Abraham-Lincoln-Straße 46
65189 Wiesbaden
Tel. 0611.7878-722
Fax 0611.7878-400

Theorie

Dirk Baecker (Hrsg.)
**Schlüsselwerke
der Systemtheorie**
2005. 352 S. Geb. EUR 24,90
ISBN 978-3-531-14084-1

Ralf Dahrendorf
Homo Sociologicus
Ein Versuch zur Geschichte,
Bedeutung und Kritik der Kategorie
der sozialen Rolle
16. Aufl. 2006. 126 S. Br. EUR 14,90
ISBN 978-3-531-31122-7

Shmuel N. Eisenstadt
**Die großen Revolutionen und
die Kulturen der Moderne**
2006. 250 S. Br. EUR 34,90
ISBN 978-3-531-14993-6

Shmuel N. Eisenstadt
Theorie und Moderne
Soziologische Essays
2006. 607 S. Geb. EUR 49,90
ISBN 978-3-531-14565-5

Axel Honneth /
Institut für Sozialforschung (Hrsg.)
**Schlüsseltexte der
Kritischen Theorie**
2006. 414 S. Geb. EUR 29,90
ISBN 978-3-531-14108-4

Niklas Luhmann
Beobachtungen der Moderne
2. Aufl. 2006. 220 S. Br. EUR 24,90
ISBN 978-3-531-32263-6

Uwe Schimank
**Differenzierung und Integration
der modernen Gesellschaft**
Beiträge zur akteurzentrierten
Differenzierungstheorie 1
2005. 297 S. Br. EUR 27,90
ISBN 978-3-531-14683-6

Uwe Schimank
**Teilsystemische Autonomie
und politische Gesellschafts-
steuerung**
Beiträge zur akteurzentrierten
Differenzierungstheorie 2
2006. 307 S. Br. EUR 29,90
ISBN 978-3-531-14684-3

Ilja Srubar / Steven Vaitkus (Hrsg.)
**Phänomenologie
und soziale Wirklichkeit**
Entwicklungen und Arbeitsweisen
2003. 240 S. Br. EUR 25,90
ISBN 978-3-8100-3415-1

Erhältlich im Buchhandel oder beim Verlag.
Änderungen vorbehalten. Stand: Januar 2008.

www.vs-verlag.de

VS VERLAG FÜR SOZIALWISSENSCHAFTEN

Abraham-Lincoln-Straße 46
65189 Wiesbaden
Tel. 0611.7878-722
Fax 0611.7878-400

If you have any concerns about our products,
you can contact us on
ProductSafety@springernature.com

In case Publisher is established outside the EU,
the EU authorized representative is:
Springer Nature Customer Service Center GmbH
Europaplatz 3, 69115 Heidelberg, Germany

Printed by Libri Plureos GmbH
in Hamburg, Germany